走出自闭

——如何与孤独症儿童有效沟通互动的38堂康复课

ZOUCHU ZIBI

郁万春 著

CNS PUBLISHING & MEDIA
中南出版传媒
湖南科学技术出版社

前言

PREFACE

“社交障碍是孤独症患者的核心障碍”，相信对孤独症稍有点了解的人都知道这一很权威的论述。也正是因为如此，所以我们才把“提高其社交技能”作为孤独症康复教育教学的一个核心目标。当然，从理论上我们是可以这么做的，但要具体实施起来，各种意想不到的新状况、新问题，也会逆人所愿地不断翻陈出新。而当这些问题日积月累到已经严重干扰或阻碍了我们的康教进程的时候，我们就不得不回过头来审视和反思——到底是哪里出了毛病？以下是惠南（化名）同学的一篇日记：

“我不开心了，我玩了叶子，不知道老师喜欢玩捉迷藏，我不知道老师在外面，很傻了。说不要是我不思考，你不帮我说不要拖地，我不开心了，你很凶，我上午哭了，小卫（化名）哭了，很烦，为了他饿了，就大家很难受，你给点东西给小卫，我很难受，你快给吧。”

首先，还是让我们来简单认识一下惠南同学吧。这孩子是小学二年级的学生，在入学时被诊断为中重度的孤独症患者。除了和其他同学一样不爱搭理别人之外，时常自言自语、爱玩草茎树叶、莫名其妙地焦躁不安、特别焦虑时会有自伤或伤人行为，这就是惠南留给我们的总体印象。不会写汉字而只会写拼音，应该算是他另外一个最大的特点了吧。这篇日记就是小家伙全部用拼音写出，然后由妈妈翻译出来的。

日记，通常都会不同程度地反映出一个人的心理爱好、思想倾向甚至是连写日记者本人都没有意识到的深层心理状况。正因为如此，日记也就成为了我们了解一个人最为有效的途径之一。但从惠南的这篇日记中，我们又能解读出多少有关他个人的信息来呢？如果按照阅读分析普通作品的思路来对待的话，旁人的确很难抓住这篇日记所要表达的主旨思想是什么；而如果联系到实际校园生活背景，我们就不难解读出以下信息：因为一些说不清道不明的原因，惠南经常心情低落、情绪焦虑。所以他经常会捡拾几片树叶抓在手里反复端详、揉搓、撕扯，这种程式化的做法通常会令他的心情稍微好一些。但上课或做课间操的时候玩树叶，妈妈和老师都会阻止甚至批评他这种不适当的行为，这就会导致他特别焦虑，只能通过攻击同伴的方式来解决问题，而坐在他旁边没有多少躲避风险意识的小卫，自然就成了经常性的受害者，经历疼痛和惊吓的小卫难免会因此而大哭大闹。即便老师和妈妈已经多次向惠南说明小卫的哭闹都是由于受到他的伤害造成的，但惠南却始终虔诚地认为（也许是从内心里推卸责任吧）小卫哭闹是因为他饿了（即使在刚刚吃完午饭后）。

在此，我们还是要特别留意的一点就是，以上的解读也只能算是“我们的”解读，而是否就能代表惠南小朋友真正的内心想法和感受，那就不能确定了。因为从主观上来说，感知觉及信息加工系统异常是孤独症患者的一大生理特点，在同样的生活环境里，他们的所见所闻、所感所思肯定会和我们普通人存在一定的差异；而从客观上来说，很多时候，即使我们不去阻止惠南上课玩树叶，他也会因为感觉受到关注不够或其他问题而出现情绪行为问题。

如果说惠南同学的日记表达焦点因过于分散而失于集中的话，那么，灵犀（化名）同学则正好相反。作为初中二年级高功能班的学生，不论是认知理解还是社交沟通技能，应该说灵犀同学各方面的表现还是很接近同龄普通孩子的。他给人最为深刻的印象就是，每天早上回到学校遇见老师时，都会主动问好。而要是碰到比较熟悉的老师，那就等于触动了灵犀本人的话匣子。例如，每天早上在教学楼走道里碰到笔者，在笑嘻嘻地主动向我问好之后，紧接着就会重复之前的每个早上都会问我一遍的问题：“郁老师，铭铭（化名）有没有关你的电脑?”不论我如何回应，他都会继续按照自己的思路问出一个又一个与第一个问题紧密相关的其他子问题，如“铭铭他为什么要关你的电脑?”“他乖不乖?”“我要不要削（打）他?”“他最近一次关你电脑是什么时候?”“你让他关你的电脑吗?”“他关你的电脑会不会向你道歉?”……如果你不去阻止或岔开话题的话，诸如此类的问题灵犀会问个没完没了，但就是不能从“铭铭关电脑”这个话题上转移或泛化到其他话题。

由以上的问题分析，我们不难得出这样的一个结论：那就是在面对孤独症儿童时，我们所遇到的首要的同时也是最大困难并不是能否教会他们某一项知识技能，而是如何在彼此之间建立起一种共通的言行符号系统，从而一步步实现有效的双向互动与了解，并最终共同营造出一个和谐融洽的学习生活氛围，以便更好地帮助孤独症患者“走出孤独”，学会关注并回应别人的言行感受——而这，恰恰也就是笔者不揣浅陋写作此书以实现与相关人士共励共勉的根本动力所在。

在写作体式上，本书是按照“课前导读——课堂聚焦——课后检视”的形式展开的，是来源于实践又融合相关专业知识经验，最终回归并服务于实践的。这就决定了本书在今后的孤独症康复教育教学实践当中具有着强烈的实践探索及开创色彩。毕竟，到目前为止，我们人类医学科学还不能准确找到比较令人信服的孤独症致病原因。这就在客观上决定了我们不可能有“包治百病、一用就灵”的孤独症康复教育教学方法。而作为孤独症康复教育教学专业人士，我们目前所能够做的，就是始终立足于工作实践，勇于突破现有理论知识的束缚与框架，不断探索和检验任何行之有效的康复教育教学技术手段，尽最大可能地帮助孤独症患者实现与外界的双向有效互动，并最终愉悦幸福地融入到我们的社会大家庭里来——这，就是笔者写作本书的另一个根本动力所在。

截至2018年，据中国教育学会的统计，我国孤独症患者人数已经超过1000万，患病率约为1%。其中，14岁以下患儿达到200多万，并且患病人数正在呈现逐年增加的趋势。

在这里，笔者真诚希望广大的爱心及专业人士，都能够针对本书中的任何一个康复课例，结合自己的理解与实践，提出自己不同的和更为行之有效的见解或改进意见来。唯有如此，我们才能一起携手助力，共同为广大孤独症患者的康复之路提供力所能及的专业支持和帮助并最终协助他们早日走出孤独，尽快融入到我们这个蓬勃发展且温馨幸福的社会大家庭里来。

真诚祝福所有孤独症患者及其家庭都能真切感受到来自我们这个伟大时代的关爱和帮助！

郁万春

于广州

CONTENTS

上篇

学校篇

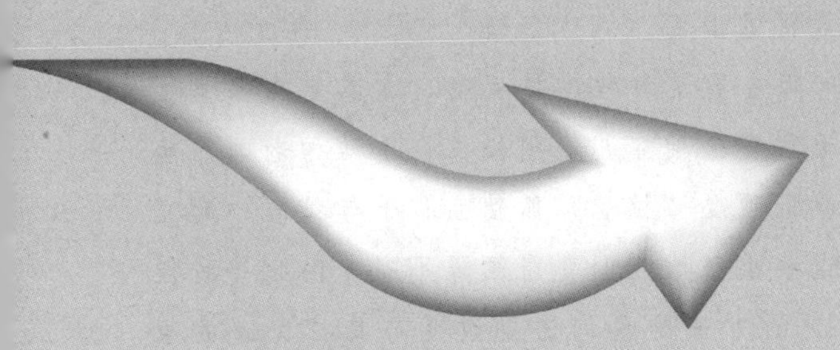

孤独症孩子的学校生活，无疑是我们从专业角度接触、观察、了解、研究和探索孤独症康复教育教学的主要场所和专业发展基地，并且这也是笔者长期从事孤独症康复教育教学实践与研究的最为熟悉的环境。所以我们把这一部分作为重点进行展开，以便广大读者能够对孤独症患者这一特殊群体有一个全面而深入的了解。

其实，不管是普通孩子还是孤独症儿童，他们在学校里的活动无非包括师生互动、同伴互动和自发自觉行为三大部分。

在普通学校里，很多情况下，老师都会被淘气顽皮的孩子们逗得哭笑不得、爱恨交加；而在我们特殊学校里，却是另一番截然不同的境况：为了能激发孤独症孩子们的社交动机，令他们也能跟老师“顽皮淘气”，我们费尽心机地创造各种“有利条件”，提供各种大好机会，但绝大多数情况下，都以失败而告终。

孤独症儿童尤其是中重度孤独症儿童，他们的警醒度和社交动机都普遍偏低。这就自然造成了他们在学校里的绝大多数活动都属于社会功能性很低的自发性行为。相比起同龄普通孩子们“和大家一起玩”，孤独症儿童更喜欢自娱自乐；相比起沉醉在“人”的世界里，孤独症孩子们更倾向于陶醉在“物”的天地里。即使孤独症孩子有时会对某个人产生兴趣，那也只是因为那个人手里拿着的小零食或小玩具之类的物品吸引了孩子们。假如他们对人感兴趣的话，那基本也是对自己本身，比如很多孤独症孩子会喜欢张开双臂拼命站在原地旋转，要么就伸开五指举到眼前入迷地研究着什么手部构造等，以此来满足他们的前庭刺激或视觉偏好。

一部分高功能孤独症儿童跟老师会有某种程度的互动，尤其是在课堂上一问一答式的教学环节里。而中重程度孤独症儿童则极少会主动和老师产生双向互动，在这种情况下，如果我们硬要“拉着”孤独症孩子与我们一起完成某项任务的话，就会很容易令这些小家伙儿们变得烦躁不安，由此导致彼此之间的距离反而更远。比较有效的方法是我们需要改变与其打交道的策略，比如“顺着”他们的兴趣所在，然后想办法、找感觉（找到彼此互相影响的那种互动感觉，在康复教学中显得相当重要）和孩子们一起玩“他们的”玩具。至少从这个角度来看，如果你能成功地与孤独症孩子建立起了双向互动的有效关系，那么，恭喜你——因为你已经获得了绝无半点社会功利目的在其中的最为纯粹的人际关系。

在高功能孤独症孩子之间，会有一些伙伴关系的建立，但基本都是比较简单的两人朋伴关系；在中重度孤独症孩子之间，能够彼此发生（谈不上建立）朋伴关系的概率很低、持续时间极短，并且基本也是由共同感兴趣的小零食或小玩具所引发。所以作为特教老师，我们绝对不需要担心孩子们会拉帮结派地搞校园冲突。

下面，就让我们随着一个个鲜明生动、波澜起伏的实际校园生活案例来走近孤独症，走近这些孩子们鲜为人知的内心世界吧。

第1课　言语之外的倾诉

课前导读

“一百个读者就会有一百个哈姆雷特。”的确，由于每个人的天性禀赋及认知经验等主观方面的各不相同，这自然就决定了我们看待问题的方式及最终所得出的结论也会迥异其趣。这一点在孤独症这一特殊群体身上，体现得就更是淋漓尽致。在日常教学活动之中，即便是我们时时处处都会凭借已有经验，尽量随顺每个孩子特殊的认知理解方式来展开师生互动和康复教学，但也难保不会随时踩到灵敏度极高的情绪地雷上——而这一个个地雷的主人，就是我们的孤独症儿童。

课堂聚焦

“昊昊（化名）?”怀着一如既往的美好期待，我又一次满腔热忱又小心翼翼地尝试着呼唤眼前这个低头沉浸在自己世界里的小男孩。为了帮助其对旁人的呼叫有所反应，我特地示范性地冲着他举起了右手，同时夸张地做出了回答“到”的口型。这一次昊昊终于有了行动上的一点反应，他飞速地扫过我一眼之后，马上又重新低下了头（谢天谢地，这一次他没有像以前那样因为有人打扰了其“自醉”状态而暴跳如雷）。正是在这“惊鸿一瞥”间，我从中看到了黎明的曙光，尽管这里面也有不解、拘谨与慌乱不知所措等复杂莫名的心理信息。

“哇，昊昊真棒!”我一边夸张地大声夸奖着他，一边把一小块他最爱吃的薯片递了过去。看着小家伙儿津津有味地吃完薯片后，我不失时机地在他面前晃了晃薯片桶，“老师这里还有很多薯片哟。”在美味的引诱下，昊昊这一次终于抬起了头。“好，再来一次。听到老师叫你的名字后要大声喊‘到’。”我残忍地利用强化物对昊昊反复进行着呼叫应答训练。因为我知道他是有语言能力的，所以便趁热打铁地想诱导出他更多的语言应答来。“昊……”

“啊——唧唧!”他突然焦躁悲愤地大声尖叫着，并以迅雷不及掩耳之势狠狠地在我举着薯片桶的右手臂上掐了一把。顿时，一阵钻心的刺痛令我浑身一哆嗦。等我抓住他不停奋力挣扎的双手后，才沮丧地发现手臂上已经无可挽回地渗出了一小片血红。昊昊刺耳的尖叫哭喊，再加上他拼力的反抗，更加剧了我手臂伤口的灼烧疼痛。

“哇啊!”

“哎，嗯哼哼!”真是一波未平一波又起。班里面那几个胆子小和听觉过敏的孩子被昊昊这么一搅和，全部都紧张不安地哭闹成一团。辅助老师刚刚安慰了这一个，那一个同学又剧烈地哭闹了起来。

在书声琅琅的普通学校里，这种几近于单行道的教育教学情境，基本是不存在的；而在我们孤独症康复学校，尤其是像我们班这样的中重度孤独症孩子，认知理解和情绪行为问题使得此种情形成为了我们的教学常态。因为他们不能像普通孩子那样自如地表达内心的喜怒哀乐，更不能有效地理解外界所施与（从某种意义上来说，或许用“强加”一次更为确切）到他们身上的种种信息刺激及规则，因此，像昊昊他们这样经常出现情绪行为问题也就不足为奇了。

说句心里话，作为从事孤独症康复教育教学工作多年的特教老师来说，我们对于孤独症儿童的攻击性行为应该是有一定的心理准备与应对措施的。但像昊昊这样情绪爆发之突然、程度之猛烈的状况，我还是第一次见到。

为了更多更全面地了解昊昊所时常发出的“启示性信息”，以便于更有效地探知其内心世界、处理其情绪行为问题，我们和他的家长进行了多次较为深入的交流，从而全面掌握了更多有关昊昊的第一手资料。相关信息状况大致如下：

教育训练史方面：在来我们学校之前，昊昊已经辗转在多家私立机构接受了感觉系统、听觉系统、社交沟通等各项康复训练。其在认知理解方面进步较大（这也是颇令家长感到欣慰的地方），到目前为止，昊昊已经能够认读与仿写二三十个生字词了。尤其是“100”以内的加法计算，他已经能够熟练掌握了；在昊昊情绪稳定时，也能够用语言较为清晰地表达简单意愿，比如自己想吃什么或玩什么。但他在辨认同伴性别及物体颜色上还存在着较大困难，尤其是对于比较明显的光线变化非常敏感——这或许可以看做是导致其焦虑情绪的因素之一。

家庭生活方面：一开始，由于某些原因，家长们都会有些遮遮掩掩。不过在接下来的沟通交流并相互取得了一定的信任后，他们终于可以倾诉出在心底压抑已久的辛酸经历。原来，自从昊昊被确诊为孤独症以来，夫妻俩原本融洽的夫妻关系便急转直下。昊昊爸一直都不愿接受儿子是孤独症的事实，经常埋怨、责骂妻子没有照看好儿子，才导致现在的糟糕状况。作为母亲，昊昊妈每天除了带着儿子东奔西走地到处为其做康复训练外，还要操持起全部家务，其身心的疲惫与精神上的痛苦自然不是一般局外人所能够想象得到的。可是为了这个家，也为了给儿子尽可能提供幸福融洽的家庭环境，也只好“忍辱负重”了。用她自己的话说，“又要照顾好儿子，又要维持好紧张的夫妻关系并尽力支撑起这个摇摇欲坠的家，真的好累，好辛苦。”尤其是老公经常当着昊昊的面和自己吵架，这无疑严重影响到了小家伙的情绪及身心健康发展。最明显的影响就是，昊昊越来越频繁地无由哭闹、焦虑紧张；而孩子越来越剧烈的情绪波动反过来又加剧了爸妈之间本已十分尖锐紧张的矛盾冲突，并最终使得他们夫妻走到了考虑是否要离婚的地步，这无疑更使得昊昊妈倍感孤立无援而身心俱疲。

了解到这些情况后，我们深深地认识到：要想较为成功地处理好昊昊的情绪行为问题，他那紧张的家庭生活环境就是一个首先需要加以重视的问题。为此，我们和学校的社工一起努力，多次与昊昊爸妈在一起探讨有关昊昊康复训练的可行性问题，尤其是突出了一个和谐融洽的家庭生活氛围对孩子健康成长的重要性，并在这一问题上与他们达成了共识。

其实对于很多缺乏安全感的孤独症孩子来说，也都像昊昊一样特别需要成人的关心爱抚。最为明显的一个例证就是，昊昊经常会撒娇一样地抓住或抱住老师的手臂，如果没有得到相应的拥抱或抚摸时，他就显得特别焦虑紧张；而当得到相应的触体安慰时，他紧张不安的情绪就会慢慢地放松下来（在此有必要澄清一个概念上的问题，“孤独症”相关定义中说孤独症患者一般都“排斥亲密关系”只是孤独症孩子处于低警醒度、低动机状态下的一种表现形式而已，所以不可将之视为孤独症患者的标志性常态表现）。接下来令我们感到棘手的问题是：不论课间还是课堂上，昊昊经常会大声地自言自语或兴之所至地引吭高歌，要么就干脆躺倒在地上沉浸在自娱自乐的状态里。如果成人对此进行干预或制止的话，不论方式怎样，都会导致他大发雷霆地又哭又叫，甚至还伴有用拳头捶打自己的头部或掐人抓人等攻击性行为。就是在这种情况之下，我们好几位老师的手臂上都曾留下过他的“杰作”。班里很多同学也都因为昊昊的这种哭闹及攻击性行为而显得紧张不安，甚至胆怯地捂着耳朵大哭起来。

说句心里话，每次看到昊昊那惊恐迷茫的双眼，想到他父母那一脸的疲惫与无助，还有他们苦苦撑持着的家庭时，我的心里总感到特别酸楚与沉重，同时也会有一种深深的内疚与自责，责备作为特教老师的自己为什么就不能找到更有效地处理其情绪行为问题的方法。

在此后的日子里，我们都会尽可能地抽出时间来陪着昊昊一起玩耍。他喜欢肢体触摸，我就趁机微笑着紧握住他的手臂，像做游戏一样地帮助他做放松练习；他喜欢转圈圈，我就经常抱起他玩“坐飞机”的游戏。当然，在这一过程中，我们也会不失时机地引导他进行简单必要的意愿表达或心情描述等社交技能训练。他特别迷恋书写汉字，我们也会手把手地教他写好每一笔每一画，并尽可能地帮助小家伙将所书写的汉字加入到日常语言交流里来。渐渐地，我们越来越明显地感觉到：昊昊跟我们在一起时会显得特别开心、特别放松，这的确令人大受鼓舞。

接下来，我们就利用彼此之间终于建立起来的宝贵信任，因势利导地转化着他的一些不适应性情绪行为问题：他一躺在地上，我们马上会果敢又不乏温柔地将他扶起来，并顺势和他玩“坐飞机”的游戏；昊昊脸上一露出焦虑茫然的表情，我们立刻会握住他的手逗他玩上一会儿。久而久之，他已不再反对我们对他行为的干预和引导，也不再对我们为了防止他攻击别人而握住他的手表示强烈抗拒了。

直到如今，我还清楚地记得：当昊昊一连两个多星期都没再出现大的情绪波动时，他妈妈脸上所流露出的那份惊喜与欣慰。

由昊昊自身的问题扩而充之：在长期从事孤独症康复教育教学的工作当中，我们几乎天天都能见到学生家长那无助、无奈与焦虑的表情，也时时刻刻都能感受到孩子们那表面冷漠而内心热烈的情感，他们因无处表达、不会倾诉而焦虑着，痛苦着。作为一名特教老师，我们唯一能做的，就是更加努力地钻研业务知识，更加全心全意地去与每一位孤独症孩子进行“特殊的心际交流”，从而能够更好地体会他们的所思所想，分享他们的喜怒哀乐。只有这样，才能不辜负学生家长对我们老师的信赖和期望。

毋庸讳言，孤独症康复教育教学工作是辛苦的，失落感与挫败感也时常困扰着我们。但是，只要这些孩子能够一天天快乐地学习、健康地成长，只要学生家长能因此而流露出欣慰的笑容和逐日增长的信心，我们也就获得了最大的价值归属。

其实，昊昊毕竟只是众多有情绪行为问题的孤独症儿童之一，像他这样突然之间暴跳如雷，要么攻击别人要么伤害自己的孩子还有很多。因此，在同行之间的交流中，我常常颇带调侃地强调一个观点，那就是在具备足够的耐心与爱心之同时，我们特教老师还必须学习一些防身的“硬功夫”，否则你将无法在特教岗位上“自保”。这尽管有些开玩笑的意思，但毕竟也不是废话，因为面对这些具有攻击性的孩子时，如果我们连自身的安全都保证不了的话，那又怎能带领这群“特殊的子弟兵”们在康复之路上昂首阔步呢？

当然，从更深的层次上来说，如何有效地找寻到孤独症孩子情绪行为问题背后的主客观刺激因素，的确是一个值得在工作实践当中不断加以摸索、提升的重大课题。唯有如此，我们才能给一个个自伤与伤人的昊昊们营造安全健康的幸福童年，给学生家长和我们自己一个不断努力进取的理由。

课后检视

由昊昊的这一具体案例，我们有必要对“孤独症”这一特殊群体本身，结合实际康复教育经验所得，进行重新甄别和再认知。具体如下：

1. 孤独症孩子是否无法与人建立亲密感及温暖感情？孩子是否会主动找寻能给他带来安全感的成人，譬如母亲或主要照顾者？如果他有这个能力，那么他是否喜欢这种亲密的关系？

2. 孩子是否会使用表情动作及情绪的特殊表达方式与别人沟通？比如使用微笑、皱眉、点头及其他的互动姿势，与别人持续进行一连串双向的情绪信息交流？

对以上这些问题的回答如果是肯定的，那当然会大大有利于孤独症儿童情绪状态的稳定性；而如果问题的答案是否定的，那我们又该怎么办呢？

第2课　或许有益的刻板行为

课前导读

如果说上一章中所介绍的昊昊所存在的情绪行为问题，在一定程度上可以找到其诱导因素，从而还能够有针对性地对其进行疏导训练的话，那么，这次要提到的翔翔（化名）所出现的情绪行为问题就不那么容易追根溯源了。

课堂聚焦

首先，翔翔父母的感情非常好，家庭生活融洽。并且非常难能可贵的是，夫妇俩和其他大多数孤独症儿童的父母们一样，为了孩子能获得最大程度上的康复而共同努力着。因此，我们没理由认为翔翔的情绪行为问题与家庭生活有多大的关联性。

其次是翔翔的康复训练史。和昊昊一样，在来我们学校之前，翔翔也曾在多家民办康复机构训练过，并且因为其情绪行为问题比较突出，而有针对性地做过感觉、听觉系统等相关训练。一开始，我们都觉得只要为其做过听统训练之后，翔翔的情绪就会因此而大有改善。可后来的问题却远不如我们事先预想的那么简单：对于翔翔所存在的听觉过敏问题（如近旁出现稍微大一点的声响，都会立即使其焦躁万分地用两手捂住耳朵，整个面部表情呈现一副惶恐状，全身的肌肉也因此而紧绷），其家长也带着他去几所大医院做过几次听统训练，但从客观效果上来看，翔翔的状况却没有改善。我们认为这只是刚做完训练的不适感。然而自做完听统之后已过了一个学期，其症状依然没有减轻的迹象。这就不得不令我们开始怀疑针对其听觉过敏所做的听统训练是否真的对他有所帮助了。与此同时，翔翔的刻板行为也还是一如既往。比如他每天早上来到学校按要求放好书包、作业袋及饭盒等学习生活用品之后，一定要跑到操场上围着篮球架绕着圈子跑，一直跑到开始做早操了为止；教室里哪个小朋友的凳子或其他物品如果偏离了平时摆放的位置，翔翔发现后立马会跑过去将其摆正并恢复原状；更为令人头疼的是，或许是他已经完全习惯了学校里结构化的学习生活环境的缘故吧，假如我们在上课时有人从窗子外面走廊上经过，都能立马引起小家伙的不适感，轻则拍两下手或用他那不知疼痛的铁砂掌冲着课桌狠狠地暴打一顿，重则出现击打自己的头部或掐拧旁人的自伤及伤人行为。毋庸置疑，对于这种有危害性的行为问题，我们当然要进行果断制止并尽可能地防患于未然。但这毕竟是应急性的、治标不治本的做法。正如刚才所说，如何真正做到“防患于未然”，那就需要从根本上引导好他的刻板行为，否则一切都将是空忙一场。

多年从事孤独症儿童康复教育教学工作的经验表明：在孤独症儿童这一特殊群体中，有刻板行为的孩子并不在少数。至少是在中重度孤独症儿童当中，有刻板行为的儿童就占到这一群体总量的三分之一。究其原因，或许是因为他们在社交沟通等方面存在较为严重而导致环境适应困难的缘故吧。换位思考一下，就拿我们大多数普通人来说，当我们初次置身于一个人生地不熟的陌生环境当中时，自然也会生出些许孤独不安的焦虑感。这在某种意义上来说，和孤独症儿童之于因环境适应障碍而产生的焦虑情绪具有很大的相通性。不同的只是我们会借助外在条件，比如工作生活在这个地方的亲戚朋友或买张本地地图及简介等，很快地了解并逐步适应本地的生活及风俗，从而使得这块本来陌生的土地不久便成为了自己的“第二故乡”；然而对于孤独症儿童来说，由于自身社交沟通障碍及认知理解等方面所存在的固有问题，他们就连自己家庭附近的环境适应起来也是相当困难的，就更别说是其他的陌生之地了。

显而易见，对于存在环境适应障碍的孤独症儿童来说，好好待在一成不变的、自己好不容易才熟悉并在很大程度上已经适应了的环境里，并始终遵从一套自己业已掌握了的生活程序肯定会更有安全感，因而也就更有助于缓释他们的焦虑情绪。假如环境或某个活动程序因种种原因而发生了某些变化，他们要么就会出现焦躁不安的情绪行为问题，要么就会通过某种自己熟悉的刻板动作来找寻回一定的安全感。由此，我自然而然地记起了翔翔新入学第一天的情景。

由于是新生报到的第一天，我们的忙碌程度自然是可想而知的。“啊——，不去，不去，啊！”一阵直穿云霄的哭喊声完全压过了教学楼里喧闹嘈杂的其他声音，直震得我们的耳膜嗡嗡响。听声音，这里面混杂了焦虑不安、哀求与挣扎等多种复杂的情感成分。说句实在话，别说是新生报到，就是每周一甚至每天早上学生刚刚到校的时候，也都会有一些孩子大哭大闹着不愿踏进校园，这对我们来说已经是见怪不怪、习以为常了。但如此激烈痛苦的哭叫的确还是比较少见的，这令我们不禁心头一紧：又是一个难缠的主儿！

但问题已经出现，就必须直面解决。每次碰到类似问题，出于职业习惯，我们首先想到的是如何应对及有效处理如此强烈的情绪行为问题。如果这个问题不能优先得到一定程度的解决的话，那么，你就很难帮助他们逐步建立最为基本的日常行为规范，甚至连处理孤独症儿情绪行为问题时所要经常用到的视觉提示卡片也很难被派上用武之地。举一个很简单的例子，当一个孩子正处于情绪爆发期的时候，不管成人怎么拿情绪行为处理卡片来提醒孩子应该保持安静或做深呼吸之类的，孩子们大概都不会理你这一套。别说是感知觉加工系统都比较特殊的孤独症儿了。在长时间的教学实践当中，我们越来越深刻地认识到，那种不顾孩子情绪状态如何，而只顾一味强调视觉提示卡在处理孤独症儿情绪行为问题中之强大作用的书本理论，是很难在相关工作进程中发挥实际作用的！

那么，究竟怎么来有效地处理孤独症儿的情绪行为问题？怎么来安慰他们那颗因不能正确理解外部规则又不能有效表达内心感受而倍感孤独与焦虑的心？问题的答案或许只有一个：这只能在工作实践当中逐步摸索总结，目前还很难有一个百试不爽的可操作性方法。当然也无法否认，市面上能够见到的一些与孤独症相关书籍里的确也有值得借鉴的观点理论，而要真正摸索出一条行之有效的解决之道，毕竟还是一个长期复杂的过程。在这个过程当中，我们既要时刻为应对学生随时出现的情绪问题而探索实践着，又要尽量使这种难以预料的情绪问题对其他学生的影响降到最低程度（实际上，孤独症儿本身的专注力尤其是随意注意能力都比较差，再加上很多孤独症儿又存在听觉过敏问题，所以一旦有一位同学有了情绪问题，班上的其他同学肯定会受到很大的影响），并且还要尽可能地保障日常教学活动的正常开展，这的确是一件很不容易做到的事情。

那天当看到翔翔爸妈因儿子强烈的哭闹而流露出的那种心疼、无奈与尴尬时，我们的心情也很沉重。成人与孩子之间就这么经过了多次斗智斗勇的较量之后，或许是小家伙哭累了，也或许是我们同家长共同努力的结果，大约过了半个多小时，翔翔终于坐在教室里的凳子上慢慢安静了下来。此后的日子里，几乎每周他都会有三四次不明原因的情绪大爆发。有时正坐在那里好好地吃着午饭，他突然一拳捶在桌子上便哇哇大哭；有时正当同学们都在老师的辅助下专心做着个人工作或感统项目时，他会突然大哭大叫着用尽全身力气去猛掐旁边同学的胳膊；有时老师正在和小朋友们玩着游戏，他会突然躺倒在地上连滚带叫。不管我们怎么安抚怎么引导都无济于事，直到他哭闹累了才慢慢自行恢复常态。

后来，或许是翔翔逐渐适应了学校生活的缘故，也或许是因为在我们师生之间建立起了一定的信任基础，又或许是因为大家彼此之间都有了相当程度上的肢体语言交流与默契。总之，如今的翔翔，不管是在情绪行为爆发的强度上还是频率上，都减轻了好多，但他的非问题性刻板行为还一直存在着。每天早上，我们依然能见到他围绕着操场上的篮球架跑步。一圈，一圈，又一圈……

有关这种对孤独症儿童的自身发展并不构成明显阻碍的非问题性刻板行为，不管是在特教工作者还是孤独症儿家长的观念里，很多人都觉得应该尽量阻止孤独症儿刻板行为的发生。这自然就牵扯到了刻板行为的区别对待问题：对于那些明显阻碍孤独症儿童自身发展的问题性刻板行为，我们当然要进行专业性干预；而对于那些并不明显阻碍孤独症儿童自身发展的非问题性刻板行为，则没必要急于进行干预。原因很简单，就拿我们普通人来说，你我在明白了“家里被窃走十万元的巨额财产再怎么着急上火也没有用”的道理之后，是否就能够做到心平气和地接受现实而在心理情绪上不愠不火呢？所以，不管情绪与认知之间的关系再怎么密切，彼此也都不能够互相替代。因此，从方法论的角度来看，那种企图以图片提示卡之类的视觉提示方式来干预孤独症儿刻板行为及情绪问题的做法，实在是行不通也说不过去的。更何况，孤独症儿由于自身的种种限制而不能与外界形成良好的沟通与互动，因此，他们也只能借助自己所熟悉的一套固定动作或活动次序来寻求自我安慰与自我认可了。所以不管是从哪方面来讲，我们真的无权也不应该去粗暴地剥夺孤独症儿这为数不多的一个“心灵安抚术”。再者，从康复教育的技术角度来分析，因为孤独症儿在执行自己所熟悉的那一套固定动作或环境次序（即刻板行为发生）的时候，他们的情绪状态及专注力、大小肌肉及身体各部位的协调性等方面都处于最佳状态，这就为我们积极地引导其学习和掌握某项训练项目及知识技能提供了极佳的前提条件。所以，我们不但不应该将孤独症儿的非问题性刻板行为视为洪水猛兽，反而还应该尽力捕捉并利用好这个大好时机想方设法地对孤独症儿进行引导与训练。

总之，不管是孤独症儿童的多动行为还是情绪行为问题，抑或是其刻板行为，我们都需要从积极乐观的角度多加引导、善于利用。这既是爱孩子的一种表现，更是体现孤独症康教专业智慧的一个重要指标。

课后检视

对于我们普通人来说，刻板行为或许会因影响到我们的正常生活、工作与交际而必须要加以纠正、治疗；可是对于孤独症孩子们来说，这种他们因为熟悉而从中获得了亲切感与安全感的所谓“刻板行为”，则需要我们进行区别对待。尤其是对于一些有益无害的非问题性刻板行为，比如到了一定时间就会主动去厕所、回教室、做餐前准备等，我们不但不能将之视为异端，反而还应该着力培养孤独症儿这方面的“良好刻板行为”。

第3课 难以界定的问题行为

课前导读

接着上一章所提到的问题与非问题性刻板行为，我们在本章的案例中将具体涉及孤独症儿童损人又不利己的问题性刻板行为。

课堂聚焦

“咔！”一次利刃劈破布般的咳痰声直刺我的耳膜。

“洁洁（化名），咽！”我随即条件反射式地大喊一声。见我反应如此之快之强烈，洁洁好像是真的被镇住了，他紧闭着嘴巴一脸警惕加迷茫地直盯着我看，或许是在内心里猜测着什么。但最终，只见他的喉咙处一动，两眼一眨，算是对我的指令做出了有效的回应与执行。

我下一步会对他采取什么行动呢？“张开嘴巴，啊！”为了进一步确认洁洁对指令的执行情况，我又向他下达了下一步应该怎么做的行动指示，并冲着小家伙张开嘴巴给他做了示范。

“啊。”只见洁洁的下巴又是一动，随即乖顺地在发“啊”音的同时也张大了嘴巴。

“嗯，这就对啦。”看到他那乖巧随顺的样子，我大感欣慰，一边口头表扬着一边和他击了一下手掌以示鼓励。

这个小插曲就此算是圆满地告一段落了，事先计划好的教学活动还要继续下去。带着胜利者的喜悦与满足，我又把目光投向了旁边的同学，“毅仔（化名)，你起来回答……”

“咔！”又是一次利刃劈破布般的咳痰声，毫不留情地把我即将脱口而出的话硬生生地给堵了回去。

“赶快吐到垃圾桶里去！”这突如其来的断喝把我和班里的其他孩子都吓了一大跳。我抬头一看，洁洁妈不知什么时候已经站在了教室门口，此时她正用那两道警棍一样严厉的目光督促着儿子低头含着口水朝垃圾桶走去。看到此情此景，我不禁在内心里长叹了一口气。类似的“警察抓小偷”的游戏已经不知上演过多少次了，尽管我们也曾和洁洁妈沟通过这个问题，她也同意完全由我们老师来进行处理，自己会尽力协助我们的工作，不会随便进来对儿子的不良行为大加干涉。但每一次洁洁咳痰吐口水的时候，她又忍不住要参与进来“管一管”。真的是“可怜天下父母心，过分干预害死人”啊。我在内心里一边感叹着，一边不禁又想起了上学期的事。

据家长介绍，洁洁在得了一场重感冒后，他就落下了经常用力从喉咙里往外咳痰吐口水的习惯。更糟糕的是，他要么把口水吐在地板上使劲用脚来回搓着玩，要么就吐到手心里后再使劲扣在桌面上如醉如痴地搓着口水寻求视觉、触觉上的刺激。更有甚者，他还经常将口水吐到手心里端详半天后再猛地扣回嘴巴里面吞咽下去。一开始，洁洁妈给我们的解释是他感冒刚好喉咙还不舒服，因此当着她的面，我们也就暂时不好再采取什么更有针对性的措施，并且我们也相信洁洁妈说的确属实情。

在此，有必要加以说明的一个非常重要的背景信息是，洁洁在落下这个咳痰吐口水的习惯之前，一直就伴有“非典型性癫痫”的症状（其主要症状表现有突发性、重复性和相同性三个基本的特征，癫痫病患者发作的时候还会呈现焦虑、忧伤等心情或许会做一些举措，搓手或许发愣等。而根据有关研究资料的统计：每一百名孤独症儿童当中，至少会有三十到三十五名儿童兼患癫痫病症。但除了不是太严重阵发性的抽搐以外，洁洁还不具备癫痫的其他典型特征），时常会浑身突发性地紧张抽搐，并伴有强烈的情绪波动，要么大哭大叫，要么干脆躺在地上浑身间歇性僵直。为此，洁洁妈也曾带着他去很多大医院就诊过多次，但效果一直都不是很明显。直到现在，洁洁也还时常有类似问题出现；此外，洁洁还是个极其敏感的孩子，他最爱做的一件事就是，将凳子紧贴在屁股上提起来，然后再猛地一屁股坐下去，如此咕咚咕咚地反复弄着玩。可是一旦当他意识到自己做错事情后，都会非常警觉地留意着老师是否有靠近他的意图，一旦确定“危险”存在，他立马起身就跑，并且喉咙里还会不安地发出咕噜咕噜的奇怪声响，浑身也开始出现较轻微的紧张性抽搐。也正是出于这种特殊背景的考虑，我们也不好太过深入地追究他的吐口水问题，以免给小家伙带来不必要的额外刺激及正常性伤害（所谓正常性伤害，是指身心异样的人因对日常刺激作出异乎寻常的过激反应而造成的伤害）。

可是两个星期、三个星期过去了，洁洁咳痰吐口水的问题不但没有丝毫改善，反而还呈现出愈演愈烈之势。并且由他竭力从喉咙里往外咳痰的声音来判断，也不像是里面真的有痰；如果从其经常趁着我们不注意而陶醉于玩口水的快乐程度来判断，他倒更像是在故意吐口水玩。因为每次咳痰时，他都会睁着既意犹未尽又非常警惕的双眼观察着周围人群对此的反应。

而最令我们困惑并印象深刻的，是在上学期临近期末的一节个人工作课上发生的事情。当时我们正在专心致志地辅导同学们做着自己的个人作业，突然“啪”的一声巨响，洁洁将文件夹重重地往桌子上一摔，便四肢僵直地趴在上面嚎啕大哭起来。还没等我们弄明白到底是怎么一回事，他整个身体又猛地往后一挺，随即脱离板凳重重地摔在了地板上，紧接着又紧蜷双腿抱在胸前，头部夹在两腿间，侧缩在桌子底下大放悲声。我们刚刚把桌子移开想把洁洁扶到座位上时，他整个身体便开始了一挺一缩、一缩一挺地剧烈抽搐。说句实在话，从事孤独症儿童康复教育教学这么多年以来，我还是第一次见到像这般身体与情绪同时剧烈爆发的情景——包括洁洁妈在内的所有人都被他这突如其来、前所未有的剧烈发作给吓呆了。终于从惊愕之中缓过神来后，便赶紧像往常一样，会同辅助老师一起抓住洁洁的两臂将他安顿在凳子上，一人握住他的一条手臂帮其做起了放松练习。但可能是由于发作过于强烈的缘故，这一次的放松练习效果不是很显著。可在这种情景之下实在也想不出什么更为有效的办法来，因此也只能自我安慰式地一边帮他做着放松练习一边盼望着奇迹的发生。

大约过了十多分钟的样子，可能是太过劳累了，洁洁的情绪终于慢慢平复了下来，身体肌肉也放松了很多。这个时候，我们才把他安顿在情绪处理区引导其对着视觉提示卡试着自己慢慢平复情绪。

尽管在这之后，洁洁都没有再爆发过那么强烈的情绪及身体反应（通常只是出现较轻一些的身体抽搐与情绪波动），但我还是有以下几点困惑。第一，实在搞不清楚洁洁是因为生理方面的原因而导致了情绪波动，还是因为情绪波动而引发了生理反应，还是两者兼而有之？因为洁洁妈带他去看过很多大医院，但都没有得到一个明确的、令人满意的诊断结果，当然治疗效果也就可想而知了；第二，洁洁妈一直以来都在给儿子吃一种缓解身体抽搐的药物，这药物是否真的正面疗效大于负面作用？在这一点上，短时期内还很难得出明确的结论。对此问题，我们也曾跟洁洁妈交流过，那就是，如果洁洁的这些问题都是由生理方面的原因造成的，那吃这种抗抽搐药物应该是有效的。可服药两个多月以来，正面效果不但没有出现，反而使得洁洁发作的次数更多了，这就要好好考虑是否仍要遵医嘱继续服药的问题了。更为重要的一点是，假如洁洁的问题是因情绪波动而导致的，那这个药是否吃得有些危险呢？当然，这只是我们个人的一些疑虑和分析，当时并未引起洁洁妈的重视。直到本学期，她才停止了给儿子继续服药。

或许到目前为止，我们一直将焦点集中在了洁洁的情绪行为问题上，有些太过片面和肤浅化，也显得过于沉重。其实，洁洁在语言沟通及认知理解方面，还是大有潜力可挖的。尤其是在美术方面，他表现出了浓厚的兴趣和不同一般的天赋。课间时候，小家伙儿常爱拿起粉笔在黑板上即兴作画。就在那次情绪行为大爆发后的第二天，他在黑板上画了一个用来浇花的喷壶，旁边还画了一朵正在怒放的向日葵。乍看之下，的确是漂亮，至少在绘画技巧上，应该说是已经达到了一定的高度——然而仔细一看，你就会不无惊讶地发现：尽管那朵向日葵是朝向喷壶的方向开放的，但在花与喷壶壶体之间，却隔着喷壶的把手。换句话说，洁洁在绘画过程中，不知是出于有意还是无意的，他竟然将喷壶嘴与把手一上一下地都安排到了喷壶身体的一边去了，并且整个壶身也是壶嘴向外背对花儿倾斜的。如果我们从专业角度对其稍加分析的话，就不难发现：洁洁的这幅画已经非常典型地体现出了孤独症患者特殊的认知与思维方式，即局部性和碎片化的特点非常明显。

假如这是普通儿童的一幅画作，我们就会说是他粗心大意画错了而不予重视。然而，这却是一名中重程度的孤独症儿童画出来的，就不能不令我们倍加关注：图画中，那朵渴望得到水分滋养但却只能“望水兴叹”的向日葵，不正像是这群孤独症儿童吗？他们因为不能有效地对人表达自己内心的喜怒哀乐，也不能有效理解父母亲人的真实情感和意图，哪怕亲人就在身边，可就是无法让父母了解自己的内心渴望；自己就在父母身边，可就是不能与他们尽享那份至为珍贵的母子亲情，一如那朵悲剧性的向日葵！紧接下来，还有一个更为令人不寒而栗的问题：假如我们这些孤独症工作者就是向日葵旁边那把喷壶的话，那是否恰恰说明了我们这些企图为花儿们的康复与成长而努力“浇水施肥”的人，正在妄自尊大地做着南辕北辙的蠢事呢？毕竟，大量观察研究资料证明，孤独症儿童对周围人事物的感知觉方式及由此产生的结果，都是异于我们常人的。而我们所施加在他们身上的绝大多数康复教育理念技术及方法，却是不折不扣地以普通心理学及教育学理论为指导的。

说句心里话，乍看到洁洁能够画出如此漂亮的作品，的确令我们大感意外又特别欣慰：不管怎么说，他已经通过这幅画作向我们传达了其内心的渴望与不被理解的痛苦。当然，从长远来说，对于像洁洁这样中重度的孤独症孩子，如果我们能尽早发现他们的兴趣特长并着意加以发掘培养的话，就有可能为他们将来的个人发展以致自食其力打下很好的基础。

但更为公正一点来说，洁洁不时发作的情绪行为问题，的确严重影响到了他的康复进程。因此，我们究竟该如何更为有效地应对像洁洁这样情绪波动剧烈的发作状况，的确还有很多很多的棘手问题需要我们坚持不懈地去逐一分析和解决。就目前的状况而言，我们也只能希望随着年龄的增长及各项训练项目的有序、有效开展，能够令这些孩子的康复之路变得更为顺畅、平坦了。

课后检视

对于孤独症孩子的问题行为，如果是情绪问题造成的，只要我们能找到问题产生的根源及每个孩子的特殊之处，或许还有解决之道。可如果是由生理疾病等原因所致，的确就会令人束手无策。别说是我们这些非医学专业的孤独症康复工作者，即使是医学专业的医生，面对不能与之进行有效沟通的患者，他们也很难准确地摸清病情、推断病因。即便是华佗再世、扁鹊重生，他们也还是要通过“望闻问切”来找到病因，可这四种基本诊病措施在有沟通障碍及情绪问题的孤独症儿童身上却是很难实施的。所以，对于像洁洁这样的孩子，我们究竟要如何对待其问题行为而不至于影响其正常的学习与生活，同时也为班里其他孩子创造一个和谐稳定的作息环境，的确是一个非常值得我们用尽心思探讨的课题。

第4课 别样的助人方式

课前导读

不管是从哪一个角度来讲，现实生活都要远比任何语言描述丰富得多、精彩得多；同理，在有关孤独症患者群体的研究上，任何理论性的分析与描述，也都远不如孤独症患者自身表现出来的特点更加“经典”。本案例中琦琦（化名）的出彩表现，就已经大大超出了权威理论对孤独症患者描述的范畴。

课堂聚焦

“看这里，琦琦，请给我苹果。”陈老师在琦琦面前摆放了荔枝和苹果两张实物卡片，让他进行二选一的实物辨认，其中的荔枝是琦琦早就掌握的。按照往常的表现，琦琦在这方面的正确辨认率在百分之六十五左右，因此还需要加强练习。而这一次却表现不俗，小家伙很快拿起苹果图卡放到了陈老师的手里。“嗯，琦琦认识苹果了，真棒！”一边表扬着他，陈老师的脸上也露出了欣慰的笑容。她随即又上下左右地变换了几次苹果和荔枝的位置，不断地对琦琦进行着强化训练，琦琦几乎每一次都准确无误地指出了苹果图卡，这使得陈老师脸上的笑容也越来越灿烂。欣喜之余，她打算趁着小家伙状态较好的这个黄金时间，再进一步对其进行强化训练。于是，陈老师在苹果和荔枝两张卡片的基础上，又增加了葡萄卡片。“好，琦琦看这里，请给我葡萄。”真的是惊喜连连好运不断，小家伙照样非常顺利、准确地拿起葡萄实物卡片放到了陈老师的手里。无论再怎么变换三张图卡的位置，他都能进行正确地指认，这着实令陈老师和我都感到特别得惊喜。于是我们又临时商量决定加大难度，将卡片增加到四张，后来又增加到五张、六张一直到七张卡片，并不断变换位置地摆放在一起，而琦琦每一次都能准确地按照要求，将相应的实物卡片放到老师的手里。

“琦琦你今天也太神了！”陈老师和我不由得同时发出惊呼，我们同时一前一后地像优待国宝一样抱住了小家伙，简直就把他当成了上帝赐给我们的一件神奇礼物。琦琦的脸上也露出了开心与自豪的笑容，高兴之余，他又像往常那样叫了我们好几声“妈妈”，但这一次我们都没有再去刻意纠正小家伙儿的这个“口头禅”。

难道传说中的神奇故事，真就如此幸运地在我们琦琦的身上上演了？如果真是如此的话，那我们可不可以认真分析归纳出一个“琦琦案例”的成功模式，来加以“批量生产”进而推广应用呢？带着这样的设想与动机，我们决定在第二天的认知课上，再重新对小家伙儿进行相似的递加式认知测试。为了更好更详细地进行全方位的摸底考核，我们这一次特别在事前进行了明确的分工：担任主教的陈老师与琦琦进行全方位的测试观察工作，担任辅教的我则坐在后面留心观察小家伙的一举一动。

真的是“不试不知道，一试吓一跳”。这次对琦琦的“全方位视频监控”，真正让我们体验到了跌宕起伏的感觉：正如我们一直隐约感到有点疑惑的那样，琦琦并没有创造出什么传奇，他顶多只能够正确辨认同时摆放的两张实物卡片！至于为什么他又能在昨天有如神助般地创造出正确辨认同时摆放七张实物卡片的奇迹，这就牵扯到了另一个神秘的“幕后黑手”，伟仔！

尽管伟仔在社交沟通和认知理解等方面的能力比较好，但毕竟是属于被动型的那一种，因此也就不像由主动沟通行为的高功能孤独症儿那样引人注意了。在我们老师家长的心目中，伟仔一直是不会主动与人发起互动，也很少言语交流的很被动的孩子，除了情绪稳定性比较好，爱到其他班里（不知为什么，他很不愿意留在我们自己班的教室里玩耍，一下课就跑出去了）游荡一番，有时还会突然抱一下别班的老师或孩子。除了这些令人莫名其妙的独行侠式的动作外，他再也没有什么可值得我们特别关注的地方了。

但这一次的重大发现，却大大改变了我们对伟仔的一贯看法。具体事件经过是这样的：当陈老师在琦琦对面摆放好实物卡片让他进行辨认的时候，邻座的伟仔会悄悄地从身后伸过手去轻轻捏住琦琦的胳膊肘。陈老师每向琦琦发出一个指令时，伟仔就会不动声色地拉动琦琦的胳膊肘引导他拿取对应的实物卡片，等琦琦顺利“完成”任务后，伟仔再不动声色地缩回手来，这可真是伟大的默默“奉献精神”啊！

琦琦昨天“创造出来的奇迹”之谜终于解开了。通过这件事，我们痛定思痛，终于重新认识了“真人不露相”的伟仔。如果是普通儿童，暗地里

“帮助”朋友度过学习或考试之类的难关，这很正常，没什么可值得大惊小怪的。因为在普通学校，有些学生都会凭借友谊或是金钱的力量暗地里“请”人来帮自己做作业甚至出现代考现象（这种行为当然性质恶劣值得批判）；可这类似的事情居然也会在伟仔的身上上演，这就值得我们高兴一番了，并要好好地加以分析研究才行。

首先，伟仔是一名中重程度的孤独症儿童。这就意味着无论是在心智解读、行为策划、社交动机还是在行为后果的预知方面，伟仔几乎已经达到甚至是超过了那些程度较好的孤独症儿童。单就是心智解读一项，在我们这些专注力差，认知理解能力又不高的中重程度孩子的IEP训练目标当中，几乎都没有涉及。因为对于他们来说，仅仅是关注到旁人的实际存在（而不是将旁人当成自己的视野背景）就已经相当困难了，更何况是要通过观察对方的表情变化来推知对方的心理活动，并据此采取相应的应对措施。至少在我们班，除了晴晴（化名）和伟仔有时还能够注意到老师或同伴的情绪变化外，其他的孩子根本就不会（或不能）留意到你的“同等存在”，哪怕是你已经到了“气炸连肝肺，啐碎口中牙”的程度，他们也还是依然故我。别说是表情制止了，就是你用语言或触体指令的方式，来引导或制止一位小朋友的行为，由于认知理解或是专注力、自控力等方面的严重不足，他们也难得能够顺着你的口头指令行事。即使是伟仔和晴晴，很多时候他们也很难正确理解旁人意思而错误行事。

更何况是像伟仔这样在了解了一定的社交游戏规则（不能随意地帮助琦琦完成训练任务，否则会受到惩罚）的基础上来进行相对应的行为策划与实施（暗地里从身后出手帮助琦琦）。所以，不管是从哪一个角度来加以分析，伟仔在这方面所表现出来的社交才华的确值得肯定（相反，普通孩子在这方面的错误行为则要大加鞭挞）。

其次，前面我也一再描述过，伟仔是个比较被动的孩子。除非你跟他有一定的相互信任基础，或硬要引导他跟你进行简单的对话与互动，否则伟仔基本也是只沉浸在自己的世界里而不会留意到他人的存在。可是问题也就随之产生了：到底是什么因素居然如此强有力地支持着伟仔费尽心机地暗地里帮助琦琦的？

并且如果这只是一个孤立事件的话，倒也不值得我们为此而大费文章。在随后的日子里，我们又对伟仔进行了详细的观察记录，结果又获得了大量的类似资料。比如洁洁（化名）有在课堂上磕碰凳子的问题行为，而一旦他有一段时间奇迹般地不再有这种行为出现了，伟仔就会想方设法或小声叫一下洁洁的名字（意在让对方听到，但又不至于被老师发觉）或发出一些古怪的声响来引起洁洁的注意，等目的达到后，他便开始做出磕碰凳子的动作示范，直到洁洁因受到点拨启发后，也开始“旧病复发”般嘣嘣嘣地猛磕起凳子时，伟仔才会露出特别满足的狡黠笑容；再比如森仔（化名）平时有坐在凳子上前摇后晃的习惯，而一旦他某时停止了这一行为，伟仔也会采取各种手段来暗地里诱导森仔“旧病复发”；还有我们的晴晴（化名），从很久很久以前（至少在入读我校一年级以前），他就有兴奋激动时猛咬自己手背的问题行为。而每当晴晴的这一行为处于“革命低谷”的时候，伟仔绝对会挺身而出慷慨相助……如此让人又恨又爱的“劣迹”，在我们伟大的伟仔身上，真的是举不胜举、罄竹难书啊。

总之一句话，我们所努力教导孩子们应该做的“光明事业”，伟仔绝不会积极响应，更不会带动其他同伴“走向光明”；可同伴们自身的一些问题行为，伟仔绝对会不厌其烦、积极热情地诱导人家“重操旧业”。他是怎么学会并充分施展这些才华的，为什么这些才华只会被他用在不该用的地方？我们不得而知！但有一点可以肯定：那就是，对于孤独症孩子，尤其是对那些看似很难出彩的中重程度的孤独症孩子，我们真的要摘掉“有色眼镜”来平等地对待他们。因为说不定什么时候，他们或许就会像伟仔那样，给我们带来一些谜一样难解的、说不清道不明但却又令人百般回味的“神奇业绩”。

课后检视

本案例中伟仔的行为表现，或许可以将之归为一种比较特殊的刻板行为。它的特殊性主要是指其中包含了太多、太高级的社交沟通技巧，已经在相当程度上超出了我们对于孤独症患者的常规性认知。这一现象就足以提醒我们：不论是在孤独症康教研究或是实际的康教实践中，我们都须做到具体问题具体分析，而不能一味地以“孤独症的眼光”来对待孤独症患者。

第5课 康技与康教下的臻仔

课前导读

截止到目前，在国内的孤独症康复训练当中，ABA还是很受业内欢迎因而也成为应用最广泛的一套训练工具、一种康教理念。只要是对孤独症康教领域稍有了解的人，就会更为深刻地体会到ABA在业内人士心目中的分量。诚然，在孤独症康复教育事业发展之初，如此大规模、高敬业度地研究借鉴、学习运用ABA是很有必要，当然也是意义重大的一种举措。但随着专业实践的不断成熟与发展，以及实际教学工作中各种疑难、繁杂问题的不断涌现，我们越来越感觉到在运用ABA解决实际问题方面还需要融入更多的康教要素。尤其是作为九年义务教育阶段的孤独症儿童，他们更多需要的是康复教育教学而非单纯的康复技术服务，毕竟，这两者之间的区别尤其是最终产生的康复效果还是有很大不同的。

课堂聚焦

“臻仔（化名），看这里。”原本面无表情的臻仔，非常难得地抬起头来，蜻蜓点水式地瞥了一眼桌面上并排摆放着的玩具茄子和胡萝卜。“好，拿茄子给老师。”我赶紧抓住这稍纵即逝的有利时机，向他发出了这个口头指令。作为提示，我一边说着，一边伸出右手放在桌子上靠近茄子的地方，并等待着臻仔对此指令的回应。

小家伙显然是没有听明白这个口头指令的内容为何，只见他眼神飘忽地在两个物件上面来回扫了几次，然后又抬起他那双水灵灵的大眼睛，异常入神地直盯着我看，就好像我的脸上有什么明确答案似的。过了一小会儿，他犹犹豫豫地伸手拿起了那个胡萝卜。“不对。”我明确否定了他的答案。看来这一个回合算是失败了。

“臻仔看这里。茄子。”我一边用手指着茄子给他看，一边适当拉开了茄子与胡萝卜之间的距离。等到确认他正看着茄子的时候，我赶紧趁热打铁地引导他进入第二个回合的练习。“臻仔，拿茄子给老师。”这一次，小家伙儿的眼睛还是盯着胡萝卜伸出了手，我赶紧半路勾住他的手腕往茄子上引领。“哇，臻仔真棒，这是茄子!”当臻仔在触体辅助下拿到茄子，并成功放在我手上时，我及时给予了他口头奖励。为了巩固战果，我又一次帮他明确了“茄子”的实物。

“好，臻仔拍拍手。”说完，我先示范性地拍了两下手。小家伙儿显然是因受到了鼓励而有了些兴致，他乖顺地学着我拍了拍手。趁此共同注意的大好机会，我赶紧又引领着臻仔转入第三个回合的练习。“臻仔，拿茄子给老师。”发出口令后，我提示性地摊开右手，放在靠近茄子一侧的桌面上。这一次，小家伙儿终于正确无误地将茄子拿到了我的手上。“嗯，臻仔拿茄子给老师了，真棒!”由于这一次基本是他独立完成的，所以我奖励他吃了一块其最喜欢吃的小薯片。接下来，我又逐阶段地通过拉近两个物件之间的距离、不断变换它们的位置、添加一些干扰物等方式不断加大练习难度，直到确信小家伙儿真的掌握了“茄子”这一名词，并能与对应实物之间确立联系为止。

以上所展现的，就是 ABA 在教学实践当中的一个应用片段。ABA，因为它的指令简洁明了、强化及时到位、目标分解合理，还有辅助分寸与梯度科学合理等优点，都非常适合于孤独症儿童自身认知理解的特点及现状，从而成为了孤独症康复教学过程中应用最广、收效最为显著的方法之一。也正是因为如此，它才和结构化一起构成了贯穿于目前孤独症康复教育教学工作的两根不可或缺的“顶梁柱”。也正是因为这些优点的存在，才使得越来越多的人热衷于研究学习、运用及推广 ABA 的相关技术知识。在教学实践过程当中，我们也的确发现，对于那些认知理解能力较差的中重程度的孤独症儿来说，ABA 是帮助他们学习知识技能最为有效的一种教学工具，这是一个公认的事实。

下面是三年之后，已经 8 岁了的臻仔，他也由之前的学前班读到了现在的小学三年级。ABA 之于他，是否还是像当初那么有效呢?

“臻仔，看这里。”说着，我把两张卡片在他面前晃了晃以引起他的注意。其中一张上面是数字“4”，另一张是数字“6”。根据 IEP 目标，他是应该学会认读“10”以内的数字啦。“指一下‘6’。”臻仔先是看了我一眼，然后就伸手指向了写有“4”的卡片，第一回合就这么失败了。“不对。”我立即给出了否定性的答复。

“不对!”可能是我的否定性答复刺激到了他，臻仔又懊恼又焦虑地重复了这句话，身子也焦躁不安地在座位上扭动了起来，茫然委屈的两眼蓄满了泪花，整张脸都涨得通红。

“臻仔，深呼吸。”为了不至于使得他的情绪变得更糟，我尽可能温柔地为他做了两次深呼吸的示范性动作，尽管有些焦躁欲哭的冲动，但小家伙儿还是照着我的指令做了几次深呼吸。等到他慢慢恢复了平静后，我又开始引导他进入第二回合的练习。“臻仔看这里，指一下‘6’。”为了预防其继续犯错，我及时地在他即将指向“4”的时候，握着他的手腕指向了“6”。“对了，臻仔真棒，这是‘6’。”我脸上做着臻仔喜欢的表情大声表扬着他，并且拿起写有“6”的数字卡片在小家伙儿眼前晃了晃，以使其能对“6”有个更为深刻的印象。见臻仔的确也盯着“6”看了，我赶紧趁热打铁地引导他进入第三个回合的练习。“臻仔看这里，指一下‘6’。”

“指‘6’，指‘6’，啊……指‘6’!”臻仔大叫大嚷着，身子猛地往后一挺两腿往前一蹬，侧翻在地上，一边满地打滚一边大哭大叫了起来。这已经不是第一次出现类似情况了，经验告诉我，教学活动也就只能到此为止了。

有必要强调出来的是，在以上两个场景中，我都是事先观察了臻仔的情绪状态的。也就是说，在运用ABA对其进行认知训练的时候，我保证了臻仔的情绪状态都是稳定的。并且在教学环境上，也都考虑到并做足了熟悉性及结构化方面的准备。因此，这一组实验结果，是可以说明一些问题的。

虽然我只是列举了臻仔一个例子，但是这已经很有代表性了。之所以说它“有代表性”，是因为不光是臻仔，绝大多数孤独症儿童随着年龄的增长，尤其是生理心理方面的发展变化，都会有类似的问题产生。因此，这前后迥异的案例已经足以表达出一个不容忽视的主题思想了。当然如果需要，我们还可以举出很多很多的例子来说明这样一个相当严肃紧迫，但到目前为止却又少人问津的问题，那就是ABA与孤独症儿情绪行为问题的关系，尤其是康教技术与康复教育教学之间的不可混淆性。

首先，我们来探讨一下ABA的运用原则及方法。正如我在前面所说的那样，因为ABA要求训练者所发出的指令（刺激）必须要简洁明了，这就充分考虑到了孤独症儿童理解能力较差的现实问题。指令越是简洁，孤独症儿也就越容易理解。可是任何事物都是一体两面的，一个指令越是简洁，就表明这个指令也越是枯燥乏味、毫无乐趣性可言的。这个大家都明白；ABA还要求在一个指令（刺激）发出后，如果孩子执行错误或没有反应，都不能再继续重复指令了，否则孩子们将越来越对你发出的指令置若罔闻。而必须在重新调整状态（一般是指对孩子在第一回合的反应做一简洁反馈，并引导其提高专注力）后再进入下一个回合的练习。这当然是非常科学严谨的一种做法。可它同时也忽略了孩子此时此地的心理感受，尤其是对训练项目的兴趣度问题；在第二个回合里，ABA要求训练者必须非常敏捷自然地辅助孩子正确地执行指令要求，并在完成任务后及时给予口头奖励。当孤独症儿童慢慢地能较好理解并正确地执行某一指令客体对象后，对他的辅助也要遵循渐隐原则，以培养其独立自主的意识行为，这也是非常科学的做法。尤其是辅助的渐隐，更是科学又严谨。不过，需要提请注意的是，对于同一训练项目，到目前为止，已经让孩子重复做了很多次了。这是否会降低其对训练项目的兴趣度，引发孩子指令性的焦躁情绪？当孩子对训练者发出的指令做出正确反映后，训练者要及时给予强化，并且这个强化物（或其他的强化方式）一定得是事先经过评估筛选出来的、对该儿童最为有效的工具。而且根据儿童的相关发展理论，我们每隔一段时间，都会对儿童重新做一次评估，如果评估结果显示某儿童的兴趣发生了变化，那我们就必须重新对强化物（或方式）作出及时与相应的调整；经过几轮测试后，如果发现孩子的确已经理解了某一项指令（刺激）并能独立作出正确的反应（通常以百分之八十的正确率为是否过关的衡量标准）后，我们还要根据实际情况不断加大执行该指令的难度，以提高孩子的理解与执行能力（同一训练项目自然又在之前重复了多次的基础上，需要继续多次重复下去）；另外，还有一点非常重要，那就是在整个ABA训练中，训练者所发出的指令必须保持前后的一致性（也就是在同一训练项目多次重复之外，同一指令也是要多次重复），否则就会给儿童带来理解性混乱，以致不能有效地对其进行训练而浪费了宝贵的时间。

由以上正、反两方面的分析，我们不难看出：仅仅是一个ABA就包含了这么多的运用原则及要求，而要真正地在教学实践中落实好、执行好这些原则要求，还的确不是一件容易的事。但也正是因为ABA具有如此科学、客观、专业与严谨的特点，加之客观上我们对孤独症儿康复效果的紧迫感，才使得它被广泛应用于孤独症康复教学的各个环节之中。

正如以上所不断提到的，凡事也都有其两面性。ABA也不例外，在其“科学严谨”得近乎完美无缺的背后，是没有充分考虑到孤独症儿童也是有血有肉的活生生的“人”，既然是“人”，就避免不了喜怒哀乐悲思愁。并且大量的实践经验都已经表明：尽管孤独症患者表面上看起来比较冷漠淡然，其实在他们的身心体验上，却比我们普通人群更需要亲情上的调剂与互动。这就从客观上要求我们必须清醒地认识到：在知识技能的理解掌握方面，ABA的确大有用武之地；可是，从实践是唯一检验标准的立场及人文情怀的角度来看，我们又必须正视ABA在提高孤独症儿童兴趣动机方面的局限性，还有其在应对孤独症儿童情绪行为方面的无能为力。而随着孤独症儿年龄的不断增长和身心发展问题的不断涌现，这两个方面的问题究竟该如何解决？

下面，咱们再结合以上的两个场景来具体探讨一下这个日趋严峻的现实问题。

在学前班，由于孩子们都是7岁以下的儿童，年龄较小，情绪状态还相对比较稳定平和。所以是康复训练的最佳时期。因此，运用ABA对这些孩子进行训练，的确是非常有效，孩子们接受起来也相对容易一些。

可是随着年龄的增长，不论是在生理上还是心理上，孩子们都在经历着一场更为复杂莫名的变化。这个所谓的“莫名”，不光是指孩子们自己或许也不清楚为什么会突然就紧张不安、焦虑恐慌（这种状况同龄的普通孩子也会有，只不过他们能够通过向父母、伙伴们倾诉等方式，来排解这些负面情绪），更是指我们很难明白这群不能有效与人沟通交流的孤独症儿童焦虑紧张的真正原因到底是什么，因而也就很难对症下药地帮他们克服这种负面情绪。不光是情绪问题，还有因过分充沛的精力及体力无处发泄、消耗而新产生的一些行为问题更是令人头大。比如前一案例中所提到的很多孩子在大庭广众之下玩弄生殖器的问题，自伤与伤人问题（学前孩子也有，但因为年龄小力气也小，因此比较容易控制，但小学阶段的大龄孩子可就不那么容易被控制住了，并且由此所造成的危害性与影响性也越来越大），男女生正常的互动交往问题等。

乍看起来，以上所提到的种种问题似乎与ABA没有多大关系。其实这恰恰说明了除ABA之外，我们还需要根据实际情况来摸索出新的方法。至少，我们也要在研究运用ABA的基础上，进行必要的发展与创新。还是那句话，凡事都有两面性。更何况现如今还没有哪一种医疗或康复方法，在孤独症领域里是万能的。我们在前面分析 ABA 的优点时，其缺点也已经自然而然地暴露出来了，尤其是对于专注力、自控能力及唤醒度本来就很差的孤独症儿童来说，就更是如此。因为 ABA 所遵循的原理就是机械性的条件反射，你对刺激反应正确，就会得到奖励，反之则因“劳而无功”而被迫进入第二个、第三个甚至是更多个一成不变、单调乏味的轮回训练里。试想一想，我们正常人都很难忍受这种单调乏味的训练模式（当兵的或许是个例外，因为他们拥有崇高的信仰），更何况是这群特殊的孩子呢！再加上咱们传统的教育观念里固有的“多多益善”的填鸭式教育教学理念，就更在不知不觉间加重了孤独症儿童的学业负担，从而更容易激发孤独症儿的焦躁与反抗情绪。

问题一步步分析到这里，症结所在基本上也已经非常明了了。由于孤独症儿童不能有效地与人沟通互动，我们也就不能有的放矢地处理其所面临的很多问题。再加上他们感知外界事物的独特角度与方式方法，还有他们那越来越强烈的情绪行为问题及越来越不稳定的专注力、兴趣点，都导致了 ABA 这种科学性与严谨性有余、趣味性丰富性及人性化严重不足的填鸭式教育训练模式，正陷入到越来越力不从心甚至有些滞后于客观需求的尴尬的境地。这种种现实问题都在提醒并督促着我们，必须尽快地摸索出一种能够有效帮助孤独症儿排解负面情绪、引导其正面情绪的技术方法，以便与 ABA 形成互补。

ABA 训练模式只适用于帮助孤独症儿童更容易地学习知识技能。可他们不是机器，而是和我们一样，都是活生生的、有着自己的喜怒哀乐悲思愁的“人”。这就决定了我们必须找到一种方法，一种能有效顾及到他们心理感受与情感饥渴的方法。因为，如果我们还想让已经因被过度开发运用，而陷于疲惫不堪境地的 ABA 来帮助我们解决丰富多变的孤独症儿情绪问题的话，那就太难为它了。

其实，除了 ABA 之外，结构化教学等视觉策略也同样面临着这样的尴尬。的确，结构化教学在很大程度上，能成功帮助孤独症儿童理解周围世界的内容，以及在某个时间段内自己可以做什么、怎么做，从而大大有助于孤独症儿焦虑情绪的缓解。也正是因为视觉策略在处理孤独症儿童情绪问题上所具有的这一功用性，所以很多人在碰到孩子发脾气时，第一甚至是唯一的反应，就是运用这一方法来进行应对。然而，大量的实践经验一再向我们证明：由认知理解困难，及感知觉系统加工信息的特殊性所造成的情绪波动，在整个孤独症儿情绪行为问题总量中所占的比重，是非常大也是非常复杂的。所以，这也就是为什么我们在利用视觉策略处理孤独症儿情绪问题时，成功率极低的原因所在了。

假如我是 ABA 或其他视觉教学策略的话，那我一定会指着那些太过热衷于 ABA 的人士大声斥责："你不要婆婆妈妈地啥事都来找我老人家，动动你的脑子另请高明好不好?!"

课后检视

正如广东省残疾人康复中心唐木得主任所经常强调的那样，康复技术与康复教育是很不相同的两个概念：康复技术强调的是患者"缺什么就要补什么"；而康复教育则更加关注患者作为"人"的康复与全面发展问题。不论是 ABA、结构化，还是语言治疗等，它们都只能算是康复技术，而不是能够全面帮助和促进患者全面发展的康复教育。换句话说，康复教育包括康复技术，而康复技术只能是整个康复教育体系中的重要一环而已。

明确了这样的两个概念，我们就不难理解本案例中的臻仔，处于不同年龄段的就会有两种不同的学习行为表现了——在学龄前这个黄金康复期，我们利用康复技术对其进行康复训练是恰如其分、不可或缺的；而在九年义务教育阶段，孩子需要的更多是康复教育服务，而不再会是单一的康复技术。因为，孤独症患者也和我们一样，是一个活生生的、具有多面性的"人"。

第6课　熟悉的，才是安全的

课前导读

由于局部性、碎片化思维模式的存在，加之中央统合能力受限，都使得孤独症儿童不论是因为程序上的，还是语言、味觉、位置或环境适应方面的所谓“刻板行为”问题，而与周围人之间产生诸多令人头疼的“冲突”，当然也会毫无疑问地给我们带来很多一时半会儿难以理解，也难以妥善解决的困惑。

课堂聚焦

“嗯，嗯，嗯!”面对饭盒里黄灿灿的焖炒土豆，壮壮（化名）从嗓子眼儿里发出非常不满的抗议声（这往往也是他情绪发作的前兆）。

“你不吃土豆还可以吃青菜或肉丝呀?!”看到这幅情形，黄老师赶紧引导壮壮进行选择。

“嗯——!”显然是为了表示抗议，小家伙儿以一声“憋到爆棚”的低吼作为回应。紧接着，他又拿着汤匙猛插盒饭，导致满桌面上都是迸溅出来的米粒和菜汁。看来这还不够解气，壮壮干脆站起身来端起饭盒，猛举过头顶准备一甩为快。

“噢，壮壮不喜欢土豆。”我们实在是被喜怒不定、发作起来真要命的他给搞怕了，便赶紧试着将事先准备好的句子条递到他的面前。“来，壮壮，拼出‘我不要土豆’的句子来。”果然不负众望，壮壮很轻松地就按顺序将“我不要”和“土豆”的字词卡片贴在了下方的空白处。

“我不要土豆。”拼完句子后，小家伙儿还非常认真地用手指着句子条读了一遍。接着，他便像什么事也没发生过似的，平静地坐下来将土豆全部挑到饭盒盖上，然后，便又开始安静地吃起剩下的饭菜来。

对这一幕稍加琢磨的话，我们就不难发现：孤独症儿童视觉优势的特点，决定了直观形象性思维是这些孩子们的强项。而相比之下，抽象性思维则是他们普遍的弱项。其实只要对他们有所了解的人，大概也都会自然由以上特点推出下面的结论来：要想让同学们将所学到的某项知识技能，泛化应用到实际生活环境中，或将在某个情景中掌握的社交行为技能，泛化到其他类似的情景当中，都是一件相当困难的事情。

在充分尊重孤独症儿童认知思维等方面特点的基础上，经过较为长期的实践探索后，我们惊喜地发现：尽可能地将结构化教学理念贯穿于各个教学主题和日常生活学习的情境之中，对于稳定孤独症儿童的情绪，提高他们对所学知识技能的巩固、泛化水平，都有着意想不到的效果，比如刚才壮壮的这一案例就很有代表性。如果我们只是引导壮壮将“我不要土豆”这句话进行口头表达的话，根据之前的经验，肯定是无助于缓解他的焦躁情绪的。可我们让他将之拼成一个可视的句子，并引导他来阅读这句话之后，小家伙儿的情绪也随之改善了很多。当然，我们也并没有因此而排除拼接、阅读句子条的行为本身，已经相当部分地分散了壮壮纠结于焦躁状态的部分精力。

为什么同样一个意思、同样一句话，在口头表达和书面表达的情绪安抚方面，孤独症患者与常态人群却有着如此截然不同的效果呢？我们目前唯一能够解释的还是那句话：直观的、视觉化语言对于孤独症患者的情绪安抚是非常重要的。

仔细分析起来，我们觉得这种直观的、视觉化语言呈现的结构化教学理念，之所以会那么适合于孤独症教学，主要可以从以下三个方面进行解读。

首先，结构化的教育教学理念充分顾及到了孤独症儿童环境适应能力较差、知识泛化与迁移难度大的实际情况。这又可以从两个方面来进行说明。第一，孤独症儿童的视觉优势及思维的直观形象性特点，决定了他们对客观环境的静态适应。换句话说，客观环境的变化，总是具有相当程度的不可预见性，而对这种变化的规律性认识与总结，也必须建立在有一定的抽象性思维能力的基础上才能够实现。所以，只有那些变化不大、稳定性较强的客观环境，才能使孤独症儿童易于适应，从而也有利于减少他们的情绪性问题行为。第二，从另一个角度来说，越是为孤独症儿童所熟知的客观环境，越能给他们带来安全感，这也就越有利于他们安心地学习、快乐地成长。

问题分析到这里，似乎就有了一个绕不开的、表面看来是自相矛盾的环节：现实生活环境是变化不拘的，孤独症教育教学的根本目的，也是为了让孤独症儿童能最大限度地适应外在变化，从而能最终适应我们的社会。如果我们只是一味地照顾孤独症儿童环境适应能力差的现实，而刻意营造一个不变的结构化教学环境，是否会违背孤独症教育教学的根本目的呢？其实，在教学之初，我们也是有这种顾虑存在的。但认知心理学认为：任何新经验、新知识的获得，都是以旧有的知识经验为基础的。

正是在这样的理论指引下，我们在每次教学新知识前，都会认真分析同学们对已学知识技能的掌握情况，并精心准备相关的教学课件，以有利于学生更好地实现知识迁移与泛化。比如，在准备以“做客”为主题的单元教学时，我们首先回顾并总结了上一个以“春天的景色”为主题的单元教学情况。发现这两个单元教学中，有很多训练要素是相同或相似的。例如在“春天的景色”的一级主题“春游”里面，有“出行安全”“食物分享”“用具分享”等内容；而在“做客”的一二级主题里面，也有“出行安全”“食物分享”和与“用具分享”相类似的“玩具分享”。在归纳出上下两个单元的相同和相似的主题教学内容后，我们非常顺利地实现了两个单元教学的过渡，同学们也学得相当轻松愉快。

再比如这次的“壮壮案例”。尽管我们和壮壮彼此都知道，并且也能自主表达出“我不要土豆”的意愿，但对于小家伙儿来说，或许稍纵即逝的口头表达远不如书面文字更加具有“视觉稳定性”吧，这就是为什么结构化语言更能使他的情绪恢复平静的原因了。

其次，结构化的教育教学理念较为有效地解决了孤独症儿童遗忘速度快、知识运用频率低的实际情况。尽管一般人都遵循着“先快后慢”的遗忘规律，但孤独症儿童在知识的遗忘方面要更快、更明显一些，这也就大大增加了他们掌握旧知识、学习新技能的难度。为了尽量减缓孤独症儿童的遗忘速度，提高他们对所学知识技能的迁移和泛化，我们运用结构化的教学理念，尽可能多地增加旧知识重复出现的次数，并将新的训练要素有机融入到学生已有的知识框架中去，并尽可能地通过图片或文字等结构化、可视化的方式呈现出来，以此来最大限度地促进他们对所学知识技能的迁移转化。这对孤独症儿童来说，的确显得意义非凡格外重要。比如，在“春天的景色”“做客”和“我”的三个主题单元教学（注：每个月制定并实施一个主题单元的教学）中，我们从这三个主题单元的一二级主题中，抽取出了“玩耍邀请”“自我介绍”和“愿望表达”等相似的训练要素，并以这些要素为参考点，提出了“不同主题，相似教学情境”的教学思路，并按照这样的思路组织教学。

实践证明："不同主题"使学生能在较为固定的结构化环境中，学习体验及知识面尽可能地丰富多彩化，以获得全方位的生活体验，并增强适应环境变化的能力；"相似教学情境"则保证了同学们能够通过各种学习训练的机会，对自己的薄弱项目进行强化提高。正是在长达三个月的、互有异同的主题教学训练中，由于我们自始至终地贯穿了这种变化不太显著的结构化教学理念和方法，才最大限度地保证了学生在某些基本的训练项目上，进行不间断地反复练习强化。到目前为止，大部分同学都能较轻松地在特定场合中，与老师或同学进行有效的沟通表达，情绪行为问题也少了很多。

下面的小故事又牵涉到了另一个问题的所在。

"宏宏看好，'2'下面要画2个小棒棒，那'5'下面要画几个小棒棒？"为了帮助我们班社交沟通方面的高材生，同时也是认知理解方面的"潜力股"宏宏能在数学计算上有所突破，我们特意加强了他在画棒棒、数棒棒方面的训练力度。

"画5个。"宏宏回答得很简短，也很给力。

"对啦，宏宏真棒，那就画吧。"听他这么轻松地就回答上来了，我不由心头一喜，并且也静静地期待着有更大的惊喜出现。

宏宏手握铅笔一下一下地在纸上画着小棒棒，他的嘴里也在跟随着笔尖的移动不停地念叨着"一，二，三，四，五，六……"

"停！"没想到宏宏一画起棒棒来，居然连刚刚说过的数量都给忘记了，这可是在我惊喜不已的心头猛泼了一瓢凉水呀。"5下面要画几个棒棒？"

"5个。"宏宏在这一点上倒毫不含糊。

"那你画了几个？"明知要画五个棒棒，可他还是没"按规则出牌"，这不是明着气我就是有意捣蛋。一想到这，我就气不打一处来，质问他的语气也明显严厉了很多。

"擦掉！"宏宏又来了个非常有先见之明的回答，这倒令我的气多少消了一点。

"对，擦掉重画！"我也附和了一句。这一次，宏宏总算做对了。

结构化的教育教学理念，较为有力地促进了孤独症儿童对所学知识技能的理解、掌握和提高。这也可以有两个方面的理解。第一，从普遍性的意义上来看，我们可以充分利用孤独症儿童的视觉优势，将比较难以理解的抽象或繁杂问题，以视频动画的方式展现出来。这既可以帮助学生更好地理解问题，更重要的是能极大地调动他们的学习兴趣。比如，在小学一年级上学期常识（培智版）《我的书包》课堂教学中，我们的教学目标是让学生掌握独立整理书包和书包柜的知识技能。如果按照传统的教学方法，就是教师根据所出示的视觉程序图进行讲解和示范，孤独症儿童学习起来比较困难，积极性也不高。但运用多媒体进行教学时，教师则可以通过视频理解与实际动作演示相结合的方式，在教学难点处进行画面定格或回放，再配合讲解和提问，教学效果就会好很多，学生也能较快掌握整理物品的知识技能。第二，从个别性的意义上来看，为了较好地照顾到每个学生在认知理解能力上的差异，我们也完全可以学习一下奥尔夫音乐“同一首乐曲可以用不同的方式进行演绎和表达”的开放性教育理念，使得抽象思维能力较弱、专注力较差的孤独症儿童能够更为轻松愉快地融入到美妙的音乐旋律之中，他们可以用自己所熟悉的课本、铅笔，甚至只用双手双脚或拍打或挥舞或踢踏扭动等动作，来表达和演绎自己对音乐的独特理解与感受。

同样道理，在进行某一主题的单元教学过程中，我们也充分地尊重每一位孤独症儿童的不同特点与专长。对于同样的学习内容，每个学生可以用自己比较擅长的独特方式进行理解、掌握。以“玩耍邀请”为例，一个基本的教学目标，是让学生学会“我们一起玩……”的表达。对于认知能力较好的同学，我们要求他能用语言加动作的方式去邀请某位伙伴和自己一起玩；而对于模仿能力较强，但语言表达能力较弱的同学，只要他能用肢体语言表达出近似的意思即可。

课后检视

其实在本案例中，正是这种“强化主题教学，注重个性发展”的开放性教育教学模式，使得每一位孤独症儿童，都能以自己所独有的方式，和老师、同学们一起营造出丰富多彩的校园学习生活。经验证明，也只有帮助学生建立起充分的自信，才能让他们在与他人的互动中，不断提高自己的社交沟通技能。

但是另一方面，任何事物都有“物极必反”的属性，结构化教学也不例外。如今的孤独症康复教育领域内，和之前所提到的 ABA 一样，由于视觉化教学方法已经发展到有被过度宣传和利用的嫌疑，咱们还是探讨一下上面宏宏的案例吧。在刚开始对宏宏进行加法计算的时候，他的表现还是不错的。对于得数在“5”以内的加法，他基本能够顺利地计算出结果来。可后来就发生了莫名其妙的大逆转，正像上面所说的那样，他对数棒棒进行加法计算的任务已经越来越感到吃力了。

因为宏宏在社交沟通及认知理解的其他方面并没有出现倒退现象，所以我们也就没有理由怀疑他的总体认知能力出现倒退（在孤独症儿童中，有一小部分孩子会在某一时期出现能力倒退现象，比如患瑞特综合征的孩子）。那所剩下的唯一合理解释就是，他对这种数棒棒的直观方法有些自信不足或厌倦了，所以才会在计数过程中因精神涣散而错误频出。

总之，长期的工作实践证明：针对孤独症儿童的自身特点，提出以视觉策略为中心，强调客观环境稳定性的结构化教育教学理念，是否能在实际的教学过程中被有效地加以贯串和运用，将直接影响到我们的孤独症教学效果。当然，在教学实践过程当中，一个越来越不容忽视的问题是，过多的视觉语言，也很容易使孤独症儿童产生视觉疲劳而专注力明显降低（这不难理解，换位思考一下：再美好的事物，我们普通人也总会有对之产生视觉或审美疲劳的那一天，更何况是孤独症儿童之于相对乏味很多的视觉信息呢），从而大大降低了结构化教学的预期效果。因此，如何变换或拓展结构化教学的使用方法，如何使得以传输信息为主导的结构化，变得越来越妙趣横生形象生动，从而为孤独症儿童提供一个流连忘返、乐在其中的视觉语言世界，将是我们今后一个时期需要努力加以摸索实践的方向。

第7课 自我感觉的美妙

课前导读

特殊的感知觉加工系统，必然会带来特殊的感觉世界，在这个世界里，当事人也必然会由此产生特殊的言语行为，孤独症患者无疑就是具有这种特征的一个群体。因此，和他们接触得越久，我就越忍不住产生进入其内心世界的冲动……

课堂聚焦

全身放松，眯上眼睛，微低下头，两手侧平举，陶醉；慢慢开始旋转，加速，加速，再加速，然后便是全身心地沉迷其中。这飞速旋转的人体，犹如原地打旋的陀螺，更似穿梭花间的一只舞蝶。在这整个过程中，林林（化名）脸上乃至全身所充溢着的那种自我陶醉、自我快乐和满足，绝不是旁人所能体会得出的。

当然，我们普通人在特别开心快乐的时候，也难免会手舞足蹈地高兴一番，甚至还会小酌几杯呢。但我们开心快乐的原因，却并不是手舞足蹈和几杯小酒，而是因为其他的什么事情。也就是说，手舞足蹈本身只是我们表达快乐的方式，而不是感到快乐的原因。可是对于在感知觉上都有异于我们普通人的孤独症儿童，他们的手舞足蹈本身，却既是快乐的原因同时又是表达快乐的方式。当然客观地来说，孩子之所以有这样旋转不止的特殊行为，主要是因为其前庭失调造成的。除了旋舞之外，一些感统失调的孤独症儿童还有到处乱跑或长时间原地不动等不同的外在行为表现方式。从专业理论上来说，既然是孤独症，又是感统失调造成的特殊行为，那就应该通过感觉统合训练、日常监督引导等方式加以纠正。可实际上，我们在一开始的确也就是本着这种理念而忠实地这么去做的。但是从长期的训练效果来看，这种种所谓的矫正方式是否就真的是正确的或者说是有效的呢？下面我就大致来描述一下这种训练在林林身上的实际效果究竟是怎么样的。

首先是用感觉系统训练的方式，或许是林林在触觉方面也比较敏感的缘故吧，实际进程并不是很顺利。不知是对被捆绑在圆筒上（我们也是为了安全起见，否则在转圆筒的时候由于离心力的作用，孩子很容易被甩下来）心生恐惧，还是他们根本就不喜欢被动的快速旋转。总之，很多孩子在被安排进行转圆筒项目训练的时候，都会出现大哭大叫着拼命抵抗的现象。为了尽量减少孩子的这种抵触情绪，我们也曾试着只让孩子坐在圆筒底盘上抱住圆筒而不再对其用捆绑的方式进行训练，但孩子们还是不能接受这一训练项目。而且就算是长期硬逼着他们做了这项训练，效果也不是太显著，他们依然时不时地迷恋于自身快速旋转的快感；更为严重的后果是，在硬逼着他们做转圆筒训练的过程中，这群孤独症孩子不仅仅是泛化性地对其他的训练项目产生了排斥与恐惧心理，而且对我们这些带教老师也产生了抵触情绪。由此可见，以霸王硬上弓的方式来训练孩子的确不是什么明智之举，因为负面效果太过明显。

其次是加强日常监督。只要一发现孩子们出现展臂旋转的情况，我们马上就会走上去进行注意焦点的转移或制止。至于注意焦点转移的具体策略，其实和替代性行为的建立是差不多的，而进行制止的原因，当然是说快速旋转行为是不被我们社会大众所接受和认可的怪异举动，所以就要帮助孤独症儿改掉这些“毛病”。这样做所产生的效果有两种：第一种是孩子在老师面前暂时停止了旋舞，可一旦不在老师的视线及约束范围之内的话，他们又开始更加狂热、更加陶醉地沉迷于旋舞的快感当中；第二种是被制止旋舞后，他们会焦躁地大哭大闹，有的甚至还用拳头猛击自己的头部或两只手互相拼命地对立击打，更有甚者还会出现猛烈攻击他人的现象。

在这方面表现比较特殊的，要算是林林了。记得在刚开始的时候，和绝大部分孤独症孩子一样，除了陶醉在旋舞状态外，在其他正常情况下，如果你呼唤他的名字，也难得他能给你一个回应，哪怕是指望他们能回应性地在瞬间看你一眼都已经是很高的奢望了，更何况是在他快速旋转着完全沉迷在自己的世界中时。这就又牵涉到如何对待其生理性的自我刺激和如何训练其对于外部指令（刺激）进行有效应答的问题了。而在目前，最为主流的干预措施是：为了让孤独症儿童对他人的呼叫能够做出适当的回应，我们就必须利用各种方法（包括示范、辅助、强化等一系列训练要素在内的 ABA 等）来有计划有步骤地教会他们理解并执行正确的呼叫应答方式。但在教学实践过程当中，大量的训练后期效应及其所带来的一系列问题，都越来越无可辩驳地告诉我们：即便是这些孤独症儿童掌握了必要的呼叫应答技巧，但因为其社交意向不强、沟通动机欠缺等因素，而使得他们很难将学习到的相关社交技能泛化到校园礼仪当中，也就更不必说泛化到更为宽松零散的实际生活里面了。这种现象自然就牵涉出一些更为深层次的核心问题——补短板、发掘潜能和全面发展的康教理念之辩。尤其是对处于九年义务教育阶段的孤独症学生而言，他们已经从理论上错过了黄金康复期，如果我们还想像学前阶段那样对其进行补短板式的康复训练，肯定是有违常理和事倍功半的。

课后检视

由本案例的一个分析，我们便很容易得出一个显而易见的结论，那就是：在教会孤独症儿童必要的呼叫应答技巧的同时，还必须想方设法地激发他们内心深处的社交意向或动机，否则即便是教他们学会了大量的社交技巧，也照样是不会有太多的实用价值。而按照用进废退的原理，凡是不能被较频繁应用的知识技能，随着时间的推移，也会出现消退现象。这在实际康教案例中，也的确是一个不容忽视的实际问题。

第8课 多管齐下的互动

课前导读

在我们多次对晶晶（化名）进行呼叫应答训练收效甚微后，不知怎么回事，看着晶晶无动于衷，再联想到呼叫应答，尤其是课堂常规的重要性，以及由此而造成的强烈反差，一股无名之火直冲我的心胸。

课堂聚焦

“晶晶！”在课堂打招呼环节，我凑到小家伙儿的对面，冲着他大声地点了名，并示范性地做出了一个喊“到”的口型，但得到的反馈还是老样子，晶晶坐在座位上一脸的超脱，对我的所有努力都视若无物。真的是气煞我也！咚的一声，我急中生智、临时发挥性地在其右上臂来了一小拳，“回答‘到’!”晶晶明显被这突如其来的一击和河东狮吼给吓了一大跳，他立即转过头来睁着大眼上下将我打量了一番，那神情好像是在思索这究竟是怎么一回事。“老师喊‘晶晶’，你要回答‘到’!”趁着他专注力还在我身上的时候，我又大声宣布了一下规则，并示范性地在他眼前举起了右手。

出乎意料的惊喜终于出现了，我大声呼叫他名字的余音还没完全消失，这小家伙已经举起了右手大叫一声“到!”眼睛还破天荒地直视着我，满脸都是贿赂讨好的表情。站在晶晶面前，这可是他第一次出现如此令我得意的情况。原来小家伙儿注视着我的目光竟然具有如此强大的融化力，居然能轻松地令我怒意全消，非但如此，看着他那清澈如水的双眸，我还为自己刚才的冲动而深深内疚和自责起来！

后来冷静下来慢慢思考了好半天，我还是感到非常庆幸自己当时对晶晶发出的那一记“猛拳”，否则我们可能很难会有那个机会感受他那积极的回应与天使般目光的注视。在接下来的互动过程中，只要晶晶再对老师的呼叫漠然以对，我都会采取上面的那种措施，效果依然像第一次运用（现在自然比当初更具有明确的目的性和技巧性了）时那样效果显著；又过了一段时间，晶晶简直就对我产生了极为可观的关注度（看来躲避风险以求得生存的本能，是很有利用价值的一个切入点。尤其是自我防御性极强的孤独症患者）。我清楚地发现，只要我的手一攥成拳头状，晶晶的专注度立马就会由“熊市”飙升到“牛市”。因此，我不需要再像当初那么“暴力”了，而是只在他的视觉范围之内比划一下这个杀伤性武器就可以了。

不过需要补充一点的是：这种方法的使用是需要有前提条件和一定技术含量的。之所以这么说，就是因为接下来所发生的一个小插曲所引起的。就像任何安全、有效的方法都会被迅速推广一样，我的这一制胜法宝自然也被其他老师用来尝试过，可效果却没有预想的明显。在这一天的课堂打招呼环节中，晶晶又开始旧病复发地扮起了“酷”。当我的搭档也照葫芦画瓢地在他的右上臂处进行目的性刺激后，晶晶不但没有提高配合度，反而还往后躲避着冲他咧嘴直笑，然后又起劲儿地拍着手掌一蹦一跳地自娱自乐了起来。这下可把我的搭档给气坏了，他也像我当初那样照着晶晶的上臂就是一记猛拳，这下晶晶可不干了，他夸张地大哭大叫着抱起胳膊在地上打起滚来。任凭我们怎么拉他劝导他都无济于事。一直等到他满身大汗哭闹累了才慢慢平静下来。

这件事情本身似乎到此也就结束了，而由此给我们带来的深深思索却刚刚开始：对于配合度与警醒度都不高的孤独症孩子，利用目的性刺激以使得其能够与我们建立起最基本的互动，是非常必要的一个措施。然而，这种触体刺激如何才能又安全又有效地被运用？另外，对于触觉不太敏感的孩子，视觉型刺激和听觉型刺激又该怎么运用得恰到好处，而不会引起负面情绪行为反应？这都需要我们在教学实践中逐步去摸索。

持续了两三个星期的阴雨天终于过去了。这一天阳光灿烂、风景宜人，大家的心情似乎也都很不错。晶晶又像往常那样伸展双臂，如醉如痴地眯眼低头，站在原地慢慢加快速度旋转了起来。“啊嘿!”我一时心血来潮地有了和孩子们大玩一场的冲动，便耍太极似地慢慢将拳头伸到晶晶的鼻尖处。晶晶赶紧停止旋舞，略有紧张但还是开心地眯起他那双丹凤眼咧嘴笑着，并且还伸出手来慢慢抱住了我的拳头。于是我又略微加快速度冲着他伸出了另一只拳头，他也相应地加快了招架的速度；师徒二人就这么快乐地玩着攻防战，双方显然都很享受这种小游戏。就这样几个回合下来，晶晶已经明显有了和我互动嬉戏的动机和技巧，玩到高兴处，他便哈哈大笑着转身就跑，我也啊啊大叫着乘胜追击。就在我快要追上他的时候，小家伙儿却突然一缩身趴到了地上，这一招可是我始料未及的。因为我们之间的距离相当之近，随意想刹住脚步已经来不及了。我赶紧伸出双臂越过他的身体往地板上一撑，才没有一跤跌倒在地或压在他的身上，但却有一股刺痛顿时从手掌直传至两臂，疼得我直咧嘴巴。晶晶在我身子下面抬起头来看到我这幅狼狈相，竟没心没肺地哈哈大笑了起来。“把我害得这么惨你还笑?!”我一边愤愤地大叫着，一边猛地把他拉到我的双腿上解气式地给他挠起痒痒来。晶晶可没想到我还会有这么一手，他一边更起劲儿地哈哈大笑着，一边努力挣扎着挣脱我的怀抱，起身跑到别的地方去了。

在双方嬉戏打闹的互动中，彼此都能很自然地感觉到对方的善意；在这种自自然然的生活环境里，尽管没有事先设计好的活动流程和目标，但不论是游戏动机、心智解读还是游戏技巧，却基本都包含在其中了。这，可不就是我们孤独症康复教育教学所要追求的理想状态吗？

是啊，师生之间，以至于任何人际交往，都必须建立在相互信任甚至还必须在拥有一定的情感基础之上，才可能在彼此的心灵之间达到一定的默契，从而可以形成良性有效的互动。由于我这个“老顽童”自打晶晶他们入学的那一天开始，就没有在情感上把他们当做有严重交往障碍的特殊儿童，而照样在课间逗他们玩耍。他们不理我，我就故意剥夺他们最心爱的玩具（一根丝线、一片树叶、一个篮球或是一本书），当他们马上要发脾气时，我也马上知趣地将玩具放回他们的手中，就在他们合拢手指想抓住玩具时，我又立马将其撤走。如此往复多次，孩子们便开始有意无意地留意起了我这个“不受欢迎的入侵者”的客观存在，这是我成功进入他们关注范围的第一步。接下来，我会想尽各种办法来促使他们注意到面前还有“人”的存在，并尽可能地在他们留意到我以后才会归还玩具并尽可能一起玩。“一把钥匙配一把锁”，相信这句话很多人都不会陌生。我们所面对和服务的孩子，也都是感知觉存在异常的孤独症患者，这就决定了在平时的互动交往中，我们应该也必须采用一些特殊的技巧和策略。比如在和晶晶建立起基本的嬉戏之前，我已经同他玩过很多次有多感官刺激的功能性游戏了。我想这就是为什么那一次我打他而他能顺从地接受，可别人对之运用相似的方法，却引起如此强烈反应的原因所在吧。

课后检视

大量的试验结果显示，在对于社会性参与度要求不高的情境之下，孤独症患者和我们普通人差不多，也都是以视觉信息的摄入为主；但在实际学习生活中，绝大多数的情况却是需要参与者具有较高的社会性动机和技巧的。这个时候，要想提高孤独症患者的参与度和有效性，就不得不需要一些特殊的策略和技巧了。

具体来说，针对孤独症患者“广泛性神经发育障碍”的特点，我们在与其交往互动的过程中，就不能像和普通人交往那样只靠一种方式，尤其是那些社交动机比较低而相对被动的孩子，我们就更需要同时运用语言的、触觉的、听觉的、视觉的和味嗅觉的等多种沟通方式。当然，在互动过程中究竟以哪种沟通方式为主、哪种为辅，这就需要事前对孤独症儿童进行评估，从中筛选出他们各自的敏感源是什么，然后才能有针对性地确定相应的沟通策略。比如本案例中的晶晶，我们就主要采用了触觉的，辅助方式是视觉和听觉的，这三种沟通方式的叠加，才大大提高了其参与互动的有效性。

第9课 非凡的听觉体验

课前导读

从概括性的理论上来讲，由于广泛性的神经系统发育迟缓，孤独症患者在感知觉加工系统上都具有其特殊性。而具体到每一位孤独症孩子，由特殊的感知觉而导致的特殊性印记就会更加鲜明。

本案例的主角，就是在听觉方面有着自己独特之处的琪琪（化名）。平时情绪稳定的状态下，他的笑总是那么甜美，这就让人感觉在他的内心世界里，一定充满了许多纯净又美好的东西。其实不光是琪琪，很多孤独症孩子的眼睛都特别清澈纯真，就像是一潭碧水。我想这也就是他们为什么会被称之为“星星的孩子”了。

课堂聚焦

如果琪琪能一直保持这种较为稳定的温顺随和之情绪状态的话，那他可就真的是天使了。可偏偏是阴晴不定的情绪成为了他精神世界的常态，这都是一种叫做“孤独症”的疾患硬生生将“琪琪们”与周围的世界人群隔离了开来，从而使得我们只能一睹天使的外貌而难得一窥其内在的神韵。

“琪琪，快回来！”妈妈焦虑的呼喊就像是助推剂一般，反而使得小家伙儿更加撕心裂肺地大哭大叫起来，伴随着莫名无比的悲愤，他冲进了教学楼外风狂雨骤的纷乱世界里。顾不得许多，我们赶紧随后追出，但还没来得及抓住他的胳膊，琪琪早已经彻彻底底地跌进了一个大水坑的怀抱，头脸以及全身的衣服全都瞬间浸满了脏水泥垢。但他内心的悲伤或许是要比外界的狂风暴雨更加强烈吧，因为从琪琪一波猛似一波声嘶力竭的哭叫声里，我们都能清晰感受到他内心那积蓄已久的情感狂涛，令在场的每个人都揪紧了一颗高悬的心。

“祝你生日快乐，祝你生日快乐，祝你生日快乐呃，祝你生日快乐。呜呜……”原本充满喜庆、旋律欢快优美的歌曲，就在这凄风苦雨肆虐无忌的世界里，经悲愤满怀的琪琪这么一演绎，竟然显得如此凄凉。可仔细加以辨别，似乎在这自吟自唱的歌声里，小家伙儿负面情绪也慢慢趋于平和，这倒让我们紧揪着的一颗心稍稍放松了一点。

已经看到点希望的我们齐心协力地想把琪琪从水坑里解放出来，可刚将他架离地面并计划向教学楼挺进时，他又整个身子猛地往下一挫随即挣脱我们的双手，重新跌进水坑里继续自顾自地大放悲声。如此这般地经历过几次失败的尝试之后，我们一时还真想不出什么更为有效的解决办法了。只得拿来一把雨伞在上方给他遮住狂泻不止的雨水，无可奈何地看着他趴在那里尽情发泄着。就这么大约过了五六分钟的样子，或许是哭闹得太累了，也或许他内心的不良情绪已经发泄得差不多了吧，总之，小家伙儿还是慢慢地平静了下来。然而奇怪的事情还在后边：按理说，我们应该趁着琪琪的情绪渐趋平稳的时候，赶紧将他扶进教室为其换上干爽的衣服。但当时大家却都没有急于去做这件事情，并且还似乎是无意识地伸手挡住了琪琪妈想拉儿子起来的手。

感谢这瓢泼而下的雨水，让我们亲身经历了琪琪身上正在发生着的这颇具神奇性和戏剧性的一幕。当琪琪的情绪慢慢平稳下来一段时间之后，只见他轻轻将脸侧向一边，一只耳朵紧紧地贴在水汪汪的地面上，神情是那么专注和平静，就像是根本不曾发生过方才那一幕情绪大爆发似的。紧接着，他的两个嘴角往上一掀，居然又像平时那样甜甜地笑了起来，两道依然挂着泪水的眼睫毛衬着那双笑眯眯的清澈眼睛，真的会令你忧虑顿消、烦恼尽除。又过了一会儿，还是琪琪自己主动从水坑里站了起来，看那恬静无比的状态，就像是刚刚从甜蜜的梦乡里清醒过来的人儿一般，他眯着那双迷人的笑眼冲着周围的人和头顶的天空甜甜地笑了一圈，然后便径自欢快地走进了教学楼里。这极具戏剧性的一幕，使得呆立在风雨之中的我们，都不知道该怎么利用自己丰厚的人生阅历来解释眼前的一切，只顾傻呆呆地看着他的背影化作一只快乐飞舞的蝴蝶，消失在教学楼走廊的拐角处。

这前后落差极大的变化，当然可以找到一种貌似合理的解释，那就是由于感知觉异常尤其是前庭及本体感失调，才导致了琪琪的焦虑情绪，并且只有采取趴倒在地上的方式，才能够给其带来一定的抚慰感。但为什么在获得所谓的抚慰感的同时，他们会那么专注地侧耳紧贴地面，就像是在专心致志地倾听什么一样？要知道专注力差和社交沟通障碍可是这群孤独症儿童的核心障碍，这已经是众所周知的了。可当他们耳朵紧贴地面的时候，那副神态却分明是在告诉我们：他们在倾听，并且绝对是那种有交流甚至还是双向交流与互动感知的那一种。或许又会有人怀疑他们这些孩子可能存在一定程度的幻听吧，但他们为什么只有耳朵紧贴地面时才有幻听呢？既然他们有幻听，那就证明这些孩子至少是能够听懂某种语言的或是会欣赏某种声响，比如说敲打乐器的声音。可实际上琪琪他们是属于孤独症程度偏重的那一类，别说是语言沟通了，就连基本的母语他们都不会较好地理解与表达，至于外界的各种一般性声响刺激，他们也很难做出常人应有的适当反应。基于以上分析，我们当然有理由排除像琪琪这样的孤独症孩子会存在某种程度的幻听之可能。

那究竟是什么令他们会产生一段时间内的专注力超好，和良好的情绪稳定性现象呢？这就如同我们很难知道究竟是什么伪装性刺激因素导致他们突然情绪大爆发一样，并不是一时半会儿就能轻易找得到答案的。当然，有一点是必须要明确的，那就是经孤独症患者特殊感知觉系统加工过的外来刺激信息，一定是大大有别于我们普通人的。也即孤独症儿童之所以容易产生情绪行为问题，是因为他们不能"像我们一样"理解外部世界的规则，也不能"像我们一样"有效地表达自己内心的真实感受，从而无法与外界实现有效沟通和专业性支持所造成的。其实到目前为止，我们对孤独症患者所提供的所谓专业性支持，在相当程度上都是基于普通教育和其他特殊教育教学理念及方法而引用过来的。由此就产生了一个相当大的问题——孤独症患者与脑瘫、智力低下等其他类型的残疾患者最大的不同，就是孤独症患者所存在的学习困难，是"特殊的感知觉加工系统所产生出的特殊感知觉信息"，而不是一般意义上简单的认知理解性学习困难。因此，我们能否不为其"淡漠超然"的表象所迷惑，而能够以另一种更适合于孤独症患者自身特点的方式进入到孩子 们的内心精神世界里？至少到目前为止，这种假设未免也太"荒诞不经"了一些。不过，我们也不得不承认：在相同的客观环境里，特殊的信息加工系统就一定会产生截然不同的环境认知与交流，这是毋庸置疑的。再加之我们不能够与孤独症患者产生真正有效的双向互动式交流，就很容易引起他们的烦躁不安。因为按照正常人的心理，如果自己的真实感受因不能够向任何人诉说而得到相应的理解与共鸣的话，的确是一件非常容易令人精神崩溃的事情。换言之，人与人之间是需要互动的，交流的，也即是马克思所说的，人是“高度社会化的产物”，一旦脱离人类社会，人将很难再成其为“人”。

就这样边观察边摸索着又过了一段时间，我逐渐能够总结出琪琪情绪变化的前兆大致是怎样的：当他抬眼较长时间地盯着斜上方的某个地方看时，接下来往往就会有一段时间的好心情；反之，如果他的目光并不能较稳定地停留在某一处，而是茫然不知何往的时候，接下来就会有一阵强烈的暴风雨来袭。

说到这里，我觉得有必要介绍一下琪琪的基本情况。一是社交沟通方面，琪琪是有语言表达能力的，只是非常被动，如果不是因被逼无奈而别无选择的话，他是绝对不会开口说话的。他不排斥熟悉的人接近自己，但也不会对你表现出应有的亲情回应。有时候小家伙儿会很温顺地抱着你的胳膊，但我觉得其中寻找触觉满足的意图要远远大于亲情交流的需要。二是认知理解方面，由于主动性及专注力较差，因此，除了对于常见的实物及图片能够较好地辨别认知以外，其他的则很难理解掌握。三是在大小肌肉方面，在体育活动及精细工作中，如果将警醒度较低的因素刨除在外的话，暂时还未发现琪琪在这两个方面存在什么明显的问题。四是生活自理方面，琪琪能自行如厕及洗漱，午休及铺盖的规整现在也很少需要老师辅助了。五是感觉统合方面，如果有问题的话，应该就是这方面的原因了。和林林（化名）一样，他也很喜欢转圈圈。但没转上几次，他就会非常享受地趴在地上侧起半边脸来，一只耳朵紧贴着地面，非常专注地在倾听着什么。表情一会儿因太过专注而紧绷，一会儿又像是听到了什么天大的好消息一样而眉飞色舞。这自然又回到了本案例开头所提到的问题上，除了感统失调的问题以外，肯定还有其他更主要的因素在促使他能在一定时间段内保持如此高的专注力和主动性。但那究竟是什么，我们无从所知。

课后检视

关于本案例中涉及的问题，我也曾不止一次地趁别人不注意时，偷偷学着像琪琪那样趴在地上，侧起脸来一只耳朵紧贴着地面用心聆听了起来。但除了嗡嗡的空气流动和自己体内血液流动的声音外，我并不能捕获到其他什么有用讯息。我时常羡慕起琪琪他们这些所谓“听觉过敏的患者”，从某种意义上来说，他们是具有一种不为我们正常人所知的特殊能力的，而正是这种能力的存在，才使得他们能捕获到一些令我们外人一生都无法感知到的特殊讯息，从而才由内而外日积月累地积淀出了那双天使般清纯甜蜜的眼神，还有那一脸迷人的微笑。

也或许，这只是我的一种臆测！可是，又有谁知道真正的答案究竟是什么呢？当然，如果站在我们普通大众的社会性角度而言，他们的确有些不能与社会文化的情绪行为相提并论；但如果站在更加宽广的角度来看，具有特殊感知觉系统的孤独症患者，恰恰在一定程度上弥补了我们常人感知外界讯息的不足，毕竟，对于外界的讯息，我们所能感知到的只是特别微小的一部分。也正是基于此，我们才没有理由带着居高临下的所谓同情心来看待孤独症患者。相反的，只有在真正心怀平等之意的时候，我们才能更好地、更有效地与孤独症患者展开双向互动。

第10课　别样的关注焦点

课前导读

由于“广泛性的神经系统发育迟缓”，造就了孤独症患者特殊的感知觉加工系统。而这恰恰又形成了他们局部性和片段性的思维特点。

课堂聚焦

“对，这一节我们上社交课。”在逐一辅助同学们明确了这节是什么课之后，我一边满意地肯定着同学们的反馈，一边微笑着将课程提示卡贴回原处。正待我转身去拿教具的空档，坤仔（化名）冷不丁地起身走到课程表前，伸手把我刚贴回去的卡片撕下来又重新贴回了原处，然后又盯着自己的“杰作”欣赏了一小会儿，这才满意地回到自己的座位上。目睹这一情景，我无奈地将刚拿到手的小白兔手偶又放回到了桌子上，刚想开口强调一下课堂常规，可嘴巴已经张开话还未出口的时候，小家伙儿又一次站起身要上来重复一遍我拿、放手偶的动作。“回去！”在众目睽睽之下，再也忍无可忍的我，下决心要阻止他这一令人无法容忍的刻板性模仿行为，否则这节课的教学活动将很难再如期进行下去。猛听得我这一声断喝，着实把专注于重复他人动作的坤仔吓了一大跳，他直愣愣地站在原地看了我好一会儿，不知道在此情此景之下该做出什么样的反应。左右为难的他，原本没有多少表情变化的脸上，也因此而浮现出一阵焦虑不安的困惑与痛苦之情。

“嗯——！”他不满地大声抗议着，面孔因为焦躁不安而变得有些扭曲，他又是跺脚又是摩拳擦掌地直想来一次情绪大爆发，眼睛里也慢慢蓄满了泪水。

“坐回原位！”我又简洁明了但异常坚决地重复了一遍他必须遵从的指令。说句心里话，看到他那痛苦焦虑的表情，对我来说也的确是一种良心上的折磨，有时甚至干脆就想睁只眼闭只眼算了。可理智又告诉我决不能退让，否则坤仔的这种有违大环境要求的行为将很难有改善的余地。更为重要的是，他的这种课堂模仿已经在相当大的程度上影响到了其他孩子上课时的专注力。所以，在眼前的这种状况之下，我们就这么大眼瞪小眼地互相对峙了两三分钟，小家伙儿最终还是忍不住那股莫名的冲动，于是他迅速却又自然而然地将自己的注意力一分为三：一是两眼直视着静静躺在教桌上的那个小白兔手偶，二是利用眼睛的余光警惕地注意着我的一举一动，三是试探着慢慢地朝前移动脚步。*阻止！算了……阻止！算了……阻止！算了……*看着他一点点慢慢朝教桌步步逼近的态势，我内心里的思想斗争也非常激烈。如果阻止坤仔，那我不知道还要同他对峙多久，这节课还怎么上，其他同学的时间也就会这样被我和坤仔两个人给白白耽误掉了；可是如果不阻止他，任由小家伙儿的这种刻板行为继续发展下去的话，也终究会不可避免地影响到他自身适应性行为的矫正与发展。

如果先将有关坤仔自身各方面的资料较完整地呈现出来，或许会让我们更好地理解坤仔那么强烈、刻板的模仿性行为。首先是社交沟通方面，由于警醒度低、专注力差，造成了坤仔的绝大多数的社交行为都很被动。就连每日基本的打招呼也要在成人的提示甚至是“逼迫”之下才能完成，但这并不能证明他这方面的能力不足。经过多次评估，我们发现坤仔能较为轻松地自主运用“动词＋名词”的句式结构（如“挤牙膏”等）进行表达。而我们班社交能力超好的豪豪（化名），却只能在表达过程中省略动词而进行不完整的表达。这当然又牵涉到以后将要讨论到的有关孤独症谱系障碍的问题，在此就不再多加深入了。其次是大小肌肉、感觉统合与生活自理方面，尽管在目前的感通课上，坤仔的表现要比给他做的感统评估结果表现得好，但我还是发现他的本体感与前庭平衡存在一定的失调，或许这也是导致他专注力较差的原因所在吧。如果按照上学期为他制定的IEP目标进行教学设计的话，那他这一学期的个人工作课上还应有物件操控方面的练习。但是根据其家长的反馈情况和我们的实际观察，发觉坤仔的确存在握笔书写时因用力过猛而常常导致铅笔断芯或容易刺伤手部的情况，因此经过讨论，我们最终取消了他的这一训练项目。在生活自理方面，坤仔倒是不存在什么明显的问题。再次是认知理解方面，因为坤仔如今在个人工作中能较为轻松地进行10以内物件的点数并能独立书写出相应的数字，再加上他在实物、颜色等方面所具有的辨别能力，我们认为他的认知理解还是可以的，只是由于专注力太差而影响到了他正常的认知学习进程。总之，小家伙儿在认知理解及表达方面还是比较好的，只是在情绪、动机和问题行为方面还存在不尽如人意处。

由以上的资料分析，让我们重新回到师徒二人课堂对峙的局面中来。我就是这样在强烈的内心矛盾中，看着坤仔一步步挪到桌子边重复了我刚才拿、放手偶的动作，又看着他心满意足地回到座位上安静地坐好，最终只能在内心深深叹了一口气，继续将课程按原计划进行了下去。

其实不光是坤仔，很多孤独症孩子都存在不同程度的刻板行为，而不局限于他们自身的认知理解水平。即便是单就认知理解方面而言，哪怕是高功能孤独症患者，也有明显的片段性和局部性的思维局限，更何况是孤独程度较重的坤仔他们。正因为认知理解与情绪行为之间的这种不协调性，再加之信息加工及本体觉失调方面的问题，就使得他们的自我调控能力会出现障碍。不过，在经过一段时间的训练之后，以前平均每周他总要有两到三次的情绪大爆发，现在已经减少到平均每月一两次了。和其他老师一样，我也曾为坤仔如此之大的改变而欢欣鼓舞了好一阵子。因为坤仔的认知理解能力超好，至少在我们班，他在 20 以内的加法及 15 以内的减法运算是无人能及的。如果照此发展下去，他的成长前景还是大有希望的。可是后来我们发现越来越不对劲了，坤仔经常忍不住重复老师或者同学的一些特殊动作，并且很难阻止他这么做。可以简单地这么来进行概括：如果你阻止了他的行为，那就像以前一样等着看他的情绪大爆发吧。

但是坤仔最为与众不同的地方在于：他的警醒度那么低、专注力那么差，可是远处别人一个不经意的动作，比如摸了一下袖口或挠了一下头皮，他都能立刻注意到并模仿着通做一遍。如果再说明白一点的话，我只能懊丧地说，为什么我们在课前精心设计的，自认为趣味无穷的教学活动，却不能够激发起坤仔他们的学习兴趣，反而是旁人不经意间的一个小动作（如敲了一下桌子）或小失误（如课程卡片贴斜了一点）却总能吸引到他们的注意，从而使得他们要么模仿一下那个小动作，要么就去纠正那个小失误呢？如果再更加深入地将这一问题探讨下去，我们是否可以得出这样的一个结论：我们常人认为有趣的事情，孤独症儿童就未必认为有趣；反之亦然，我们常人认为无聊乏味的事情，反而会给他们带来巨大的趣味甚至是快乐？

作为一名特殊教育工作者，我们当然清楚对于孤独症儿的不适当行为，远不是用简单粗暴的方法就能解决的，而必须要善加引导利用和行为替代。比如清洁扫除及个人物品规整等一些在日常学习生活当中程序性较强的环节里面，我们就完全可以利用他们的这种刻板行为进行强化练习，从而能够使得他们很容易地掌握并运用好这些程序要领，从而帮助他们更快更好地适应生活。可凡事都具有正反两面性：就像上面所提到的情况那样，对于一些不该出现的刻板行为，比如课堂上硬要多次重复旁人无意识的一个小动作，我们又该怎么去因势利导地弱化甚至最终消除其无所不在的刻板思维模式呢？须知：事情易解，模式难除。尤其是对存在中央统合能力障碍的孤独症患者来说，这个问题就更为突出和尖锐。

就一般情况而言，处理类似问题的方法大致分两种情况：其一是，如果这种刻板行为不会对自己或他人的学习、生活、工作造成明显影响的，我们基本可以忽略不计随它去；其二是通过分散注意力的方法引导刻板行为者从事其他他感兴趣的活动，以逐渐替代并优化其刻板行为。

对于坤仔来说，其行为显然已经影响到了同学们和他本人在内的正常学习活动。因此就必须采取上面提到的第二种情况，引导他从事其感兴趣的活动以替代他专注在不适应性行为上的注意力。然而问题又来了：对于普通人来说，因为我们不存在中央统合能力障碍，所以有足够的全局性认知理解能力，来明白别人之所以引导自己从事其他活动的原因和目的，因此也会较有合作性与目的性地配合对方一起来攻克自己的刻板行为；然而对于这些弱中央统合的孤独症孩子来说，他既不愿意让别人介入自己的活动，也不能够充分理解别人为什么要阻止自己正在进行的某一行为，更不会有那动机配合别人一起来应对自身这种刻板行为的全局性思维与行为模式。就拿坤仔来说吧，通过评估我们知道，他最喜欢的课余活动是自己一个人尽情地玩篮球和溜旱冰。因此，当他又要出现机械模仿他人某一动作的时候，我们赶紧装作很自然地将一只篮球在他面前晃了两下（出于泛化应用的目的），但他却焦躁地将篮球一把给推开了，继续去模仿别人的动作，包括岑岑（化名）也是这种情况。由此可见，我们要想采用对待普通人群的那一种方式方法来引导孤独症儿童，结果往往是很困难的，因为我们严重忽略了孤独症患者自身问题的特殊性。比如这个坤仔，他或许只对别人打篮球时的动作感兴趣，而对篮球本身没什么兴趣，所以刚开始是很难顺利地引导他跟你玩一会儿篮球的。

这天课间，我故意将黑板擦放斜了一点位置。果然，平素专注力与警觉度都较差的坤仔，赶紧从座位上站起身想走过来摆正黑板擦。“坤仔，打篮球!”为了尽量减少他的焦虑情绪，我尽己所能地使自己说话的声调听起来柔和亲切一些，但抓住他胳膊的手却是有力的。就这样微笑着一边阻止他继续往前迈进的步伐，我一边尝试着把他带回到座位上去。

“嗯——!”和往常一样，坤仔又发出了不满的抗议声，并且还想挣脱我的双手继续完成他的既定行动计划。我心里很清楚，此刻绝对是自己贯彻执行“一手软一手硬”策略方针的关键期，于是便继续虚伪地微笑着慢慢腾出一只手来挠了挠他的胳肢窝（包括坤仔在内的很多孩子都很怕痒的，所以挠他们的咯吱窝，也正是利用了触觉敏感的孤独症患者自身优势条件的具体表现），另一只手继续试探着把他往堆放玩具的地方推。

“打篮球!”我又一次引导他去干别的感兴趣的事情。

“嘿嘿，（黑板）擦!”由于太痒，他忍不住退缩着嘿嘿笑了几声，但还是固执地冲我指着那个摆斜了一点儿的黑板擦。

“不理它啦，咱们玩篮球!”我一边更起劲儿地给他挠着痒，一边更坚定地把他慢慢推到了玩具区。最终，在我软硬兼施的“逼迫下”，坤仔终于第一次放弃了一定要去摆正黑板擦的冲动，并跟我一起玩起了篮球。

课后检视

坤仔的故事到此似乎应该算是“完满谢幕”了，但是由此给我们带来的思考却才刚刚开始。比如孤独症儿童的专注力与兴趣焦点的问题，尤其是如何正确认识和对待孤独症自身中央统合能力障碍问题等。

毕竟，由特殊信息加工系统所长期产生、积累起来的思维与行为模式，并不是一朝一夕就能够加以改变或改善的。坤仔此后在类似的干预情况下，也出现了几次较为严重的情绪波动。由此看来，要想真正成功地帮助孤独症儿童减少不适应性行为发生的频率，并以较好的替代性行为取而代之，还真不是一件简单轻松的事情。因此，每当看到那一个个“坤仔”们要么在模仿同伴吐口水玩，要么凭空就模仿成人抬手理一下头发时，我也时常忍不住对他们内心世界的好奇：超越于我们普通人的视听味嗅触觉之外，周围的环境究竟是个什么样子？或许在另一个感知觉的天地里，我们也会有像他们那样的言行举止吧？也或许，借助孤独症群体特殊的感知觉系统，我们所感知和由此创造出来的世界会是更加五彩缤纷的样子？

第11课 令人头疼的小公主

课前导读

在众多感知觉系统异常的表现中，与中央统合障碍相呼应的边缘型视觉，由于其在人际沟通中的特殊表现，再加上低水平的专注力和动机，常常令人很容易对这种类型的孤独症患者产生很多误解和困惑。

课堂聚焦

囡囡（化名）的警醒度与专注力那么低，以至于连自己最为亲密和信赖的妈妈与之打招呼，囡囡也都很难做出基本的适当回应，那她对于其他人的呼叫回应情况，也就可想而知了！至于我们老师在上课之前，绞尽脑汁设计出自以为乐趣多多的教学活动，千方百计地想调动起这些孩子们的学习兴趣和互动热情，可不论我们如何精心设计课堂教学的每一个精彩环节，以期他们能对我们的努力成果做出哪怕是一个“礼节性的微笑”，最终在囡囡身上，这一切尝试似乎也都是浮云。假如我们所做的这种种努力，可以在一节课三十分钟的时间里，能够博得小家伙儿两到三次的“目光赏赐”（与我们有目光接触，或是能够看两眼我们正在开展的教学活动）的话，那对于我们来说，就已经是奢望了。可反过来说，更令人困惑的是，她连正眼看你一下都特别难得，却又是怎么能够在课堂上记住那么多的生字词及计算方法的呢？尤其是三词句的理解与表达，如果不认真学习，根本就不可能理解掌握。对于普通孩子来说，不管他再怎么调皮捣蛋不务正业，也总是能学到一些简单的知识，这一点我也承认。但作为智力受损、感知觉加工系统异常的中重度孤独症患者，囡囡可是个绝大多数时间都沉浸在自己世界里，对于外界的事物基本都是处于漠然置之状态的“冷美人儿”，至少外表看来是这样。即便是在她那极少与外界接触的黄金时刻，也都是由家长或老师“逼迫”才能够勉强实现的。

“哎呀，囡囡，我的宝贝，快点儿吃饭啦！”每天午餐时间，囡囡妈都要如此催促对饭菜漠然以待的女儿，接下来就是鞍前马后地帮女儿将一切吃饭前的准备工作做足。而与此形成强烈反差的是，囡囡对妈妈的辛苦付出总是置若罔闻、冷若冰霜，极少拿正眼来看一下。当然，早已对此习以为常的囡囡妈，全然不受女儿消极怠工态度的影响，继续热情十足、津津有味地伺候着她的宝贝女儿吃饭喝汤。

每次看到这样的场景，我们都恨不得走上前去接过囡囡妈手里的饭盒，然后限囡囡在老师数到“3”之前吃下第一口饭，否则就当着她的面把饭菜全部倒掉以示惩罚。或许刚开始这么做的时候，囡囡会非常高兴，因为这似乎更迎合了她不愿意吃饭的意愿。但相信过一段时间之后，她肯定会因没吃多少东西而饥饿难耐的（当然我们得自始至终监督好家长不能给小家伙儿吃零食）。一直等到下一个就餐时间，就不相信她还不多多地大吃特吃！就这一想法，我们也曾多次跟囡囡妈交流过。

“唉，这些我都懂。可囡囡她就是什么都不懂，你能有什么办法，总不能一狠心饿死她吧？”不管我们怎么跟她讲明其中的得失利弊，可爱女心切的囡囡妈就是不敢也舍不得放手，更不忍心看着女儿挨饿或是受到半点“委屈”。当然，对一个正在长身体的孩子进行“断绝零食、主餐限时”的惩罚手段，的确是存有很大争议的。我们也承认囡囡妈的确有她不敢放手的理由，这一点可以从囡囡自身各方面的评估状况中，得到进一步的证明。

首先是在沟通认知方面，作为一名中重度的孤独症儿童，囡囡也和班里其他的同伴一样，尽管有一定的语言理解和表达能力，但还远远不能达到有效沟通的目的。一般情况下，别人与其打招呼时，她能够做出适当的回应已经是很不错的啦。再就是在课堂上和老师进行一对一的简单问答或在老师的引导辅助下，能够向同伴发出游戏邀请或问题求助，但当她心情不爽或身体不适时，除了哭闹之外，还不能用语言有效表达出自己之所以难过的原因。我想这也就是为什么绝大多数孤独症儿童家长之所以那么在意自己孩子情绪波动的原因之一吧。更令我们倍感无奈的是，由于囡囡自身所存在的较为严重的偏食厌食倾向，导致她和存在同样问题的林林（化名）一样，都要比同龄人的身材矮小、消瘦很多。不仅如此，他们两人在情绪问题上也表现得异常脆弱，如果你对这两个孩子管理得稍微宽松一点，他们就会表现出自由散漫、自我陶醉的状态；可如果你对其要求严格了一些的话，这俩“宝贝”就会非常委屈、异常夸张地大哭大叫起来，直哭得家长们都对我们老师有了些意见。唉，总之对他们是软不得也硬不得！

其次是在肌体协调及大肌肉方面。针对孤独症患者普遍存在的问题，在体育游戏或者是感通课上，我们都会设计较多的大肌肉训练项目。具体到囡囡，她在身体协调与本体平衡方面的问题就比较突出。比如在做“下蹲走”时，她要做到蹲下身子并保持平衡的话，的确是要颇费些力气才行。至于再进一步地往前进行下蹲走练习，那就需要付出更多的努力，并且每往前迈出一步，那动作都显得特别吃力与迟缓；还有双脚跳，我们反复对其进行示范或辅助练习，但她都不能较好地协调好两条腿同时做出屈伸跳的动作。当然从其自身生理状况而言，这完全属于正常现象，只要加强相关方面的训练，是可以逐步加以克服的。但因为其配合度与参与训练的动机都相当低，所以囡囡在这方面的康复进程和效果就可想而知了。

或许正是因为囡囡在做大运动时特别吃力痛苦的缘故吧，每次体育、感统课结束时，囡囡妈都要比平时更加关照女儿，即使是在训练过程中，囡囡妈也是“全陪”型的呵护备至（像我们这种孤独程度较重的班级，学生家长是可以也是有必要全程陪读的）。很多时候，囡囡都会为了逃避“苦役”而大发脾气，她这一招几乎每次都能役使妈妈俯首帖耳地遵从自己的意愿。其实在很大程度上，孤独症患者自身莫名起伏的情绪行为状态，给他们的家长带来了极大的困惑和焦虑，再加之骨肉亲情的牵挂，孤独症家长所承受的压力是非常巨大和长期的。为了尽量减缓这种亲子互动的恶性循环模式，我们也曾多次劝其家长要坚持原则，但都是无果而终。每当此时，我才深深地体会到，一个哪怕是已经被实践证明过千百次都是正确的良好措施，要想真正地被孤独症儿童家长所接受并执行之，那也是一件难之又难的事情！因为根据我们平时的观察分析所得，几乎在每一对孤独症儿童与家长的亲子互动模式里，都明显存在一些更容易导致孩子丧失社交积极性及生活技能发展的因素，比如家长对孩子过分溺爱，对本应是孩子做的事情却不自觉地统统包办代替，以及无原则地满足孩子的种种无理要求等。这些消极因素是如此根深蒂固、牢不可破地存在于亲子互动模式里，以至于使得我们的孤独症康复教育教学工作对象不仅包括孤独症患者本身，而且还要充分考虑到孤独症家长及家庭生活状况等所有附属因素的综合作用。

再次就是情绪行为方面了，因为专注力较差，尤其是局部性思维模式的影响，囡囡在课堂上经常会忘记遵守课堂常规或应有的行为规范。比如她有时候会一时兴起离开座位跑到黑板前面或是教室的其他地方，但往往又因为专注力持续性差而跑到半路时竟又忘记了自己究竟要干什么，于是只能停下来仰着脸发一会儿呆或是咬着手指头自言自语一阵子。可是又因为她的语速很快，加之吐字含糊，旁人很难听清楚她究竟在嘀咕些什么。就这样一直等到获得老师的提醒，才重新回到自己的位置上坐好。否则的话，她会站在原地把周围的空气浏览上千百次，将手指当作棒棒糖品尝而不知自己是在上课。

这倒还不是问题的关键所在。最令人头疼的是，囡囡时常会原因不明地“咿咿哎哎”地玩上一阵假声，紧接着便会突然大哭起来。要么就先在嗓子眼儿里面像发动机一样嗯嗯嗯地玩弄一会儿，然后再随心所欲地哭叫一阵子。为此，我们也曾尝试着利用ABC行为量表进行观察分析过一段时间，但因为小家伙儿绝大部分时间都是低着头自顾自地沉浸在自己的世界里，要么玩弄手指，要么就揉搓自己的衣服，接着就会先假声后哭泣地发起脾气来，实在难以发现导致她情绪问题的外部刺激因素究竟是什么。唯一可以解释的，还是要回归到孤独症患者特殊的感知觉异常上来，具体到囡囡自身，那就是其兴奋地玩弄假声，可能是为了满足喉部触觉和耳部听觉的刺激需求而为之；至于接下来的悲伤哭泣，则可能是触觉、听觉在得到暂时满足之后所伴随而来的异常情绪体验，导致了负面情绪的爆发。

总之，由于囡囡是一个女孩子，再加之她在沟通认知、肌体协调、情绪行为等方面存在着这样或那样的问题，当然还有在孤独症家长的心里，都程度不一地存在着为求平安无事而不断妥协的心态。这就从客观上直接影响了囡囡独立意识及自理能力发展的进程。

尽管有这么多可以理解的原因，尽管囡囡有词句读写与加法计算的巨大潜力，但毕竟，对于孤独症患者本身来说，他们可不仅仅是认知理解能力的康复发展问题而已，如果再继续这样深究下去的话，他们的专注力、配合度和情绪行为问题，都构成了其康复进程中的一道道巨大障碍。至于更高层次的康复与发展，也就更不敢在如此之巨的“问题体系”中过多奢谈了。

课后检视

相对而言，脑瘫、弱智、听障和聋哑等其他类型的残疾人患者，他们在康复道路上所要面临和克服的障碍是显而易见的、单一的；而孤独症患者就没有那么单纯了，他们特殊的视觉、触觉和听觉体验，都注定了孤独症患者康复问题的复杂性和艰巨性。

具体到囡囡自身的问题，她的边缘性视觉不仅导致了自己注意焦点的分散，而且也在相当程度上影响到了注意持久性的提高。而这两方面的问题，又反过来抑制了其社交活动动机的提升。由此可见，对于孤独症患者来说，其在某一方面所表现出来的问题，背后都有相当复杂的连带问题等着我们去综合考量康复目标及策略的制定与实施。

第12课　局部认知的铁律

课前导读

孤独症患者不同于其他残疾类型的一个显著特征就是，不论智商如何无限接近甚至超过普通人，但他们却始终会被局限在由弱中央统合而引发的局部性、片段性认知思维模式里而无法自拔。

课堂聚焦

还没等上课铃声响完，豪仔（化名）早已一个箭步窜到课程表前撕下个人工作的课程视觉提示卡，非常庄重地举到林林（化名）眼前，“林林，这节上什么课?”

“个人工作时间。”林林也非常认真地回答了他的问题。

“嗯，好棒!”豪仔卖力地点头称赞了林林，还非常满意地冲他竖起了大拇指。当然从实际效果上来看，表扬者豪仔要远比被表扬者林林更加兴高采烈、心满意足。

显然是林林的回答大大鼓舞了豪仔，他又趁热打铁、干劲十足地把课程视觉提示卡递到了第二位同学眼前，重演了刚才的一幕，接着又问了第三位，第四位……可当他问到囡囡（化名）的时候，因为囡囡的认知及专注力比较差，警醒度也不高，没有仔细看清楚图卡，更不能认读对应的字卡，所以便非常心不在焉、敷衍了事地回答道：“沟通时间。”

“嗯，好棒!”由于特别注重外在的形式化过程，所以豪仔显然并没有辨别出囡囡到底有没有回答正确，便迫不及待地夸奖了对方，接着又忙着提问下一位同学去了。

尽管类似的场面我们已目睹过多次了，可我还是忍不住笑出了声。豪仔根本就无暇顾及我的评判性反应，只是自顾自地问遍了班里其他七位同学后，便心满意足地将课程卡片贴回原位，然后又回到自己的座位上坐好，这才抬起头来，眯起他那一双特别满足又不无讨好意味的眼睛对我也下达了指令，“老师，上课吧”。

如果您觉得豪仔很可爱也很能干的话，我的确也没有反对的理由。不过或许您也可能已经从他上面的举动里看出一点问题了吧？不错，单纯从认知理解的能力上来说，豪仔的确能轻松地辨别出成成回答其所提问题的对与错，可是单维度看待问题的思维模式，使得他太迷恋于演练一个既熟悉又固定的活动流程了。所以，这也就自然导致了豪仔只注重他举着卡片挨个提问以及同学们回答他问题的仪式化过程，而根本就不会去关注这个活动过程所承载或蕴含的内容及意义等多维度、多层面的东西。

当然，以上只是他众多日常行为里面的一个小小的插曲而已。最令我们感到头大的，是在课堂活动开展过程当中所发生的一些事情，简直是让你哭笑不得。下面我也简略描绘一下豪仔在课堂上的另一个典型活动片段。

“同学们看，小白兔正在草地……”

“岑岑（化名），坐好！”我正在指着图片启发同学们仔细观察上面的内容时，豪仔冷不丁发出的这一声尖叫，把我和其他孩子们都吓了一大跳。顺着他手指的方向，我这才发现岑岑已经离开座位正在教室后面的阅览区摆弄图书呢！看来我要想借豪仔这一声不合时宜的尖叫对其大加挞伐的话，显然是不顾大局也是令人于心不忍的。毕竟，豪仔还是非常热心于维护课堂秩序的，只不过是方式有些夸张、时机也有些不对头而已。没别的办法，我只得把岑岑喊了回来，又再一次提醒豪仔在课堂上要小点声，他也像往常一样再一次郑重其事地点头表示同意。可是历史经验已经不止一次地告诉我们，下次再有同学不守课堂常规时，他一定还是会尖声高叫的。想到这里，我也只能轻叹一口气后，继续引导同学们观察图片，进行理解与表达方面的训练了。

“同学们看，小白兔正在草地上吃草呢。谁来回答草地是什么颜……”

“囡囡，回来！”又是豪仔突如其来、义正辞严的一声吼叫！

“怎么了？”我实在是吃不消啦，也冲着豪仔大声质问了起来，“课堂上一定要小点声，你知不知道?!”

“知道。”看着豪仔一脸诚恳认错、积极配合、愧疚万分的虔诚样儿，再加上他那一双可怜巴巴、万分无辜直瞪着我看的眼神儿，还有他那一脸的稚嫩与茫然之情，直令我感觉自己简直就是个十恶不赦、忠奸不分的昏君。尽管积极性受到了一定程度的打击，但豪仔还是伸手指了指不知何时溜到门后的囡囡，后者正悠哉游哉地站在那里将手伸到半空中划圈子玩呢！

真的是崩溃又无语！没有别的办法，我也只得把注意涣散而又随心所欲的囡囡唤回座位，然后又“再一次”教育豪仔上课应小点声说话，他也异常乖巧地答应了。

相较于我班的囡囡和岑岑，不管是在社交沟通、认知理解还是警醒度方面，豪仔都要好很多。看着他经常主动与老师同学们打招呼的那股热心劲儿，我们甚至都认为至少是在社交意向方面，豪仔并不比同龄的普通儿童差多少。为了令读者更好地了解小家伙儿的基本情况，并对之产生一个相对客观的整体印象与评价，下面我还是先来从自身评估结果的角度进行一个大致的描述吧。

豪仔，男，出生于 2008 年 11 月份，至今还不满 11 周岁。本学期，根据其在上学期期末的评估结果，我们给他设定的认知理解方面的 IEP 教学目标如下（摘取了一部分主要的）。

1. 数学概念：①以数物件方法计算加数（总数为 10 以内）。②数字与数量的配对（10 以内）。③辨别物件的长短、多少、高矮、轻重。

2. 形状概念：辨认日常生活中常见物品的形状（圆形、三角形、长方形、正方形）。

3. 颜色概念：能辨认黑、白、红、黄、蓝等常见颜色。

经过一段时间的教学评估，我们注意到，豪仔在形状概念的理解与掌握上，比数学及颜色概念要好。颜色辨认对于他来说，又是最难以掌握的项目，因此我们有理由怀疑豪仔存在颜色辨认障碍（色盲）。这不仅仅体现在其不能说出或正确指认出几种常见的颜色名称，还体现在他也不能够按相同的颜色进行配对。也正是这个原因，我总会时不时地羡慕起他来，因为我很想知道，在他的眼中，这世界到底是一个什么样子的？毕竟，在同一片蓝天下，身处同样的环境，如果还有人和我们对外界的感知感受存在很大差异的话，那的确会很容易调动起我们的好奇心。

其次，因为豪仔有很强的好胜心和虚荣心，导致他对自己辨认性别及颜色方面的薄弱环节信心不足，再加上他有时会对某个男老师或男孩子表现出过于亲昵的举动，比如搂着对方的脖子将自己的整个身体使劲往人家身上贴等，都使得我们不得不在改变其行为模式的问题上，多费很多精力进行中心问题的甄别与应对。

下面，我们再来看一下他在社交与沟通方面的“发展地图”，从而能够对其有个更为深入与全面的了解。

1. 自我概念：①说出自己想做的事，并付诸行动。②辨认自己及他人的性别。

2. 与别人接触的意向：①主动用语言（或加上行动）去安慰玩伴。②留意他人的情绪反应。③与朋辈合作完成小差事（巩固）。

3. 社交礼仪：当要求人家帮忙时，会说“请”；接受物件或服务时，说“谢谢”。

4. 游戏技巧：①利用仿实物玩具模仿或扮演日常生活经验（如假装喝水、假装与洋娃娃睡觉，结合主题完成3个情景）。②将一件物件假想为其他物件（物件的外形特征未必与假想物接近）。③在同一情境中，做出连贯性的游戏步骤（如：将玩具食物放在碟上，假装用刀切开，然后喂养娃娃进食）。

5. 情绪的理解与表达：①用适当的说话或行为来寻求协助与慰藉。②用适当的方法表达负面情绪，得到慰藉后很快恢复平静。

6. 运用双词短句表达：①运用由动作和物件名称组成的双词短句（如：喝果汁）。②运用由人或动物和动作名称组成的双词短句（如：妈妈吃）。③运用由动作和地方名称组成的双词短句（如：睡在沙发上）。④运用由物件和人或动物名称组成的双词短句（如：毛巾给我）。

在此首先要说明的是，每一组中的大项目，基本都是按照由易到难、由低到高的顺序进行排列的。每个大项目后面所对应的几个子项目也基本上是按这个排列原则罗列出来的。因此，按常理来说，如果一名儿童在“情绪理解与表达”及“与别人接触的意向”等项目上表现很好的话，那么，他在相对要简单很多的“自我概念”项目上就应该是不存在什么问题的。

然而豪仔却是个例外。无论是在与别人接触的意向、社交礼仪、游戏技巧还是情绪情感的表达上，他的表现都相当好，有时都好得令其他学生家长感到有些妒忌。可是豪仔偏偏就是在自我概念这个相对简单的项目上，表现得非常不理想。再具体一点来说，他在“说出自己想做的事，并付诸行动”这一子项目上的表现也不存在什么问题，难就难在了“辨认自己及他人的性别”上。几次训练下来，豪仔也逐渐意识到了自己有这方面的不足，因此，每次轮到他来辨别自己与同伴的性别时，他都因信心不足而心神涣散，完全没有了游戏课上那股生龙活虎的气势。

总之，在社交与沟通方面的“发展地图”上，第 2、3、4、5、6 都可算作是最能体现出豪仔发展水准的珠穆朗玛峰；而第 1 项中的“辨认自己及他人的性别”则无疑成了他发展旅程中的雅鲁藏布大峡谷。

课后检视

鉴于以上的分析，我们不难看出，豪仔其实是孤独症谱系障碍差异性的一个非常典型的案例。所谓谱系障碍，就是孤独症的症状与特征可能会以不同的组合和不同的严重程度表现出来。从广义上来说，这种差异性主要表现在有些孤独症患者会完全沉浸在自己的世界里而对周围的一切漠然视之，从而导致其在社交等功能性康复方面难以顺利推进，而另一些高功能患者则可能是个卓有成就但却难于与人沟通的专家学者；从狭义上来说，在同一名患者身上，则会表现出社交沟通强但认知理解弱或认知理解强而社交沟通弱等表现程度不一的情况。比如豪仔，从总体上来比较的话，他在社交沟通方面的表现及潜力要远远好于他的认知理解（这倒和那些高功能孤独症患者形成了鲜明的对比）；从具体项目上来看，单在社交沟通上，他的社交意向及游戏技巧又远比社会性自我概念好得多。

在这里，我们就有必要对孤独症患者与其他类型的残疾人群之间的异同，有一个本质性的了解与认知，否则，就很难谈得上针对孤独症患者的“因材施教”。首先是站在孤独症患者本身的特点来看，由于广泛性的神经发育障碍和特殊的感知觉加工系统，从而导致了他们不像脑瘫、弱智等其他类型的残疾人群那样单纯是学习或适应困难。对于孤独症患者来说，他们更多的是表现在片段性、局部性思维，以及情绪稳定性差、专注力弱或难以持久等素质和神经性、生理性相关的问题。这些问题已经足以威胁甚至左右到孤独症患者康复成长的过程了，换句话说，就是孤独症患者的学习困难不是单纯的智商问题，而是牵扯到更为广泛的感知、本体及平衡障碍等一系列的系统性问题。

第13课　自我感觉比规矩重要

课前导读

正因为有些孤独症患者在听觉、触觉和本体感觉等方面存在异常，所以根据他们平日里的一些外在行为表现，我们似乎很难明确地用普通人的行为标准，来硬性判别孤独症患者的“问题行为”从而加以纠正，长期的实践经验也已经证明了这样做的诸多负面性问题。

课堂聚焦

“岑岑不抓，岑岑不抓。”炜仔（化名）一边惊恐地叫唤着，一边转身用两只胳膊紧紧抱住了身后女助教陈老师的手臂，脸蛋儿紧紧地藏在了她的怀里。

“没事的，炜仔，他是在跟你玩儿呢。”陈老师一边抚摸着炜仔的头，一边安抚着他那略显紧张的情绪。

“岑岑不乖，不跟他玩！”炜仔仰着他那张胖乎乎的大脸蛋，狐假虎威、义正词严地冲着陈老师宣布了自己这个石破天惊的重大决定。从小家伙儿此时的神情动作来看，他在陈老师的抚慰下已经得到了完全的满足。所以尽己所能地讨好起老师来，就自然成了其展示自身魅力、以进一步达到与老师发展亲密关系的首要目标。其实凭借着我们对炜仔的了解，知道他向老师投诉岑岑只是一个手段而已，目的是为了得到老师的触觉抚慰。因为在相当大的程度上，可以明显看出来这小家伙儿不论是在听觉还是触觉方面，都有不断寻求刺激的强烈愿望。或许正是这种异常的感知觉体验，才导致了炜仔特殊的心理行为表现吧，总之，这小家伙的很多小动作，都令人有些费解。

对于岑岑的相关情况，我们也有必要在此做一个介绍。因为伴有疑似癫痫的症状，所以他经常会在课间甚至是课堂上无缘无故地全身紧张、猛烈抽动，并且同时伴有吐口水、摔凳子、抓人等现象。因此，不仅其他的孩子不敢跟他坐在一起，就连很多家长也不愿意自己的孩子如此靠近一个有攻击性行为的“危险分子”。因为岑岑的问题，我们在排座位的时候的确也是大伤脑筋的。由此可见，认知理解水平相当不错的炜仔经常拿他来做文章，也就不足为奇了。

考虑到炜仔在社交沟通等各方面的能力都相对较好一些，最关键的是他身高体胖，对同伴具备一定的客观威慑力。因此，我们便把他调到了岑岑的旁边。只要岑岑一有情绪波动，炜仔都会立刻警觉起来，要么往旁边侧缩身子尽量拉开与岑岑之间的距离，要么就干脆向老师求助。

一开始，我们倒很是为炜仔这种超强的自我防卫能力而大感欣慰。可是后来就慢慢发现问题并不那么简单，主要证据有两点。第一，每次上跨班级的课程，或是有接触到其他班级女生机会之时，他都会千方百计地凑到女孩子面前，不是握着人家的手来摸自己的脸，就是伸出手来去摸人家的脸，甚至还干脆伸出两手去解对方胸前的衣服扣子；第二，当我们男老师坐在孩子们后边做辅助时，即使出现岑岑抓他的状况，他也会自己进行防御，而绝不会趁机向我们这些“纯爷们儿”套近乎；可如果是女老师在后面辅助，那情况可就大不相同啦。即便是岑岑根本就没有要抓他的任何征兆，炜仔也会时不时地向老师倾诉自己内心的“不安”，并借机回转身来紧紧抱住老师的一只胳膊寻求安慰，当然还会趁着老师安慰他的时候再用两手环抱着对方的腰，甚至还要再进一步把整个头脸贴到老师身上蹭来蹭去的。

这自然就重新回到了本章开始时的一幕。“好了炜仔，快点坐好！”陈老师柔和但又异常坚决地将炜仔推回到座位上。但这小家伙显然还有些不甘心，他好几次都试图重操旧业继续他的“演出”，无奈陈老师按在他双肩上的手也是异常地坚决有力，几次尝试失败以后，他也只得心不甘情不愿地放弃了事。

这件事似乎暂时就这么过去了，但这样的生活小插曲不止在炜仔一个人身上存在，很多年龄在十岁左右的孩子都有比较类似的问题行为。由此就自然牵引出了一系列更深层次的问题需要我们加以面对：尽管孩子现在才十岁左右，但即便是在课堂上，他们很多人都已经多次出现要么将手伸进裤裆里，要么干脆褪下裤子来玩弄生殖器的问题。尽管我们发现后都会及时喝止，但这毕竟是一个很难避免，并且在未来的几年当中，也必将成为孤独症患者青春期性教育的重大课题。如果是普通孩子，或许还可以通过认知性教育或发展其他方面的兴趣爱好等手段，有效疏导孩子们在性生理与性心理方面的焦虑；而相比之下，由于本体及感知觉发展异常，而导致触觉体验和心理行为异常的孤独症患者，尤其是认知理解水平受到多方局限的中重度孤独症患者，究竟该如何有效地对其进行性行为教育和性心理疏导，目前已经成为一个相当紧迫的课题。

一说到这个话题，我的感慨和困惑也总是如发酵的面团般难以控制地变多变大。目前有关青春期性教育的问题，大致可分为认知性教育和行为性教育两大方面。首先是在认知性教育方面，由于占孤独症患者群体绝大多数的中重度孤独症患者，他们的专注力、感知觉和情绪稳定性等问题都比较突出，从而导致了认知理解能力普遍受限。就连基本的握笔写画、物件点数都很难掌握的他们，很难通过认知性教育而获得相关的性卫生和性健康知识；其次是性行为教育方面，特殊的感知觉信息加工系统，必定会产生特殊的感知觉体验，从而产生特殊的心理行为，再加之孤独症患者所独有的局部性、片段性思维特点，都导致了我们很难利用普通的行为矫正技术来有效解决孤独症患者的性问题行为。一个很现实也很令人无奈的状况就是，在我们对一些有性问题行为的大龄孤独症患者进行过较长时间的干预之后，其问题行为不但没有多少改善，反而还导致了他们情绪焦虑度的上升。

在这里，自然就牵涉到了一个非常实质性的问题：在有关孤独症患者青春期性问题行为的研究分析方面，因为社交功能障碍是孤独症的核心症状，所以我们就有必要在干预孤独症青春期性问题行为之前，先对该群体在认知及社交沟通等能力范畴的发展特点有一个基本的了解，然后再有针对性地对孤独症患者在触觉感知、专注力的持久性和情绪行为的稳定性等素质范畴的现状有一个基本掌握。有了这两大范畴的专业性分析资料之后，我们才有可能比较成功地规划和设计出孤独症青春期性问题行为的干预计划。

目前，在孤独症性教育方面比较成功的，大概就要算日本的明石洋子女士在《与孤独症儿子同行》中所介绍的相关内容。在谈到对儿子的性教育问题时，她非常明确地表达了这样一个观点：“何必要禁止（儿子）手淫呢？”其言外之意已经不言自明了，她甚至还直截了当地说，“批评、禁止手淫，实属荒唐”。在此观点之下，明石洋子女士具体阐明了自己的一些做法：“在儿子手淫的问题上，我认为只要约法三章，好好教导，问题就可解决。认真地教他手淫的方法、合适的场所、恰当的时候”。当然，作为一名重度孤独症患者的母亲，她也很务实地考虑到了孤独症儿童自身的局限性。所以，她也特别强调了孤独症孩子“既然不懂羞耻，那么就别强求在这方面不着边际的情感培养，索性教他实际的，哪怕只是别在人面前掏出生殖器这个原则也好……只要在人前不拿出生殖器这个规矩能守住，那么当然就不会在人前做起手淫等动作吧”。

“一把钥匙开一把锁”，同样是重度孤独症儿童，在阅读学习了明石洋子的这些观点和做法之后，我觉得还是有以下几个比较棘手的问题：其一是，因为这些中重程度的孤独症孩子根本就不能有效理解多少社会规范及礼仪，不知道哪些范围是属于私人的范畴，哪些又是公共的。这就让他们很难明确界定出自己的个人空间究竟有哪些；其二是因为他们核心症状表现的局部性思维认知模式，使得他们的精力或者说是兴趣点，在相当大的程度上被局限在自身之内，这就自然会导致其在寻求自我生理刺激方面（如玩弄生殖器等）呈现出难以自拔的趋势；其三，也是最为核心的一个问题，在我所接触的孤独症儿童里面，能够理解环境规则的孩子倒是不乏其人，可真正能具有此方面自我控制意识与能力的，实在找不出几个，尤其是对于中重程度的孤独症患者，他们绝大多数也达不到“约法三章”就能有成效的理想效果。十多年来，在我们实际服务到的孤独症患者，包括高功能孤独症患者，真正能够达到通过“约法三章”而能够有意识控制自我不当行为的，也没有几个。总结来说：在我们的工作实践当中，很难将明石洋子女士的育儿方法运用在我们的孤独症儿身上。

所以，究竟该如何科学有效地应对孤独症患者青春期性问题行为，笔者认为比较可行的解决之道，还是要想方设法发掘与拓展出这些孤独症患者真正的外部兴趣所在，以便于尽量缓解其对自身性唤醒的焦虑或执着。

当然，凡事都不能苛求，毕竟每个人都有自己与众不同的地方，我们也不可能奢望从明石洋子女士的成功经验里找到解开孤独症儿性教育的万能钥匙。只是她所提出的那种不强求、唯务实的教育理念，的确值得我们借鉴。

为了更好地讨论有关炜仔的话题，我们有必要首先对其形成较为全面客观的认识，下面是我们通过评估为其量身定制的 IEP 目标发展图谱。

1. 书写：①按笔画顺序书写汉字 15 个（巩固 5 个基本笔画）。②认识汉字。

2. 数学概念：①数字与数量的配对（10 以内）。②以数物件方法计算加数（总数为 10 以内）。③以数物件方法计算减数（减数为 10 以内）。④按顺序唱数（20 以内）。⑤辨别物件的长短、多少、高矮、轻重。

3. 形状概念：辨认日常生活中常见物品的形状（圆形、三角形、长方形、正方形）。

事实证明，这个书写方面的目标对于炜仔来说实在是过于简单。因为他现在不仅能仿写生字词，就连简单句子的认读与仿写也都不成问题。比如“我在吃早饭”这句话，他完全可以自主根据句意做出“吃饭”这一假想性的基本动作，并对着例句进行认读与书写（还未达到边听边写的程度）。

数学概念方面，炜仔如今已经可以数着棒棒计算 5 以内的加法，至于点数物件并写出相应的数字就更没有问题了；可是令人费解的是，如果让他根据给出的数字划出相应数量的棒棒之类的实物就不行了。不论我们怎么换着方法引导启发，他就是不能进行这方面的数量配对。这或许就是前几个案例所提到过的谱系障碍的不平衡发展问题了吧，当然也与孤独症孩子在知识技能方面存在泛化困难不无关系。如果还有其他干扰因素存在的话，那就是同绝大多数孤独症儿童一样，炜仔的专注力及随意注意的自控能力都比较薄弱，从而不能够支持其根据数量画棒棒再进行数量较大的总体加法计算。比如对于“5＋2＝?”这一加法算题，其中包含着这么几个知识点：第一是要根据“5”和“2”这两个加数所规定的数量，在它们下边分别画出对应数量的小棒棒。第二是要将“5”和“2”分别对应的小棒棒看成是一个总体，也即要理解“＋”的含义。第三是点数出所有已画好小棒棒的总量，然后再将总量“7”这个数字填写在等于号的后面。对于普通孩子来说，就这么不起眼的一道数学题，实在是没有必要分解出这么多的小目标，然而对于我们班这些特殊的孩子，就必须这么做。实际上不论你将这么一个对常人来说异常简单的加法算式分解得如何细致入微，如何教导孩子们分阶段一步一步地进行计算（其实在相当大的程度上，由于孤独症患者专注力的持久性较差，这种过多拆分学习目标的做法也越来越暴露出其不足），也还是会有很多孩子学得相当吃力。直到现在，我班还有一半多的孩子没有学会“10”以内的加法计算，这就包括社交沟通能力很好的炜仔。还有形状及颜色概念这一方面，他是不存在任何问题的，在此就不赘述了。所以，鉴于以上对炜仔 10 以内加法的掌握情况，已经可以肯定地说，之前制定的这一目标对他实在有些过高，所以现在已将“以数物件方法计算加数（总数为 10 以内）”中的“10”改成了“5”。因为这更符合他的实际情况，以免因目标过高而徒增我们师生的压力。

其次是沟通方面。1. 运用简单问句：运用含有“有没有”的问句发问。运用“这是什么?”发问。2. 运用三词句子表达：运用由人或动物、动作和地方名称组成的三词句子（如：妈妈去市场）。运用由动作、物件和地方名称组成的三词句子（放球在桌子上）。运用由动作、物件和人或动物名称组成的三词句子（如：拿球给老师）。

在语言沟通方面，炜仔是我们班表现最好的学生。这也就是很多家长及老师都认为应该将其调到孤独症程度相对较轻班级去的主要原因。的确，他在理解与运用三词句项目上显得非常游刃有余，甚至还能在特定的情境当中进行发展性运用。比如本章开始所提到的岑岑捏人问题，每一次感觉到自己的安全要受到威胁时，炜仔都会大声喊着“岑岑不许捏人”的话。从他的表情动作来看，他这句话既是在提醒岑岑捏人不对，也是在向老师报警。因为在说了这句话后，他往往会一边看着老师一边靠了过来寻求老师的保护。

其次是社交方面。1. 社交礼仪：当要求人家帮忙时，会说“请”；接受物件或服务时，说“谢谢”。2. 情绪的理解与表达：①用适当的说话或行为来寻求协助与慰藉（巩固）。②用语言表达负面的情绪（如：我不喜欢，我很生气等）。3. 游戏技巧：①利用仿实物玩具模仿或扮演日常生活经验（如假装喝水、假装与洋娃娃睡觉，结合主题完成3个情景）。②将一件物件假想为其他物件（物件的外形特征未必与假想物接近）。③同一情境中，做出连贯性的游戏步骤（如：将玩具食物放在碟上，假装用刀切开，然后喂养娃娃进食）。

从知识技能的角度来看，炜仔的社交礼仪、情绪的理解与表达甚至是游戏技巧项目都没有多大问题。但是从社交意向与动机的角度来看，他也和绝大多数的孤独症儿童一样，都不能将在课堂特定情境当中学到的知识技能进行泛化应用。因为局部性思维认知模式使得他们既没有应用这些技巧的意识，也缺乏与外界沟通互动的动机。所以在孤独症康复教育教学的实际开展过程中，针对孤独症患者弱中央统合所造成的碎片式认知模式，我们该如何有针对性地运用相关特教技巧，以尽量弥补他们在这方面所受到的局限性，就成为了一个非常有价值的研究课题。从长远来说，如果不首先解决这一问题，我们就无法帮助孤独症患者应对自身随之而来的新问题。

另一方面，不管是岑岑还是其他小伙伴，只要他们一出现情绪行为问题，炜仔都会条件反射式地表现出特别惊恐焦虑的紧张状态。一开始，我们还以为他仍旧在像往常那样夸大其词地寻求安慰。可后来发现他满头大汗，浑身颤抖哭泣不已的样子，才感到了事态发展的严重性。的确，像有人哭闹、喧哗的环境或所处环境的改变等这些自然现象，在我们普通人看来完全是可以接受的，而对于一些感知觉加工系统特别异常的孤独症患者，这却是导致他们产生焦虑甚至是恐惧的刺激因素。由此可见，作为一名孤独症方面的特教老师，我们的确需要时时刻刻提醒自己，必须经常设身处地地站在孤独症患者特有的角度来看问题，才会更有成效地推进孤独症康复教育教学事业的顺利发展。

课后检视

通过本案例的分析，我们不难发现：随着生理年龄的增长，孤独症患者不可避免地也会经历性唤醒、性意识等“青春期烦恼”。具体到炜仔，其对异性日益表现出的“不恰当行为”，也在促使我们不断分析和制定新的应对策略。而更为令人头疼的是，他良好的社交与沟通能力，再配合上他对异性世界“我的眼里只有你”式的强烈关注，真的不知该如何有效引导他时刻注意保持与异性间的社交距离。

目前，我们较多采用的是“社交故事”。实践证明，在充分评估学生现有能力的基础上，结合康教需要，将教学目标融合在生动形象的故事理解、角色扮演和情景模拟里面，不失为一个较为有效的孤独症青春期问题行为干预措施。

第14课 患难与共的支持系统

课前导读

对于占孤独症患者群体大多数的中重度孤独症患者来说，其必须“终身有专人照顾”的现实境遇，就足以令患者父母长期承受常人难以想象的巨大压力。所以，孤独症儿童家长们如何有效寻求和借助自身力量之外的平台，来共同面对孤独症康复训练、职前或职业培训以及情绪行为问题处理，自然就成为了一个越来越引人关注的迫切性和焦点性问题。

课堂聚焦

“来，张老师，这杯就是我们家长敬你的，为了我们的孩子，可真是辛苦你啦！”在踌躇了很久之后，黎花终于还是举起酒杯向张老师敬起酒来。而后者此时正在专注地低头跟尤媚说着什么，那神态就好像除了尤媚，张老师已经把包括她黎花在内的所有在场人都忘掉了一样，这让不甘冷清落寞的黎花心里很不舒服。引起这种不愉快感觉的主要原因，是因为在此之前，尤媚刚进来包间落座的时候，黎花主动同她打招呼，但尤媚却像是什么也没听见，甚至都没感觉到其他所有人的存在一样，直接走过去坐在张老师身边开始了神神秘秘的对话。这简直就是特别典型的孤独症表现嘛，连这个张老师也一样！黎花在心里狠狠骂了一句。筹谋再三之后，为了打破这种令她感觉很不舒服的局面，这才以敬酒为名进行搅局。而尤媚和张老师的“神秘对话”被中途打断，他们几乎是同时抬起头来用困惑不解的眼光打量了一下黎花，就好像根本不认识这个人似的，然后又继续低头凑在一起神神秘秘地聊了起来。心里窝火的黎花直恨得牙根儿痒，但却又无可奈何，她竖起耳朵来努力想听清楚这对“不识时务的家伙”究竟在议论些什么，但由于包间里播放着的背景音乐，再加上永永爸和澄澄妈他们也在聊着天，尤媚和张老师的聊天音量又特别低，所以黎花根本就不可能如愿以偿地窥探到个中消息。

“哎，你们看你们看，张老师和诗情妈聊天，这里就有人吃醋啦。”萧翠妹就像是发现了什么新大陆一样，兴奋得两眼放光。或许是为了避免黎花把内心的怨气冲自己发泄出来，她在大声说话的整个过程当中，都没有正眼看过黎花，而是把焦点直接聚焦在张老师和尤媚两人身上。“喂，张老师，我今天可要批评你唵，你这个样子可是有些太过分了你知道不?”萧翠妹这句出人意料的兴师问罪之语，一下子就引起了在座各位的高度关注，他们不知道这个平素说话做事风风火火、无所顾忌却又圆滑透顶的萧翠妹，今天又要在这里唱一出什么戏出来。不过有些反常的是，平素里也喜欢跟萧翠妹嘻嘻哈哈开几句玩笑的尤媚，此时却掉过头去独自玩起了手机，就像是眼前的这一切都与她无关一样。只有张老师，笑呵呵地看着萧翠妹怎么给自己“定罪”，尽管看起来他并不太适应这位家长的行事风格。“我说张老师你不能光顾了和诗情妈说悄悄话，就把我们这些人都给晾在一边呀，就算是我们肚量大、很清白的人不在意，那毕竟不能代表没人在意这件事儿呀，你说对不?”说到这里，萧翠妹意味深长地冲着张老师笑了笑，又拿眼睛的余光扫了一圈在座的其他人，这才又补充了一句，“不管是男孩女孩，程度好的孩子还是差一点的孩子，那可都是咱们家长的心头肉呀。你可不能轻了这个重了那个，要不然可是会有人有意见的哟?”话一说完，萧翠妹就先捂着嘴巴笑了起来，很多人也都被她如此机智风趣的话给逗笑了，就连一向不善言笑的澄澄妈，也忍不住哈哈笑着握拳照着萧翠妹的左肩头锤了两下。

“哎哟喂，今天这地方怎么净出疯子。有些人还很有偏见，高高在上的不搭理人；有的人净会阴阳怪气儿地说些废话，怎么就不能像个正常人似地好好坐在这里聊聊天儿、吃顿饭儿呢?!”黎花故意板着脸不明不暗地数说了这么一通的直接效果，是引起了好些人的掩口而笑，其中萧翠妹笑得最欢。

“你说这老熟人吧，聚在一起怎么说笑都可以，人活一世，不就是图个乐子吗?”萧翠妹站在那里神采飞扬地挥舞着手，俨然成了这个包间里的领袖。“所以不说不笑，只是怕就怕咱们在开玩笑的时候，或者是在教育孩子的问题上，因为这样那样的事情闹起别扭来，那就……”似乎是有意为之，萧翠妹话没说完就打住了，并且很有技术含量地把剩下的话头，直接抛给了此时已经明显有些表情不自然的那个人。“张老师，你裁判一下我说的这话有没有道理?”

张老师听到对方这么问自己，先是脸一红，然后才像是回过味来似地回应道：“呃对，咱们做家长的因为对自己的孩子影响最大，所以不管遇到什么事情，一定要学会控制自己，注意团结，只有这样，才能给孩子们树立健康正确的社交沟通模式。”黎花本来就懊恼萧翠妹这次又在逗嘴中占了自己的上风，所以一门心思地想找个机会来补回一点面子，最好还能报方才的一箭之仇。如今见到张老师对萧翠妹的反应，顿时便来了反击的灵感。

“哦，我说你这个没刷过牙的嘴巴怎么这么熏人呢?”一股难以自抑的冲动，使得黎花噌的一下从座位上站了起来，她面对着低头喝水的张老师控诉起了萧翠妹。“你看你都把人家斯斯文文、清白无辜的张老师给熏成什么样儿啦?”这句话还没说完呢，萧翠妹早已经忍不住笑得前仰后合啦，直搞得黎花一头雾水、蒙头转向。她不明白，自己这么严厉地骂眼前这女人，为什么她还笑得如此欢心?!

“哈哈哈哈，小梦妈呀小梦妈，张老师刚才说的那番话，看来你是根本就没有听到耳朵里去呀。说严重一点，你这是对我们很有责任心的张老师很不负责任呀。”一边说笑着，萧翠妹还真的弯下腰来给黎花鞠了个躬。“你看看你看看，这说着说着我们张老师囧得的脸都红了，真的是开不起玩笑的文化人哟。”见张老师起身有要走的意思，萧翠妹赶紧面带歉意地按了一下他的肩膀。

“哦，你误会了，”见此情形，很是有些不尴不尬的张老师抬手推了推眼镜，吞吞吐吐地说出了一句让大家差点儿都笑喷了的话。“我要去，去方便一下。”这一下子就连一直郁闷着的黎花，也忍不住哈哈哈大笑着拍起了桌子。

“哈哈岑仔妈呀，小妹儿呀，按住人家的肩膀是不让人家去厕所方便呢，还是黏住人家还有别的意思要表示呀?有话就直说嘛，干嘛还要在我们众人面前藕断丝连的呢，多不含蓄呀!”黎花这太过粗鲁一些的玩笑，可着实令圆滑开朗的萧翠妹脸红了一小会儿。

眼见得这场斗嘴风波将像野草一样恣意蔓延、无止无休，早就有些着急的永永爸清了清嗓子发话了。“各位都已经玩得很开心了唵，这也算是达到了目的之一。剩下的，咱们是不是也该聊一聊孩子们的事儿啦?可别忘了正题。”

“哎呀，孩子们的事儿该讨论的咱们都已经讨论得够多了。整个学期下来，咱们一天到晚、从醒着到睡着，除了这些讨债鬼一样的孤独症，难道咱们这一辈子除了孤独症就没其他的什么内容了?真不知道咱们上辈子怎么得罪了这些讨债鬼，这辈子他们就来讨债了！”淋漓尽致地大声抱怨了这么一通之后，大大咧咧的黎花软弱无力地坐回到椅子上，两手抱在胸前，两眼盯着餐桌中央的两碟花生米直发呆，她的脸上，再也没有了战胜萧翠妹时的那种快感与得意。整个包间里，也都因为黎花的这句话而一下子死气沉沉了起来。

“嗨，这不已经是假期了嘛，咱们大家伙儿都开开心心的，孩子的事儿是一定多操些心的。”要比萧翠妹沉稳好多的澄澄妈，见这个她们都十分重视且筹备已久的聚会一下子陷入了冷局，便想极力扭转这种局面。

“就是就是，咱们不要把气氛搞得这么灰暗好不好？”一向大大咧咧性格乐观的萧翠妹，也赶紧附和上澄澄妈的话茬儿。“你看我们家岑仔，我觉得他大多数时候也是挺乖的。别看他到现在还不能开口说话，只会叽里咕噜地嘟囔些外星人的语言，可他的理解力挺好呀，什么都明白。”接下来，她便如数家珍般地聊起了岑仔平时令她印象特别深刻的几件事。比如就连萧翠妹都不知道怎么玩的一些电子游戏，儿子拿过她的手机轻而易举地就能玩得兴致高昂；还有最经典的就是，作为一个被认为认知理解力好不到哪里去的重度独孤症儿童，岑仔却特别喜欢阅读图书。一开始，他还只是看一些有彩图的书，这当然还可以理解，毕竟，绝大多数孩子都会对颜色鲜艳的彩图感兴趣。可最近这一年多来，岑仔的兴趣突然来了一个很大的飞跃：生理年龄九岁，智龄却被评估为只有三四岁的他，已经不再喜欢彩绘图书，而是捧着本纯文字性的书来津津有味地研读老半天。当然，作为外人，我们不能肯定小家伙是否可以读懂书中文字的内容，但却也不能否定他读懂书本中某些内容的能力——假如他看不懂书中内容的话，那又是什么因素吸引着岑仔捧着本书一看就是老半天呢？对于这个没有语言沟通能力的儿子，萧翠妹一说起发生在他身上的种种令人费解却又充满希望的事例时，总能让人很明显地感觉到她打从内心里所流露出来的喜悦与自豪。

“是啊，是啊，我也觉得我家永永最近在我咳嗽得厉害的时候，会时不时地走过来把手放在我的头或是后背上，就像是他真能体会到我这个当爹的不易似的。”饶有兴味地说到这里，永永爸脸上也泛起了幸福的红光。真的是可怜天下父母心呀。不知道是不是又一个循环中的休眠期，自从三四天前那次剧烈的咳嗽引起儿子给自己捶了肩背之后，永永爸这几天基本都没怎么再咳嗽。不仅如此，他感觉自己这段时间打零工挣的钱也越来越多、越来越顺，只是不知道这段好光景能够持续多久。但作为军人出身的永永爸，还是很乐观地在看待这件事情，尤其是身处在这群嘻嘻哈哈的、仿佛没有什么忧愁烦恼的孤独症儿童家长们中间，永永爸感觉自己也和那些普通儿童的健康家长们活得一样有尊严、有滋味。

“好啦好啦，好命都让你们这些人给摊上了，我知道我那儿子没那么乖巧伶俐。不过话说回来，他们这些孩子再怎么聪明伶俐，也还是个不会说啥话、做啥事儿的孤独症。好啦，快说些新鲜的吧，别再老围着这帮熊孩子转啦!”看黎花满脸不耐烦的神态，感觉就像她恨不得吹口气就让他们平日里辛苦抚育的孤独症孩子消失一样，此时他们或许正在隔壁大吃大喝呢。“我天天都要被这个孤独的孩子搞得连自己都要孤独了，要是哪一天老娘被惹急了，干脆就跟他一起跳楼死掉算啦，这样一了百了，就再也不用带着这样的傻孩子在别人面前抬不起头来了!”真的是说者无心听者有意，这个大大咧咧的黎花心血来潮时什么都敢想、什么都敢说，完全不计什么后果或是别人的感受，而悲剧，很多时候就是由此而埋下伏笔的。生活中，不知有多少生命令人扼腕地从我们所生活的这片土地上永远地消失了，究其原因，与黎花这种行事方式不无关联。如果不是澄澄妈在旁边捅了一下她的胳膊肘，真不知道她还会释放出多少昏话来呢。

“各位听我说一句，”已经很长时间没有再发言的萧翠妹，终于正儿八经地站起来说话了。“大家今天聚在这里，就是为了孩子们的未来，也为了咱们能苦中作乐是不是，所以那些丧气的话咱们就不要在这桌子边上说了，好吗？”

“对对对，来，为了今天的相聚，咱们就以茶代酒先干一杯!”为了扭转由黎花的败兴话所引起的低迷哀伤情绪，一直都比较低调的永永爸，急忙应和着萧翠妹端着茶杯站了起来。不过不知是怎么一回事儿，他端着茶杯的手有些发抖，杯子里的茶水也差点儿就漾了出来。永永爸努力想使手臂和茶杯听自己的指挥，但实际效果却偏偏与主观意志对抗。不仅如此，他还明显感觉自己的心窝处一阵阵发堵，全身也一阵阵向他传递着虚脱无力的感觉。这到底是怎么回事？他在内心里问着自己，但没有答案。难道是病情又出现反复了？不会这么快吧，但愿不要这么快！永永爸用力咬了咬舌头尖，想把这个令他一直都在尽力回避的可怕又无解的问题给暂时甩掉。紧接下来，一句就连他本人都没有料到的话自然而然地从嘴巴里流了出来。“我家永永，就拜托大家多多费心啦。”

“没说的，没说的，来，大家干杯！”随着萧翠妹颇具领导风范的一声号召，大家都站起身来齐齐地当啷一声响，将这凝聚着共同命运与缘分的茶杯，心贴心地连在了一起。这也可算是一个很温馨的友情碰撞了，此时餐桌周围的每个人都有些豪情激越的感觉。尤其是张老师，今天被学生家长们邀请到这里来参加聚会，本身就是对他这个特教老师的一种信赖和看重。所以他感觉自己有责任首先响应一下澄澄妈和永永爸的建设性意见，回应一下家长们最为关切的问题。

“今天大家聚在一起的确不容易，因为平时各人都有各人的事情要忙。”说到这里，张老师带着不无赞佩的目光，环视了在场的每一位家长。为了孩子能顺利被周围社会所接纳而长年累月积累起来的焦虑与沧桑，为孩子的康复问题伤透脑筋的困惑与迷茫，为孩子未来踏入社会的生活适应而四处奔波的劳累，已经让这些家长们承载了太多太多常人难以想象的压力与磨难。“孩子们目前还算是处在可塑性比较大的学龄阶段，所以如果有条件的话，还是建议家长们都能充分利用好这个暑假，多去相关机构接受专业训练。如果待在家里的话，也希望多带孩子出去走一走，以便尽早适应社会生活。当然，”说到这里，张老师把话一顿，特别看了看黎花。作为经常与家长进行交流的特教老师，他当然知道缺乏耐性的黎花是不会带儿子去机构里接受训练的，也不会在家里认认真真地为儿子的康复训练下一番苦功夫。“最重要的还是要我们家长躲在家里进行康复训练，毕竟，你们才是孩子最好的老师嘛。”

“哟，我说张老师呀，在训练孩子的问题上，我们基本都是业余的，如果真有那水平的话，我们做家长的早就把孩子给培养成正常人了，哪里还需要看人家的那么多白眼！”果然是不出所料，黎花对张老师的这番建议显然很不以为然。“再说啦，现在我们平时吃喝拉撒的生活费都紧张着呢，哪还有那些闲钱往机构里塞？”

“其实咱们家长在家里给自己的孩子做训练，也不光是钱不钱的问题。”见黎花如此回应张老师，萧翠妹立马开始发表其不同观点来。“你看人家永永爸，”一边这么说着，她还特地看了看坐在那里正听着自己发言的善意生，那目光里充满了认同甚至是赞佩之情。“天天除了赚钱养家之外，就一门心思地在家里一边学习专业康复知识，一边给永永做训练。啧啧，这样的好家长现在可真不多见了呢，咱们可真要向他多学习才行。”尽管没有人在口头上回应些什么，但从表情神态上可以很明显地看出，萧翠妹的一番话，得到了张老师和在座众多家长们的一致赞同。

“哎，话是这么说，但你再怎么拼了命地给孩子做这康复那训练的，到头来也没有见到什么明显的效果，还不照样都是孤独症一个？”见大家都已经不自觉地站在了萧翠妹一边的立场上，黎花感觉很没趣，但还是抛出了久埋心底的一个问题。

“话可不能这么说呀，小梦妈。”坐在旁边很少发言的澄澄妈，实在不能赞同黎花的观点。“目前咱们是看不到什么能够令孩子彻底康复的希望，但只要咱们都尽心了、努力了，做到问心无愧也就可以了。”

“就是，哪怕是只有一线希望，咱们做父母的也要尽量去争取，难道就眼睁睁看着自己的孩子越大越孤独不成？”萧翠妹两眼直盯着澄澄妈，而没有看黎花的反应。

“所以说孤独症孩子的家长是最伟大的，因为你们要为自己的孩子付出一辈子的努力。”为了舒缓一下已经明显带有火药味和悲壮色彩的气氛，张老师赶紧打圆场。“来，为了孩子们，也为了你们‘家长互助协会’的早日成立和运作，咱们来干一杯！”

酒店外，夜色渐浓，忙碌了一天的人们，都赶着回家享受天伦之乐，也为了第二天的忙碌而养精蓄锐。但这一切，与我们绝大部分的孤独症儿童家长是不相干的，对于他们来说，只要自己还醒着，只要孩子还没睡，他们就要一直为了孩子的言行举止能够“常规化”，为了他们尽可能获得理想的康复训练而奔忙着、奋斗着……

课后检视

家有孤独儿，不愿或不会与人交流互动，还经常莫名其妙地大哭大闹或是大吵大笑，再加之周围人群的不理解、不接纳甚至是白眼和排斥……这些大致相似的经历和基本相同的境遇，最容易碰撞出“心灵共鸣”的火花。

不过，随着孤独症患者群体的壮大和相关知识的普及，尤其是关注这一特殊群体的社会各界爱心人士也越来越多，都使得孤独症群体的社会支持系统也越来越趋于完善和多样化。所以不管从哪个角度来讲，这的确是一件很令人安慰的大好事。然而，如果站在孤独症患者群体自身的实际康复需求来看，“供不应求”的矛盾还相当突出。分析其原因，主要有以下几点。

一是尽管特色纷呈的各种康复机构，已经渐渐形成“遍地开花”的发展趋势。他们也会定期邀请国内外知名专家学者做比较有针对性的专业指导或培训，以实现与国内外专业领域内最先进的研究成果及康复技术进行接轨，从而能够为孤独症患者提供最权威和有效的康复服务。但一个不容忽视的问题就是，这些机构昂贵的康复训练费用往往都会超过一般孤独症家庭的经济收入，这就令很多像黎花这样经济比较拮据的家庭很难帮孩子获得足够的专业康复训练。

二是各种非营利性的公益组织蓬勃发展，在一定程度上的确起到了缓解孤独症康复支持不足的窘境。尤其是在寒暑假期间，对于孤独症儿童家长来说，无疑是一段压力相当巨大的时期，因为他们要长时间地独自面对和处理孩子日常出现的各种情绪行为问题和康复训练任务。而此时如果有社会公益组织的及时介入，精心设计、组织和实施各种丰富多彩的室内或户外活动项目，无疑都会极大地丰富孤独症孩子们的假期生活并有效减轻孤独症儿童家长们的精神和生活压力。当然，由于这些公益组织所服务的内容及对象都相当宽泛，并不会只局限于孤独症患者群体，这就难免会有针对性及专业性不强的问题存在。

综合分析和评估了以上两者的优缺点之后，我们自然会将更大的希望投射到“孤独症家长互助组织”上去。因为不论是团体的组织动机、专业支持、群体向心力、服务对象的同质性还是活动时间的一致性，他们都存在着巨大的相对优势。尽管只是对该组织筹备阶段的一个情况描述，但本课例的主旨，却是很明确的，那就是如何令更多的人能够正确认识和评估“孤独症家长互助组织”的重大意义，以便更好地发挥其积极作用。

第15课 支持系统的可贵

课前导读

在特殊教育界，我们经常说到或听到的一句话就是“有技术含量的爱”。然而，这个“技术含量”究竟是指什么，我们怎么样才能不断提高自身的“技术含量”，以便更有信心地承担起对这些“星星的孩子”们进行康复教育的重任？这的确是个问题。

但在生活里与孤独症患者接触最多，也是具有直接影响的孤独症儿童家长，却由于种种可以理解的原因，都只是单纯地为孩子付出无尽的爱。正是由于这个原因，才造成了许多家长在议论起自己孩子在生活里的种种“事迹”时，都能滔滔不绝地侃侃而谈；而一旦涉及“利用什么方式或技巧与自己的孩子进行有效互动”“需要学校提供什么技术支持”等问题时，往往都回答得模棱两可。

那么，家长究竟该如何去做，具有功能性和有效性地，对孤独症儿童有支持和辅助作用的家庭尤其是亲子生活，应该是个什么样子的呢？

课堂聚焦

“好了，再见啦宝贝儿子，你就在这里尽情地玩吧！”灿烂的阳光里，果果（化名）爸乐呵呵地满脸都是春光，他一边语重心长地嘱托着儿子，一边不无幽默地挥了挥他那只强有力的大手，作为父子之间惯常的告别仪式，然后便转身迈开轻快的步子往校门外走去。

“粑粑（拜拜）!”果果也一脸灿烂地冲着老爸的身影摆了摆手。因为对口腔肌肉的控制与协调程度较低，导致了他的吐字不够清晰，再加上其专注力、警醒度、认知理解能力等各方面的限制，致使果果不管说什么话都好像是一个音。不管他碰见谁或在什么场合，也不论他是为了表达高兴或是悲伤的心情，大都只是一句“妈妈”的发音就算是代表了。

下面，我们还是先通过果果的IEP发展目标图谱，来从客观上对果果老爸含在嘴巴里的“宝贝儿子”有个较为全面的了解吧。

首先是在认知理解方面。

1. 物件概念：①辨认常见实物（8个）。②辨认常见实物的图片（8个）。③明白物件的用途（2个）。

2. 数学概念：①指着物件顺序数数并说出正确数量（10以内）。②辨别大小、长短。③颜色概念：辨认立体物件的颜色（如黑、白、红、蓝、黄等）。④辨认日常生活中常见物品的形状（圆形、三角形、长方形）。

其实从这份IEP目标我们不难看出：尽管已经是二年级的学生了，但果果还是要从最基础、最简单的东西学起。比如物件概念一项中的两个小项目始终没有脱离“实物”两个字，换句话说，也就是果果的认知理解水平还只是停留在最起始的形象思维阶段；而在数学概念方面，在这里就非常有必要做一个补充说明，那就是在一年级下学期与二年级上学期的时候，他有时是能够辨认“10”以内的数字的，可是知识不够稳定而已。可在本学期却连“5”以内的数字都认不好了（远未达到百分之八十的正确率）。至于为什么会出现这种倒退较严重的现象，我们稍后会慢慢分析；至于颜色与形状方面的项目，果果掌握的情况也是很不稳定，也远未达到“已经掌握”的理想程度。要知道，这可基本都是在果果刚入学就读一年级上学期的课程时，我们根据为他所做的评估结果而量身制定的IEP目标，可经过了近两年的学习训练，此目标系列几乎没有改变过。这就意味着他在经过这么长时间的学习训练后，并没有在认知理解能力方面取得多少实质性的改善与进步。

其次是沟通方面。

1. 动作或手势沟通：①用手指指向物件表示需求。②点头表示“好”或“要”。③摇头或摇手表示“不”。④运用表达性身体动作或手势来表达（吃、喝、刷牙等）。

2. 理解词汇：①扩展理解名词（结合主题完成5个，如：春联）。②理解不常用动作的名称（如：推、拉、抛等）。

3. 理解双词短句：①明白由动作和物件名称组成的双词短句（结合主题完成5句，如：喝果汁）。②明白由物件和地方名称组成的双词短句（结合主题完成5句，如杯子放在桌上）。

4. 运用辅具表达：运用PECS表达简单需求（如厕、吃零食、喝水、玩玩具）。

由以上的IEP目标图谱，我们也不难从中看出：在进行沟通表达时，我们基本还是要他以肢体语言或手势动作为主，其次是辅以PECS（图片交换系统）进行。这就又引出了本章开头的问题，他的语言极少，并且发音非常含糊，很难起到表达沟通的基本目的。在这种情况下，我们也只能先在肢体语言及PECS两个方面对其加强训练了。因为对果果做口肌训练的成效并不是一时半会儿就能显现出来的，再者，因为偏食厌食状况的客观存在，我们也很难找到他较为感兴趣的可用作口肌训练的食物，而如果单用压舌板进行训练的话，又很难得到小家伙的主动配合。毕竟，他都快九岁了，从理论上来说，已经错过了这方面的最佳训练期（6岁之前）；在语句理解项目上，我们也是为其制定了较基本的两个小目标，都是以双词短句为主。尽管如此，我们发现对于果果来说，要想正确地理解并执行相关的指令，还是存在相当大的困难，至于双词短句的运用表达，那就更是困难重重啦。

再次是社交方面。

1. 自我概念：①懂得运用自己的名字或“我”“我的”概念代表自己。②当成人提供选择时，表示自己的喜好。

2. 与别人接触的意向：①能辨认熟悉人物的名字（真人或相片）。②当别人与他打招呼时，能有适当的响应。③与朋辈合作完成小差事。④有需要时找成人并将物品给成人要求帮忙。

3. 情绪的表达与理解：用适当的动作表达正面的情绪（如：拍手表示好开心）。

4. 游戏技巧：①功能性游戏（结合主题完成5个）。②利用仿实物玩具模仿或扮演日常生活经验（如假装喝水、假装与洋娃娃睡觉，结合主题完成2个情景）。

单单是从前两个大项目上，我们就不难看出：“自我概念”和“与别人接触的意向”都是社交范畴内最为基本的项目。和认知理解方面的IEP目标一样，从果果进入我们学校到现在近两年的时间里，我们并没有在他的社交及沟通方面的IEP目标上做过太大、太多的调整。原因很简单，因为经过这么长时间的训练学习，他各方面的进步情况都比较缓慢；至于第四项“游戏技巧”方面，第一个小项目也还是最为基本的物件探索游戏，这都需要在老师的触体或语言辅助之下才能勉强完成；至于难度更高的第二个小项目的假扮性游戏，基本还没有涉及。在上一学期，果果还能较好地辨认同伴或老师的名字（真人或相片），可如今他在这方面也出现了倒退现象。

总之，在经过长达近两年的学习训练之后，果果是我们学校为数不多的在认知理解方面出现“不进反退”现象的孩子之一。为什么会出现这种情况呢？我们还是先来看一下其家长对待“宝贝儿子”及家校合作方面的情况，还有就是果果本身的制约因素之所在吧。

首先是果果家长的教养理念问题。或许是因为孩子的认知理解、沟通、社交等方面都比较弱的缘故吧，在与果果爸妈接触的过程当中，我们发现他们总是有意无意地避免谈及儿子的学习训练情况。每当聊到这方面的话题时，他爸妈总是利用果果饮食生活等方面的话题来转移焦点。当然，果果的确也存在挑食厌食方面的问题。如果不在米饭里加上一点汤或是茶水的话，他基本是不会吃米饭的，至于菜类，不管是荤菜还是素菜，小家伙基本上是不吃的。也正因为如此，我们才常常见到这样的“爱心景观”：每天早晨，果果爸开车将儿子送来学校后，第一件事就是从包里拿出一个精心包装好的饭盒，然后打开盖子，安顿果果在桌子边坐好后，再将汤水（没有菜）倒进盒盖里哄着（也有些硬逼的成分，否则小家伙连清汤都不会喝的）果果喝。尽管那汤里面除了一些瘦肉碎末和一两片姜片之外其他的什么都没有，可果果还是没多少“汤欲”，食欲就更谈不上了。这也就难怪尽管他是我班生理年龄最大的孩子，却同时又是身体最瘦小、体重最轻的孩子。

其次是小家伙自身的一些情况。由于父母从来都舍不得配合学校对他进行持续性的强化训练，因此，果果如今的专注力、认知理解力和对困难挫折的承受力都比较差，就连最基本的课堂常规他都很难较好地理解和遵守。每次心血来潮时，小家伙儿都会在课堂上跑来跑去地自娱自乐，老师温和一点拉他回来，他会以为老师是在跟他玩耍呢，便更加兴高采烈地和老师玩起“游击战”：你刚把他安顿到座位上去，他一转身又哈哈大笑着跑到教室后面玩耍去了，并且还一边冲着你起劲儿地在半空中转动着右手示指，两眼还一边对你放射着高压电波，希望被电波打晕的你能过去跟他玩上一会儿；如果老师严肃一点来对待他，小家伙就会很受打击一样地把衣领拉高，然后就将头脸缩进衣领里面哎哎痛哭了起来。如果这样还不能尽兴，他就会跳着脚地大哭大闹，直到哭累了为止。我们也曾尝试着结合肢体、眼神儿及口头语言对其进行课堂常规教育，但效果不佳，果果照样还是“涛声依旧”地转动着手指，兴之所至地“游走四方”。这可真没有辜负他老爸的招牌式嘱托：“宝贝儿子，你就在这里尽情地玩吧”。就是在此种软不得又硬不得的背景之下，这教室、这课堂自然也就成为了他尽情玩耍的游乐场所。而在“自由玩耍”之外的康复学习与训练，自然也就成了他的“过眼云烟”!

我们也曾就此问题专门和果果父母交流过，但他们除了心疼儿子外，并没有对儿子的康复训练问题关注过多少。这就又回到了本案例开头，他爸爸每次离开校园时嘱咐儿子的那句经典名言：“好了，再见啦宝贝儿子，你就在这里尽情地玩吧。”

说句实在话：一开始，我们对其父母的这种育子理念与方式是很有保留意见的。毕竟，孩子能否在最大程度上获得应有的康复教育量，并由此达到相应的康复目标，这将直接关系到其一生的社会适应与生活自理水平。但随着我们对孤独症儿童情况，以及家长内心深处思想情感的了解越来越多，慢慢地也就明白了果果父母在这方面的复杂心情。当然，其他很多家长也有类似的想法。说到此，自然就触及到了本案例所探讨的有关如何看待、建立“孤独症家庭亲子关系”的有效互动问题。

对此，在“新浪河南教育网”站上，有专家提出了以下几点建议：一是父母先建立积极的人生观。具体要做到情绪上学会自我调适，生活上尽量营造和谐的家庭气氛、不忽视家中其他人员、积极参加社会支持团体；二是建立规律的、有帮助的家庭养育环境。这就需要从横向上来着手，家长在家里要尽量为孩子规划出有秩序、有规律的家庭生活、作息环境，从纵向上来准备，家长要为孩子安排好固定的生活作息程序，从而使孩子的生理时间正常，由此也能让孩子了解日夜的不同，帮助孩子体验到生活作息的规律性，了解生活的节奏，知道什么是快、什么是慢。还有更为重要的就是，父母亲须制定一致的家庭规则，比如什么事情是对的，什么样的情况是错的，从而明确地让每一个家中成员了解自己的权利、义务。当问题发生时，应该有什么样的处理方式；是否要建立奖赏或惩罚制度等。规则可依孩子的成长而做修正，但基本原则须坚持；三是了解孩子发展危机、障碍，并在必要时给予协助。这就要求父母首先要清楚孩子在每一阶段的发展需要是什么。其次是由于孤独症儿童在生理、心理上的发展状况较难获得平衡，因此在情绪稳定性及控制力上，亦较正常儿童来得弱，起伏极大，因此大人们必须先能解读孩子的情绪，尤其是每位孤独症儿童的表达方式又都有着自己较独特的地方，所以不论在什么情况之下，家长们都要试着去感受和解读孩子的心情，然后再以体谅的态度，帮助孩子度过难关。在未了解到孩子发生情绪的理由之前，可先试着安抚孩子的情绪，等其平静后，再追查原因。如果孩子陈述原因时，请以重视的态度倾听，并适时给予回应。再次是在亲子关系的建立与互动上，一般情况下，应该由家长主动。不管是一般的照顾、知识上的启发传授、休闲娱乐的安排等，家长都应尽其所能地遵循着孤独症儿常用的方式主动参与。如果情况允许，不要拒绝孩子的亲近，并且还要给予直接的回应，唯有如此，家长才可能帮助孩子稳定情绪；四是家庭其他成员如何尽量支持与配合孤独症儿童父母的问题。首先是家中长辈有时因为观念老旧，或者因为情绪问题，不论是过分呵护，或是过分严苛，都可能因为他们介入管教孤独症儿童，而成为父母亲教养的阻碍。当父母亲面临如此的困境时，先试着与长辈沟通，让他们了解你们所坚持的原则及理由，并协助长辈以比较适当的方式来面对孩子的问题。平和的态度及坚定的语气，在不伤害长辈的自尊下，使其了解在孩子的成长过程中，他们可以是个很好的帮助者。还有就是孤独症儿的兄弟姐妹如何与父母配合的问题，从孤独症儿出生开始，就应该让他的兄弟姐妹了解事实真相，由参与康复工作到部分的照顾，都可以帮助他们知道作为兄弟姐妹可能会遇到的困难，这方面的工夫做足了，兄弟姐妹们才比较不会因为孤独症儿获得较佳的待遇，而产生不平衡的心态。家长应鼓励正常儿邀请他们的朋友来家中，使他们的朋友了解及接受这样一个事实，如此可以帮助正常儿不畏惧正常人的眼光。对孤独症儿的兄弟姐妹进行心理建设，包括让他们知道自己有这样一个兄妹并不是件丢脸的事。当正常儿对孤独症儿兄妹有排斥的状况时，家长应试着去了解原因，并和孩子一起寻求解决的方法，切勿一味地责备，而造成正常儿心中的反感。

由以上四点建议，我们不难看出，果果父母的确已经比较出色地完成了第一个建议，也的确是难能可贵。但对于更有技术性和专业性的要求，在第二、三、四点建议上，果果的父母还有很大的改善空间。

由果果的亲子关系及家庭生活问题，我不禁想起一句老话："谋事在人，成事在天"。的确，只要孩子有百分之一的康复希望，我们都会付出百分之百的努力。但同时，我们也更应该站在"康复支持系统"的角度，多方交流与磋商，尽量取得各方，尤其是家校双方的一致意见。唯有如此，我们才能确保孤独症儿能够持续获得较为一致的康复教育环境和方式。

另一方面，很多时候，我都坚定不移地认为：其实，不是孤独症儿本身有多大问题，而是我们这些所谓的“正常人”还没有找到与他们相识相知的有效途径，更没有学会站在孤独症患者“特殊感知觉信息加工系统”的角度来统筹问题。因此也就暂时还不具备与他们进行有效沟通与互动的能力，再者，我们有时候也太过专注于用所谓“孤独症”这一特制的有色眼镜来看待他们了。平心而论，不管是哪一位孤独症儿家长，都从内心深处盼望着周围的人们能平等看待，都能够摘掉这副有色眼镜，用平常的眼光与心态，再结合较为专业的方式与方法来对待这些孤独症孩子，以包容的态度把他们看成与我们一样的具有喜怒哀乐悲思愁的“普通人”。其实，只要我们了解了孤独症患者在感知信息及情绪行为等方面的独特之处后，就能够有针对性地找到较为有效的途径，以实现与这一特殊群体的有效、良性互动。

当然，我们也不否认，果果爸妈在对待儿子学习训练的态度上，的确有过度“纵容娇溺”的嫌疑，并且我们一时还很难说服他们适当调整，用“有技术的爱”来帮助果果。所以，下一步该如何加强家校沟通合作的力度，的确还是一件颇费思量的工作。毕竟，与孤独症儿家长沟通交流，总是会牵涉到太多太多的系统性问题。

课后检视

纵观本案例，其主旨还是比较清晰的，那就是孤独症家长如何与孩子建立起有技术含量的亲子关系及家庭生活的问题。这方面的工夫做好了，那对孤独症儿的健康成长与康复，无疑会产生不可估量的支持作用；反之，孤独症儿就会因为家庭生活及亲子互动问题而使得康复受阻，还会因孤独症儿本身的问题而使得整个家庭生活都陷入不稳定的恶性循环之中。

那么，孤独症患儿家长到底怎样做，才能真正帮助到自己的孩子呢？在此，我们不妨来参考一下北京大兴区精神病医院张月恒主治医生给出的建议，相信对我们的孤独症患儿家长们会有所帮助。

父母与孩子的亲密关系其实很容易靠游戏搭起互动的桥梁。互动的第一步是“模仿孩子的游戏行为”。在孩子出现看似无意义的重复行为时，试着跟随他、模仿他，陪孩子在地板上翻滚、在沙发上跳跃、将积木排列成一直线等，都是孤独症患儿常出现的游戏模式，父母可以观察孩子游戏的模式，并从中寻求与孩子互动的切入口。

在掌握了孤独症儿的独特之处后，接着就是“融入孩子的世界”。例如孩子很喜欢玩玩具汽车，但每当父母一碰触玩具汽车，换来的就是孩子的尖叫和哭闹。这时父母可以观察孩子汽车行进的路线，并以自己身体制造障碍物，或是改变孩子的行进路线，如此重复性的互动方式可以让孩子渐渐地注意到父母，并且接受父母出现在自己“游戏的世界”中。

孤独症儿由独自游戏阶段发展到互动或合作游戏阶段，是有相当难度的。因此，上述的过程，也许要花上数周、数月甚至更长的时间。因此需要父母的耐心与用心，持之以恒，不断地进入孩子的游戏世界中。当亲子间开启初步的双向互动后，家长可以开始试着在游戏中，加入各种挑战或用其他可以引起孩子兴趣的活动，制造双方一起合力完成某项任务的机会，此时亲子间的亲密关系和互动又更进一步了。

与孩子互动时需要谨记，要以孩子“当下”的意愿为基础，也许孩子平常喜欢玩丢接球，但此时他想要玩积木，家长就必须要尝试融入积木的游戏情境中，不能因为孩子平常的喜好而强行带入活动。

家长要常提醒自己，孩子“当下”所选择的玩具与玩法就是他最有动机、最能够引起他注意的游戏。若能在此时加入，并与之同乐，可获得最大的互动效果。

如果游戏时出现某些突发状况，家长不要尝试转移孩子的注意力。例如本来孩子正在涂鸦，却玩起了揉纸团丢球的游戏，家长也不必急着将焦点转移回到活动原本的状态，可以尝试跟孩子玩丢接球游戏，以此创造更多更良性的互动。毕竟，目的不是游戏本身，创造良性的双向互动才是最重要的。

第16课　不一样的智力表现

课前导读

正如我们在此之前所一直强调的，孤独症患者区别于其他残疾类型的最本质特征就在于：由广泛性神经系统发育障碍所导致的感知觉信息加工系统异常，比如前庭失衡、本体感差、触觉听觉迟钝或敏感等。由此可见，当我们讨论到孤独症患者的康复教育或训练时，就绝不仅仅是指认知理解等单纯的智力因素那么简单。但反过来看，智力因素又是相当一部分家长最为在意的问题。

课堂聚焦

目前，对于在孤独症患者智力开发方面所面临的困局，甄岳来老师的一番话颇有代表性。她说："二十年来，'智力训练''思维理解'这一影响孤独症孩子康复效果的关键要素，恰好一直是一块孤独症康复训练领域中未曾深度开垦的土地，因为智力开发需要严谨的科学性、系统的逻辑性、实施的连续性，这是国内大多数孤独症教师无力触及的，自然更使得绝大多数家长感到无能为力。你在数学教育上的困惑、焦虑，甚至有些惧怕的心理，正好反映了我们的家长在智力开发上的迫切愿望与自身能力不足、方法匮乏之间的矛盾……普通教育的内容和方法，显然是大多数孤独症孩子够不着的，即便是在普通学校就读的优秀孤独症学生，也需要给予大力的学业辅助；而特殊学校的教育内容和教育方法，同样也不适合大多数孤独症孩子。在中国的孤独症康复训练将近20年的历程中，系统化的智力开发，目前，应该说还是一个空白。会不会做社会功能训练，更多的是教育者的观念问题，只要有了社会性教育的观念，社会性教育的方法是不难学会的；但是，会不会做智力开发，更多的是教育者的能力问题。智力开发的重要性几乎无人不知，但怎样做好智力开发，在方法面前，难倒了家长和老师。"

由此可见，我们在这里提出孤独症患者智力开发的问题，是很有紧迫性和必要性的。那么，在孤独症患者智力开发问题上，我们现在的难点究竟在哪里，又该如何看待它、对待它呢？

小记之一：

“宁宁（化名）你看，6 加 3 等于几？”因为宁宁已经可以很轻松地通过数棒棒的方式，进行得数为 20 以内的加法计算。所以，为了逐步引导其摆脱对数棒棒的过度依赖，我故意没有让他再像以前那样，在两个加数下面分别画上对应数量的棒棒，然后再数出棒棒总量的方式进行计算，而是要求他动用手指头或者进行心算。

当然，在要求宁宁摆脱对数棒棒的依赖之前，我也是采取了逐步退隐的方式的。比如第一步还允许他在两个加数底下分别画棒棒进行直数计算；第二步就只允许他在两个加数中较小的那个加数底下画棒棒进行顺数计算；第三步才过渡到现在这样的完全摆脱画棒棒进行计算。在前两步中，宁宁都已经较为顺利地度过了，可是这第三步对他来说，的确是很难掌握。一开始，我们还认为是其暂时不能适应计算方式发生变化的原因所致。可后来才慢慢发觉在这背后还有更深层次的原因，那就是宁宁在由具体形象思维阶段向抽象逻辑思维阶段进行过渡时，遇到了困难。

对绝大多数中重程度的孤独症儿童来说，他们基本是以直观形象思维为主，几乎很难进行抽象思维。所以他们很难将所掌握的知识技能进行较为抽象一些的泛化运用。这一点，在生活数学上表现得尤为明显。对于大多数孤独症儿童来说，比较直观的物件点数还能够较顺利地理解和掌握，而一旦碰到较为抽象的诸如数字之间的加减等数量变化问题时，就显得力不从心了。很多学生能够点数 50 以内的数字，但却不能顺利计算 5 以内的加法。还有的孩子能顺利点数出“10”以内的物件数量并写出与之相对应的数字；但如果引导他反其道而行之，根据一个数字（比如“3”）来画出相应数量的棒棒，那就会显得困难重重啦。所以，像宁宁这样能通过半抽象半直观的顺数方式进行加法计算的情况，已经算是很不错了。

其实，在教加法计算之初，我们之所以要让孩子们根据数字画出对应数量的小棒棒，就是想让他们在今后的学习中，能根据给出的数字分别画出相应数量的小棒棒，然后再通过数一数所画小棒总量的方法，使学生能够直观形象地看到两数相加后的数量变化过程究竟是怎样的。比如加法算式“2＋3＝?”，我们首先引导学生对照数字“2”和“3”分别在它们下面画出相应数量的小棒，然后再让同学们数出所摆小棒的总和，并将代表总量的“5”填写到算式上。相信经过一段时期的巩固练习，绝大部分普通儿童都能很轻松地自觉摆脱对直观辅助教具的依赖，顺口就能直接说出一些较简单的加法算式的答案。在持续近两个学期的实际教学过程中，我们沉重地发现：对于大部分孤独症儿童来说，要想摆脱直观教具的提示来进行哪怕是极简单的加法运算，都是相当困难的。而对于大多数的孩子们来说，即使是在辅助教具的帮助之下，也很难进行哪怕是“5”以内的加法计算。他们要么是不会画（或摆）出对应数量的棒棒，要么就只是画出与第一个加数对应的棒棒而漏掉了第二个加数；还有的尽管都能为两个加数画（或摆）出对应数量的小棒棒，但在数出总量的时候又出现了丢三落四的问题。由此可见，孤独症儿童本身专注力的稳定性与持久性，尤其是受到中央统合信息能力所限，使得他们很难在知识技能方面实现较大的进步与突破。

还有另一个更为难以解决的问题是，我们现在如果不能对二年级的学生开始进行较为有效的抽象思维能力训练的话，那么，在今后的学习过程中，抽象程度更高、思维步骤更多的课程内容都将无法顺利往前推进！除非我们能针对孤独症患者的认知思维模式，从根本上另外开辟出新的、有关数学教学方面的康教模式。

小记之二：

“成成看这里，读……”根据成成的IEP目标，我正在指着黑板上的一道算术题，对其进行得数为“5”以内的加法计算练习。

“二加一等于……”经过几轮训练之后，成成终于会连续认读这些加法算式中的符号啦，这令我们在长舒一口气的同时，也看到了引领他继续往下发展的希望。要知道在这之前，因为成成在共同注意和专注力等方面都比较差，他只能在触体及口头辅助下将一个算式破成好几部分来读，如今终于可以将各个部分连在一起读了，这不能不说是一个巨大的进步。

“好，数一数……”为了使其从意识层面将读算式与数棒棒这两个步骤融合在一个加法计算过程里面，我赶紧引导他点数每个加数下面对应的小棒棒。

“一，二，一。”没想到小家伙儿居然没有将两个加数下的小棒棒连在一起数，这个表面看来不应该成为问题的问题，又让我头大了一次。

“二加一，数总数！”我的确有些挂不住啦，语气也明显冲了很多。

“数总数！”成成一边重复着我后半截的话，一边也瞪着大眼茫然不知所措地盯着我，明显焦虑了起来。

“对，数总数。”一见此状，我只好又强装耐心地引导他重新数棒棒。

“一，二，三……！”成成这次终于按要求数出了小棒棒的总数，这令倍感欣慰的我不禁长长地舒了一口气。

“对啦，二加一等于？”

“四！”这脑筋急转弯转得，永远都是只有你想不到的，而没有不会发生的小插曲。真没想到小家伙儿又在这个地方给我出了个难题。心里刚刚升腾起的希望之火苗，又被兜头泼了一瓢凉水，害得我目瞪口呆地僵在那里呆愣了老半天。

跟成成一样，绝大多数孤独症儿童普遍存在专注力较差的问题，所以他们在学习中基本是以不随意注意为主的，随意注意则比较少见。这就使得他们很难较长时间地将精力停留在对某一问题的深入理解与思考上。在二年级上学期的教学内容中，主要还是以基本的形象认知为主，所以这个问题还不是特别明显；然而，随着教学内容的不断深入，难度要求的不断加大，需要学生运用已有知识理解并解决新问题的地方也就越来越多，这就需要学生具有一定的在新旧知识之间区别异同，并建立变量联系的主动思维能力。而主动思维能力的培养，又必须以相当的专注力和中央统合能力为基础。因此，如何提高并维持学生的专注力、增强其中央统合能力，就成为了一个迫切需要加以探讨和应对的问题。

在实际的教学过程中，我们也曾经充分利用学生特别喜欢的动画视频，及一些物质或精神方面的外在强化物等手段，尽可能地吸引学生的兴趣，从而能够较好地将他们的专注力维持在能够满足接受新知识的专注需求上。然而，随着教学内容深度和广度的不断延伸与拓展，要求学生对所学知识进行不断整合与泛化应用的程度也越来越高，这就使得很多学生在知识理解与问题解决等方面显得力不从心而困难重重。

在生活语文的课堂教学中，如果只是以图文并茂的方式让学生学会认读、识记单个独立的字词的话，我们的教学目标还能较为顺利地达成；但如果要让学生自觉地运用所学到的字词来描述一个具体的情景事件，或将两三个字词组成一句意义相对完整丰富的话语时，就显得特别困难。我们也曾试着将单个的字、词写在卡片上，要求学生将它们排列组合成一句有表达功能的话。比如，将分别写有“吃”“我想”“糖”的三张卡片摆在学生面前。大部分学生并不能按要求将其自觉地组合成“我想吃糖”的简单意愿表达句（尽管在这之前，我们已经通过图片交换系统引导学生进行过类似的意愿性表达）。而造成此种困难的原因，除了思维能力方面的问题之外，也还有专注力及随意注意的广度与深度问题，但究竟是哪种因素为主哪种为辅，那就因人而异、相当复杂了。

由此可见，在有效引发并维持孤独症儿童专注力的基础上，如何提高他们的随意注意和中央统合水平，从而更进一步训练其主动思维能力，是我们在今后的孤独症康复教学中，努力进行探讨、摸索的一个方向。毕竟，我们还是想趁着小学阶段孤独症儿童的黄金成长康复期，尽可能地挖掘出孩子们内在的多元性潜力来。

小记之三：

“好，谁来数一数，这里一共有几朵花？请举手。”为了巩固孩子们点数物件的能力，我临时决定，在播放《春天多美丽》的视频时，将画面定格在鲜花盛开的场景上，随后就向同学们提出了这么一个点数花朵数量的任务。尽管做了口头提问，我也示范性地冲同学们举起了手，并用三百六十一度期待加鼓励的眼神盯着在座的每一位同学。但过了老半天，竟然没有一个人能够主动举手响应我一下。

“那想吃巧克力的请举手！”万般无奈之下，我从近旁的橱柜里扯出两大包巧克力来。这一下可不得了，原本漫不经心、没精打采的小家伙们，这会儿全都生龙活虎地举起了手。不过大部分小朋友眼里看的、嘴里嚷的，基本都是“我要巧克力”。

这就又牵涉到另一个“非常严重的问题”：的确，来自外部的物质与精神方面的奖励，对提高学生的学习积极性来说，都是必不可少的。然而，随着知识视野及智力水平的不断提高，普通学生对于外部奖励的依赖性会逐渐降低，取而代之的是他们自身对知识所产生的强烈的求知欲，并以能靠一己之力去探索知识奥秘为荣，从而逐步形成较为成熟的自我激励机制；而与此形成鲜明对比的是，孤独症患者在绝大多数情况之下，似乎都很难建立起这种自我评价与内在的自我激励机制，更不容易从知识本身得到开发智能的乐趣与喜悦。

正如上边这个实例，孩子们的课堂参与度，在我拿出巧克力糖之前与之后所形成的鲜明对比中，就已经足够说明一个本质性的问题，那就是对于孤独症患者尤其是中重程度孤独症患者来说，要在美味零食等物质吸引与精神鼓励之间建立起因果联系，的确存在很大的难度。站在孤独症患者的角度来看，这一点都不足为奇，因为他们局部性、碎片式的思维模式，就已经决定了其很难将直观化、形象化的刺激信息向纵深发展为抽象逻辑思维。

在平日的教学过程中，我们也的确发现大部分孤独症儿童似乎都有这么一个共同特点：如果撤掉外在的督促引导和奖励强化，他们也就失去了学习知识的方向与动力。毕竟，不论是在认知理解的难度上，还是在孤独症基本思维模式与信息加工上，他们都是迥异于我们普通人和其他残疾类型人群的。总之，这些不会主动学习、不擅抽象思维的学生，也就养成了一种为了获得外部奖励，而认真听讲并回答问题的习惯（当然，高功能孤独症儿童可以顺利过渡到代币制的奖励方法上去，但离内在的自我激励机制还是有相当距离的）。但经过长期的训练观察，我们也不得不承认，学生通过这种方式进行学习，只是在当时死记硬背了一些知识，但并不能真正理解它们到底是什么意思，也就更不可能去泛化运用这些知识了。

比如，我们在社交课的教学过程中，教学生要按“我想……，好吗?”的方式来表达自己的意愿。尽管在课堂上，很多学生都能按要求做到这一点，但在课余活动中的类似情境里，几乎没有人能够做到，他们如果想看动画，还是无视“禁止触摸”的视觉卡片提示，而直接去开老师的电脑；看上了同伴的玩具，也照样无视对方是否同意而直接拿来享用……

总之，在调动孤独症儿童学习兴趣的基础上，如何促进其有意注意、抽象思维和自我激励等方面的多方位提升与发展，以帮助他们将所学到的知识技能进行有效内化与功能性泛化，是每一位从事孤独症儿童康复教育教学工作者都需要加以认真思考和解决的问题。“路漫漫其修远兮，吾将上下而求索”，让我们共同努力吧。

课后检视

看过这个案例，或许有人会提出一个疑问：孤独症患者的核心障碍是社交沟通，所以，只要我们在社交沟通方面帮助他们提高就可以了，干嘛还一定要教他们数学呢？对于这个问题，我还是想引用一下甄岳来老师的说法。

为了更好地说明问题，笔者在不改变原意的前提下，对甄老师的表述稍加整理，并摘其要录于下。

如果我们把数学看成是和生活没有关系的抽象符号之间的书面运算，那么，这样的数学孤独症孩子就没有必要学，但，如果我们把数学看成是生活中要解决的一个一个的具体问题，那么，这样的数学就必须要学，因为，不学就不能解决问题，不能解决问题就没有社会功能。

比如，“孤独症孩子，这个食品的保质期是一年，生产日期是 2011 年 3 月 17 日，看看现在还能吃吗？”

比如，“孤独症孩子，这张卡里有 100 块钱，每次理发要花掉 20 块钱，这张卡能理几次头发呢？”

比如，“孤独症孩子，这瓶药水 120mL，每次喝 20mL，这个勺子装满是 10mL，一次要喝几勺呢？”

……

想想看，这些是数学问题呢？还是社会功能问题呢？如果我们认可社会功能是我们要追求的最终目标的话，那么一切问题，无论是数学也好，语言也好，各种知识也好，你不要把它看成是学科问题，它在本质上是社会功能问题。我们不是为数学而数学，是“为功能而数学”“为解决生活问题而数学”，这样的数学毫无疑问是必须要学的。孤独症孩子的数学，不是脱离生活的形式训练，而是生活中和功能有关的问题的解决。

数学本身是从生活中来的，最后数学也要回归生活，再到生活中去。既然孤独症孩子的智力水平有限，他们就不存在应试的压力。那么，孤独症孩子的数学更应该源于生活，用于生活，学生活数学，学应用数学，学能够解决生活问题的数学，而不是学书本数学，学“形式化”的数学。你之所以疑惑“孤独症孩子有没有必要学数学”，是因为你没有将生活数学看成是数学，对于孤独症孩子这种类型、这种程度的孩子，如果不能将数学和社会功能联系起来，再高深、再精确、再娴熟的运算都是没有意义的。

甄老师已经替我回答了有关孤独症孩子要不要学生活数学的问题。如果由此问题再扩展开来看的话，我们就不得不说：“在充分正视与尊重孤独症患者独特的认知思维模式之基础上，如何实现其社会功能的最大化，才是我们孤独症康复教育教学的核心课题”。

第17课　弱中央统合的局限

课前导读

正如“运动是相对的”一样，所谓的“刻板行为”也是相对的。如果我们普通人不幸陷入强迫症或刻板行为的旋涡，一般都会为此而感到相当痛苦；然而对于孤独症患者来说，局部性、碎片式的思维与行为模式，尤其是“非社会性的自我意识”，反而会令他们在所谓“刻板行为”的程式里感觉良好，甚至还相当受用。

但如果从社会性功能的角度来看，刻板行为就是一种低水平的重复性行为，广泛存在于智力落后者和孤独症患者中。在特殊教育的课堂教学中，该行为不仅影响了儿童自身的学习，也对其他同学的学习及教师的课堂教学带来莫大的干扰。许多基层教师倍感无奈，他们迫切需要解决该类行为问题的有效干预策略。具体到孤独症患者刻板行为的表现，又是多方面的。比如感觉器官方面的刻板行为表现，可能是反复地听同一首歌曲或同一种声音，注视、抚摸同一样东西，认定某一类颜色或式样的衣服等；学习方面的刻板行为，则表现在学习范围十分狭窄，例如，长期只喜欢学习某一样内容，如卡片、计算数字等；还有对某一物品位置和人产生固化或依赖行为，如当看到自己喜欢的东西摆放的位置改变或丢失时，当进入一个陌生的环境时，都会感到极度的不安，并随之产生一些自伤自残行为，更有甚者，还会去攻击别人。由此可见，孤独症儿童因刻板行为而导致的自伤及伤人等情绪行为问题，的确已经成为我们不得不加以正视和面对的一大难题。

课堂聚焦

“分组跑步啦，跑步比赛！”刚带领同学们做完热身，我还没来得及介绍这节体育课的活动内容，豪仔（化名）就迫不及待地替我宣布出来了。不得不承认，这小家伙的确没有说错，因为我们一周两节体育课，内容当然会基本相同。这是本周的第二节体育课，由于之前那节已经使得豪仔记住了课堂内容大体是什么了。因此，他这次就很轻松地说出了本节课的第一个活动项目。

“闭嘴!”我狠狠地瞪了小家伙儿一眼，吓得他赶紧一缩脖儿息了声。或许是为了对豪仔“越俎代庖”的行为表示惩戒吧，尽管我无意临时更改活动项目，但为了给他那股过分活跃的劲头儿降降温，我还是对同学们进行了重新分组，而不是按照上节课的分组名单进行比赛。可后来的事实证明，我如此苦心经营的“政策调整”项目并没有对豪仔造成多大的负面影响，这倒令我颇有几分气馁。*哼，好戏在后头呢!* 我只得将“打击”他的希望留在了接下来的比赛环节当中。

“坤仔，快点跑啊!”豪仔着急地冲着跑道上的坤仔直吼，而此时的坤仔，正梦游一样不紧不慢地往跑道终点游荡。看豪仔那副火急火燎的样子就知道，他是恨不得自己冲上去替坤仔跑完（我故意把不在状态的坤仔调到了豪仔的组里）；相比之下，另一个跑道上的炜仔早已绕过终点上的标杆，并抓起一个沙包往回跑了。而这无疑更进一步刺激了急火攻心的豪仔，更令其万分崩溃的是，他一声急似一声的呐喊显然没有对坤仔起到任何预期的影响。这个“没心没肺”的坤仔依旧自顾自迈着醉汉一样东倒西歪的步伐往终点方向游荡着，并且还经常有偏离轨道的趋势。这更是把豪仔折磨得痛苦万分，痛不欲生的他恨不得蹲伏在地上大哭一场。当坤仔拿着个沙包终于“跑”回来之后，豪仔马上迫不及待地从地上一跃而起，准备通过自己虎虎生威的冲锋陷阵，来赢回已经落下另一组同学的那两个沙包。

“豪仔，回来!”正在一旁欣赏着他那副猴急样儿，并在心里偷着乐的我猛然大吼一声，喝阻了他早已蓄势待发的冲动。“现在轮到果果跑了，你排后面去!”我这早有预谋的安排，不啻为击打在小家伙儿头上的一记重棒，心有不甘的豪仔立马表露出一脸的痛苦与懊丧，但却又无可奈何，只得垂头丧气地排到后面去了。等终于轮到他跑的时候，兄弟组已经比豪仔所在的这一组整整多出了三个沙包（我故意将班里跑得比较慢的几个同学安排在豪仔组里，结果这一损招还是挺有效的），看来他想要凭一己之力来扳回败局，已经是不可能的啦。

看到这里，或许很多人会打从心底里产生两种想法：第一种是和我们当初的感觉一样，觉得豪仔竟然有如此强烈的规则感和竞争意识实在是难得；第二种想法肯定是对我这个心狠手辣的老师大加挞伐啦，认为我居然如此残酷地打击豪仔的积极性！唉，很多时候，咱们也是被“逼”无奈呀，还是继续往下看吧。

“好，比赛结束！”看到终点处盛沙包的筐子里已经空空如也，我大声宣布这一具有重大意义的决定。“来，你们组谁来数沙包？举手！”欲擒故纵嘛，我故意让豪仔所在的组先数他们所得沙包的个数。果然不出所料，还是好胜心极强的他抢先举起了手，“好，豪仔来数！”我也非常“慷慨大方”地将这个光荣的点数权交给了这个让人又爱又恨的小家伙儿。

“1，2，3，4，5，6，7，8，9，10，11……老师，11个。”说完，他扬起一张充满自豪的脸来冲着我直笑，就好像他们组已经胜券在握了似的；而一向通情达理的我，当然也不忘对他回报以更加阳光灿烂的微笑。

“好，炜仔组来数沙包。”说着，我还特意一边用眼角余光留意着豪仔的举止反应，一边将盛沙包的筐子递到了炜仔面前，示意由他来数。

“1，2，3，4，5，6，7，8，9，10，11，12，13……”

“几个？”看着炜仔并不怎么专注于眼前这件事情的样子，我赶紧提醒了他一下，并用眼睛的余光继续留意着豪仔的表情变化。

“13个。”对于炜仔这一声音洪亮的回答，我满意地点了点头，然后又重新把目标对准了豪仔。

“豪仔，你们11，他们13，哪个多？”为了更好地配合说明，我又特意伸手指了指炜仔所在组的沙包筐子。

“他们多。”豪仔看了看炜仔他们，又看了看我，再看看两堆沙包，非常简短、异常诚实地回答了我的问题。他那张脸上，先是有一阵茫然的灰云飘过，紧接着是心有不甘的委屈神情登场。直看得我不由生起一股惭愧之情，但还是把心一横说出了下面的话。

“好，那就炜仔这组获……”

“奖励飞机。”豪仔好像突然明白了究竟是怎么一回事儿似的，猛然大叫着打断了我的话，展开双臂冲到了我的面前，眼巴巴地期盼着我抱起他来奖励“坐飞机”。

“是炜仔他们组赢了，奖励他们‘坐飞机’；你们输了，没的奖励！”我努力沉住气，非常耐心地给豪仔解释着。

“不，飞机！”看到小家伙儿那一脸受挫后的焦虑，我刚想再对他强调一下比赛规则。可他显然已经听不进任何劝说，早就啊啊叫着又要去撞击其他同学。每次发脾气，他都是通过用身体猛烈撞击别人的方式来进行宣泄的。

“不许撞人，输了就是输了，没的奖励!”因为有过类似的经验，所以这一次还没等他靠近旁边那些潜在的无辜受害者时，我早就及时拽住了他的胳膊。

“啊，不啦，啊，我要啦!”尽管豪仔平素里语言表达还有一定的逻辑功用性，可一旦情绪激动起来，他就会嚷嚷出这些断不成句的话。此时，他一边努力挣扎着想摆脱我双手的控制，一边已经流下了伤心的泪水，他那语无伦次的倾诉里所透露出来的那股凄凉，令我在那一瞬间不由产生了犯罪般的感觉。

“好了，输了就是输了，快回去站好!”一心一意要坚持原则的我，不得不又一次耐心地向他强调了一遍游戏规则后，便转向炜仔他们，“来，咱们奖励‘坐飞机’喽。”这后半句话是我有意继续对豪仔抛出的一个试探。

“啊，不啦，啊，我要啦!”异常委屈、愤愤不平的豪仔哭闹得更凶了，他再一次用尽蛮力准备冲撞其他的同学。

“豪仔站住!”我赶紧大声喝阻了这颗“定时炸弹”，并随时准备控制住他的攻击性行为。

“啊!”有冤无处诉、有气没处撒的豪仔，扑通一声重重地把自己摔在了地上，紧接着便大放悲声。见到小家伙儿暂时还不会对其他同学造成伤害，我便转身继续对炜仔所在的获胜组实施奖励。

就在我热火朝天地伴着豪仔的哭叫声奖励获胜的同学们“坐飞机”时，身后突然传来一阵骚动声。我赶紧扭头一看，只见豪仔正如闯入羊群中的狼一样在同伴的队伍里左冲右突横冲直撞呢，已经有好几位无辜又可怜的同学被他给撞得摔倒在地而哇哇大哭起来了。

真的是按下葫芦又浮起瓢。一头是正发作到巅峰处的豪仔，另一头是几个无辜的“受害者”也在哇哇大哭起来。没办法，我只能将豪仔交给闻讯赶来的家长和同事们处理，自己则去安抚那些委屈哭泣的孩子们。可我好不容易将被撞倒在地的孩子们扶起来，还没来得及安顿好，豪仔却在那里拼命撕扯我同事的衣服，并气壮如牛地大哭大闹，怎么都不肯放手……

令人筋疲力尽的暴风雨终于暂告一段落后，我疲惫地坐在教室里呼呼喘着粗气，当然也在为下一节课的“有序开展”积攒着能量。

“啊……”楼道里突然传来一声尖叫，紧接着是一连串的闷响。坏了，又出事了！这个念头很本能地从我心底里蹿了出来。

“郁老师，你们班豪仔撞了我班的孩子啦。”就像是专门为了回应我的这个念头似的，其他班级的老师已经气喘吁吁地站在我们教室门口告起状来。听他这么一说，我立马条件反射般地起身冲了过去。走廊上，只见我班的辅导老师正在惩罚这个惹是生非的小家伙儿做下蹲起立呢。被撞的同学也正在其他老师的安慰下擦着自己脸上委屈的泪水。

正如前面所说，我不否认豪仔的确有很出色的社交沟通能力，尤其是在规则感和竞争意识方面。但是从以上惊心动魄的典型事例描述当中，我们大概也多少能够感受出在豪仔的情绪行为问题之所在了吧？

的确，和其他高功能（也称非智力迟滞型）孤独症儿童一样，尽管豪仔在竞争及规则性游戏的认知理解等方面似乎并不存在什么问题，但如果仔细观察探究一下，我们就不难发现：即使高功能孤独症儿童要远比智力迟滞型孤独症儿更加容易地学会一些社交认知等方面的知识技能，但他们毕竟不能摆脱孤独症患者弱中央统合能力的局限。所谓刻板规则，就是指孤独症儿童在不能够客观正确地理解社会规则或风俗文化的情况下，在心理意识里以自我为中心所建立起来的一套与外部现实情境有所偏离的规则。尽管这种规则与现实生活当中大家约定俗成的规则存在较大的差别，但它毕竟能为这些孤独症儿带来巨大的心理安慰与安全感。包括在很多中重程度的孤独症儿身上所体现出来的严重刻板行为或是强迫性行为，都是基于他们内心所固有的这种偏差性刻板规则，尤其是局部性思维认知模式所引发出来的。

也正是基于以上分析和长期实践过程中的对比验证，我们才越来越感觉到孤独症康复教材，应该更加符合孤独症学员的特殊认知思维模式。因为高功能孤独症儿在语言表达及认知理解等方面的显著优势（相较于中重程度的孤独症儿而言），很多人都乐观地认为他们在经过一段时间的专业训练后，就能较好地融入到主流学校里去。而从某种意义上来说，如今的所谓融合教育理念，也正是基于这样的想法。但不管是我们国内主流学校师生对孤独症知识的了解情况，还是他们对孤独症儿童的接纳程度，当然还有高功能孤独症儿童自身所不可突破的碎片化、局部性的思维模式，都为他们日后融入主流学校制造了在目前看来是麻烦多多的障碍。也正是在这些因素的综合作用下，我们学校有好几个高功能孤独症儿童在转入普通学校就读了一段时间之后，还是万般无奈地又转了回来。

所以，我常常怀着难以言表的复杂心情，在一边观察着这些孩子们独特的娱乐方式：单项式、低心智解读和单双线式交流模式的局限，已经将他们挡在了大众游戏的边缘。但愿，在不久的将来，他们能真正进入社会人群的游戏规则内部，与我们共同分享经验、体验快乐。

课后检视

正如一位业内人士的建议那样，根据孤独症儿童的疾病特点，我们对他们的行为发展必须树立“持久战”的思想。孤独症儿童正确行为的建立和发展需要经历漫长的过程，这个过程可能是十年、二十年，对于部分重度孤独症儿童而言，也可能是终身的。这是每个从事孤独症儿童康复教育的教师和家长要清醒认识的问题。

在接触的许多家长中，我们真正体会到了什么是“可怜天下父母心”。但是我们也看到一些家长患上了被我们称之为“精神疲劳综合征”的现象。的确，天天面对“问题行为成堆”的孩子，家庭生活的天平明显地向孩子倾斜，所有的正常生活秩序都被打乱了，这是每个孤独症儿童家庭都面临的问题。我们同情这些家长，但是，我们更建议家长要以积极的心态去面对现实。有这样一位家长曾经说过，“面对这样的孩子，每天必须像对待新的挑战一样。挑战新事物，可能成功，也可能失败，只要坚持探索，就一定能取得成功”。我们非常赞赏这位家长的勇气和积极的心态。

其实，包括我们这些普通人群在内，也都曾经历过以自我为中心的心理发展阶段。只不过随着年龄的增长、认知理解能力的不断提高，以及与周围人群尤其是同伴们的交往经验的不断累积，我们也就逐渐从以自我为中心的心理思维模式之中走了出来，取而代之的是共同分享并兼顾彼此感受的新型模式。

相比起其他中重程度的孤独症儿童，豪仔是幸运的，因为他的确还拥有不错的认知理解和社交沟通能力；当然，如果和普通的孩子相比，豪仔的确还有很大的提高空间。因为至少从目前来看，他很难摆脱上帝摊派下来的那个“残缺礼物”的束缚，当然也就不可能从以自我为中心的偏离性规则中挣脱出来，从而更好地融入到与他人和谐共处的融洽关系里面去。

而针对像豪仔这样的孩子，我们目前所能够做到的，就是尽量根据其

IEP发展目标，对其进行扬长补短式的强化训练，尽可能地为他提供一个能与同龄人共同相处的结构化环境，从而使豪仔在与人交往的过程中，能够逐渐体会到顾及他人意见或感受的必要性。相信在互动游戏的磨合之中，这群孤独症孩子们的刻板性行为会更具有社会功能性，或是能被更具功能性的行为所替代。尽管我们改变不了他们的认知思维模式，但可以扩展他们认知体验周围环境的疆域。

第18课 泛化在局部思维之外

课前导读

站在外部表现的角度，如果说社交障碍是孤独症患者的核心障碍的话，那么，弱中央统合就是孤独症患者的核心症状。

以下是来自“国际在线专稿”上的一则报道，很能说明我们本案例中将要加以探讨的问题：每一天，老师们都和家长一起“跟时间赛跑”，这场赛跑比的不是速度，而是重复的次数。比如，普通孩子很容易学会的红色，孤独症的孩子可能需要一百次、一千次的巩固才能认识。“认知成了孤独症孩子最大的障碍。即使有一个小朋友在这个教室能把所有红色的东西认出来，但是出了这个教室，他就很刻板地泛化不出来。那我就只能不断地换教室，在十个教室都教一遍，让孩子一步一步泛化这些东西。”

不错，如何将课堂上学来的知识技能，成功泛化到课外，的确是很让我们费思量的一个大问题。

课堂聚焦

小白兔来到草地上吃草，它很快就吃饱了，便蹦蹦跳跳地回家去。哎呀，一条小河挡住了它的去路。小兔子就去找乌龟帮忙，“乌龟大哥，你能帮我过河吗？”

“好呀。”乌龟答应了小白兔的请求，背着它过了河。

“谢谢你，乌龟大哥。”小白兔很感激地说。

“不用谢。”乌龟说完，笑着冲小白兔摆了摆手。小白兔高高兴兴地回家去。

这是本节社交课，我特地准备的一个情境性小故事。为了便于同学们更好地理解，我还特地搜集整理了相关的视频故事，并根据我班学生的实际情况，尤其是IEP目标，将整个小故事设计成五个小的典型性场景。它们分别是：1. 小白兔在草地上吃草（假扮游戏，模仿小白兔吃草的动作、声音）；

2. 小白兔蹦蹦跳跳回家（动作扮演和大肌肉运动，两手分别作出“V”字形举在头部两侧当作兔子的两只耳朵，同时进行双脚跳跃）；3. 小白兔向乌龟发出过河求助（假扮游戏、问题求助，这是本节课的重点）；4. 乌龟帮助小白兔过河（假扮游戏、合作游戏）；5. 小白兔蹦蹦跳跳地回家。

在开始上这节课之前，我先布置好了相关的结构化环境。首先，在我们教室的后面，我特地用绿色粉笔在地板上画了块小型的绿草地，并在旁边贴上一幅大草地图画。其次，我又用蓝色粉笔在教室中部地板上画了一条小河流，并加上了“小河”的文字说明。最后是用黄色粉笔在教室后门处画了一所大房子，作为小白兔的家。并且在草地、小河与房子之间，我还用白色粉笔标出了小白兔所要行走的曲折路线，以着重于随意注意的练习。

“小白兔，蹦蹦跳跳来到草地上吃草。”我一边做着提示性的旁白，一边观察着豪仔惟妙惟肖地扮演小白兔蹦跳到“草地”上低头开始吃起“草”来（想象、扮演）。“豪仔小白兔，青草好吃吗？”我半开玩笑半认真地问道。

“好吃。”豪仔抬起头来回答我问题的时候，脸上还流露出了开心与满意的灿烂笑容。

“那你吃饱了吗？”

“吃饱了。”小家伙儿回答了我的这个问题后，还特地用手摸了摸自己的大肚子，一副酒足饭饱的满足相。他这一连串非常切合故事情境的表现，都令我们感到特别欣慰。

“那就蹦蹦跳跳地回家吧！”听到我的提示后，豪仔又学着小白兔的样子，按地板上画出的视觉提示蹦蹦跳跳地往回走。或许是玩得太投入了吧，他竟没有发现前方的那条“小河”，顺着一路蹦跳着的惯性，豪仔一下子跳到了“河”中央。

“哎呀危险，豪仔小白兔跳到河里去啦，快回来！”我一边大叫着，一边一把抓住他的衣服，并迅速将其拉了回来。

除了这一点小差错外，豪仔在接下来的向“乌龟”求助帮忙过河、道谢及蹦跳着回家等环节中，表现得都非常出色。就连我班有一定语言障碍的果果，也能假扮兔子吃草、蹦跳和乌龟走路的动作神态。

总之，在这节社交课堂上（这里用“这节”一词是泛指。因为一天一节社交课，一般同一个游戏内容都要反复上一到两周，也即五到十节课），孩子们基本都能达到IEP的教学目标。然而，问题也随之产生了：在自然生活状态下，他们这些孩子能否自觉运用课堂上所学到的社交技能，来寻求旁人的帮助，以便顺利地渡过摆在自己面前的那一条条困难之“河”呢？还是先让我们看一下孩子们在课外活动中，对所学社交常识和技能的泛化运用情况吧。

“哇，好香甜的饼干呀。”课间时分，我故意在同学们面前拿出一包夹心巧克力饼干，并有滋有味地假装要吃掉其中的一块。可还没等我撕开包装抽出饼干，好几个孩子就迫不及待地向我手中的饼干扑了过来。他们都是直接伸手就抓，幸亏我早有准备，赶紧将手中的饼干高高举过头顶。孩子们见自己抓不到饼干，都急得直撕扯我的衣服，成成和囡囡更是急得又哭又叫。可就是没有一个孩子主动运用刚刚在社交课上所学到的意愿表达（“我要……”等句子）和问题求助（“帮/给我……好吗？”等语言表达）技巧。

“我要……？”万般无奈之下，我也只能退而求其次，便对着各方面程度相对较好的豪仔进行了必要的语言提示。

“我要吃饼干！”豪仔果然不负“重”望，在我的提示之下表达出了自己的意愿。在快速说出这句话的整个过程中，他的眼睛连看都没看我一下。而是继续和其他孩子一样，两眼直盯着我高举过头顶的那包饼干，三番五次地尝试着往下拽我的衣袖，双脚拼命跳起来往上抓取饼干。或许是所做努力屡遭挫折的缘故吧，豪仔的两眼此时也已经蓄满了焦急的泪水，就差没有号啕大哭一场了。

“嗯，不错，那我是谁呀？”为了进一步锻炼豪仔更好地进行意愿表达，也为了提高他的挫折耐受性，我又非常“苛刻”地提高了问题的难度。

“郁老师，我要吃饼干。”还真的是重赏之下必有勇夫，在巨大物质奖励的诱惑下，豪仔如我所愿地进行了较为完整的意愿表达。

“唉，豪仔真棒，能表达意愿了。”在及时、喜悦但又不失简洁地表扬了豪仔后，我又故意在众多“饿狼”们那渴望又焦虑的目光注视之下，慢条斯理地从包里拿出一大块儿饼干（我举着饼干的那只手始终没敢降低海拔高度），非常慷慨大方地递到了豪仔的手里。之后，我又按这种方法依次引导其他几个孩子，按类似的程式表达了想吃饼干的意愿之后，才“论功行赏”式地分发给他们一点饼干。

通过这么一个典型的课间小插曲，我们不难从中发现有关孤独症康复教育教学的两大问题。

第一，尽管这些孤独症儿童在课堂上特定的结构化环境里，能够学会并掌握一些基本的社交规则与技巧，并且在结构化的情境当中，经过成人适当地提示之后，勉强地进行简单的单向式“交流”，可一旦进入较为自然化（也叫生活化或常态化）的类似情境当中，他们却极少自觉运用这些社交技能。这就不免令人怀疑：他们到底有没有将所学知识技能内化为自己心理意识层面的技能架构？抑或只是在结构化环境当中，非常机械地对老师所给出的带有一定提示性的问题，做出了简单的条件反射性的反应，也即根本就不具备多少功能性？说句实话，但凡对孤独症康复教育教学稍有了解的人都会知道，所谓“结构化”的环境，其实基本上就已经将当节课所要学习训练的任务及问题答案，通过视觉化语言告诉给学生了。因此，从长远来看，这种离自然生活情境较远的结构化教学，其实际效果及对孤独症儿童的帮助到底有多大？这的确是值得深入探究的一个问题。

第二，由上面所提到的问题衍生出来的更深层次的问题是：这些孤独症孩子在成人提示下运用相关基本社交技能时，到底是把这些技能看成是一种交流工具还是仅仅将其看成是达到自己意愿的一个固定程序？如果是将其看成一种交流工具，那就证明他们在向旁人索取一样东西的同时，也注意到了该东西的所有“人”，这意味着这些孤独症儿童具有了将旁“人”纳入到自己意识视野里的能力，从而为他们更进一步发展出与他人建立共同注意，以至兴趣共享等社交生活所必须具备的能力奠定了具有里程碑意义的基础；而如果这些孤独症孩子非常不幸地只是将这些基本的社交技能看作是达到自己意愿的一个固定程序，那就意味着他们只是注意到了自己想要的那样东西，而没有将该东西的持有“人”纳入自己的意识视野之内，从而也就不能将他人看成是与自己相同的、平等的同类，这也就为我们对其进行社会化教育训练带来了极难逾越的障碍。

我们不但暂时很难鉴定出孤独症儿童在适当提示下运用相关基本社交技能时，到底是把这些技能看成是一种交流工具，还是仅仅将其看成是达到自己意愿的一个固定程序。而且站在功能性康复教学的角度来看，如何帮助孤独症儿童将在课堂上学到的社交技能，成功泛化到课间、学校、家庭及社区存在难度，这些问题的存在，都是需要我们去不断探讨并加以解决的问题。

课后检视

在一些有关孤独症研究的资料里，有人认为孤独症儿童很难理解也很难察觉到旁人的情感变化，也即心智解读能力较差。就连非智力迟滞型的高功能孤独症儿童，也不同程度地存在心智解读方面的障碍。比如《星期三是蓝色的》一书的作者丹尼尔·塔米特本人，就是高功能孤独症患者。他就自述自己存在这方面的障碍。但后来随着自己与家人朋友交往经验的不断累积，从而能够逐步感受并顾及到旁人的情感变化了。这就说明了一个问题，那就是，至少是对高功能孤独症患者而言，心智解读能力是可以培养并获得提高的。

至于如何帮助中重程度的孤独症儿童进行成功泛化的问题，张月恒医生给出了操作性较强的几点建议。现摘要如下：

一是在不同的环境中去训练。如果你的孩子只在一个地方做训练（如学校或训练中心），没有在其他地方学习（如家里）的经验，那么环境变化后他会出现表现上的差别，即很难甚至几乎没有泛化的能力，为了避免这种情况的出现，我们需注意：1. 训练要在一个以上的地方进行。2. 在学校、训练中心教的课程内容，在家里也应该进行。

二是由不同的老师上课。由多个“重要的成年人”参与教学是非常关键的一点。在教孤独症孩子时经常遇见的情形是：孩子跟教师在一起时，表现得很乖，学习得也很好，但跟父母在一起时却表现得很差；或者一个一直由父母训练的孩子，到了幼儿园/学校就无法跟老师学习。“因此，应该是孩子身边所有的成年人，都要介入到训练中来。经过跟一定数量的成人学习之后，孩子对成人的‘区别对待’就会被打乱，新学会的行为也就因能够适应不同的人而泛化了。”

三是将刺激物共同化。至少在开始训练的阶段，将家里和训练中心/学校的外表布置得相似，会是很有帮助的。“如，在家时也使用孩子在中心/学校也使用的教具；尝试将家里的吃饭环境布置得与学校的相近（如在餐桌上铺上与学校一样的台布；如果孩子在学校有比较处得来的伙伴，尝试将他们带到家里来与你的孩子玩耍；在孩子要上学之前，在家里模拟教学的场景，这样可以使孩子到学校以后容易适应）。”

四是相同的强化方案。如果孩子的一个行为反应，在家里得到比较“稠”（不断）的强化，而他到学校后却一下子受到很“稀”（间断）的对待，该行为的泛化可能就很困难，至少在开始的几天里。“这种在强化方案上的突出变化，一般会发生在孩子上学的时候。为了避免这种在强化方案上的变化，在孩子上学之前，就要在家里尝试稀释他的强化方案，此外还要有一个辅导老师，在开学的头几天在学校里维持比较稠的强化方案”

为了达到泛化的最大化，可能还需要引进更多的环境差别因素进行练习。请记住刺激泛化的基本规则：如果没有就建设它。另外，还有一个非常关键性的问题就是，孤独症患者出现知识技能泛化困难的原因，除了智力因素，其专注力、动机和警醒度等素质方面的局限，也是不容忽视的阻碍因素。所以从这个角度来看，孤独症康复教育教学中的素质教育，就显得尤为重要。

第19课 我的热情你为何不懂

课前导读

尽管我们都公认社交沟通障碍是孤独症患者的核心障碍，但具体到每个个案，又会有千差万别的现象。有一部分孤独症患者在社交活动中所表现出来的特质，在很大程度上甚至会令你怀疑“社交沟通障碍是孤独症患者的核心障碍”这一表述的正确性。

大部分孤独症孩子是缺乏社交动机的，只要没有成人提示，他们根本就不会对你的存在与言行举止感兴趣。但也有一些孩子，比如本案例中的凯凯，却明显是个对你热情过度的孩子。他见到你就伸开双臂让你抱，甚至还要和你亲亲嘴才能得到社交上的满足。

面对这么一种明显超出一般性社交规范的热情，我们又该怎么看待、引导他呢？

课堂聚焦

“任（陈）咬（老）一（师）。”和往常一样，在亲密又口齿不清地呼唤陈老师后，凯凯（化名）随即娴熟地冲着我们做出了一个飞吻的动作，同时脸上也绽放出迷人的笑容，看他那一副志得意满的神情，就好像是已经得到了“被吻者”的热情回应一样。

“嗯，凯凯真有礼貌，棒棒的！”正在和我谈话的陈老师随即表扬了一下凯凯。但我同时也注意到了她那微微皱起的眉头和多少有些言不由衷的一般性回应。

“啵啵（抱抱）。”受到老师表扬的凯凯，更加眉飞色舞了起来。他兴冲冲地突然张开双臂紧紧地搂住了坐在椅子上的陈老师的脖子，并在她的脸上结结实实地亲了一大口。

“嗯，凯凯大了，不能再这样亲老师了，知道了吗？”一向温柔恬静的陈老师一边用力推开坚持不松手的凯凯，一边忍不住板起面孔训了他一顿。刚才还热情无限兴致勃发的凯凯，突然不明就里地挨了老师这一顿训，脸上不免露出深深的困惑和茫然。他就那么呆呆地站在那里，一脸无辜地看看我，又看看陈老师，甚至连偷偷从他那半张着的嘴角边流下来的一串晶莹剔透的哈喇子，他似乎也没有察觉。

“在别人还没同意之前，是不能抱着别人亲的，这样很不礼貌！知道了吗，凯凯？”看到这幅情形，坚持原则的陈老师尽管还是板着面孔训斥着这个总爱黏人的小家伙儿，但她那语气相较之前已经柔和了好多。

“几（知）这（道）。”凯凯非常诚恳、异常认真地点头答应着，那一脸茫然的表情与无辜的眼神已经令陈老师（包括我在内）不忍心再多加严厉地打击他的社交积极性了。

毕竟，正像大家都知道的那样，社交障碍是孤独症儿童的一个核心障碍。这又具体体现在三个方面：一是社交冷淡型，不管是与周围的什么人，他们都不愿意（或不能）与之建立哪怕是最基本、最简单的人际交往关系，更有甚者，大约有近三分之二的孤独症儿童都不愿意（或不能）与哪怕是最亲近的人有较多的目光接触；二是错误社交（社交不当）型，有相当一部分孤独症儿童是通过抓人、掐人或其他不被别人所接受的攻击性行为来建立人际关系的。这是需要及时发现并及时引导纠正的一类；三是有一些孤独症儿童与第一种类型正好相反，他们具有极高的社交热情（社交过度型，此类型多见于高功能孤独症儿童），不论何时何地，他们都愿意与人交往互动。在一开始的时候，人们往往会被这种类型的孤独症患者所迷惑，但随着互动交往的加深，你很快就会越来越明显地发觉：尽管这种类型的孤独症儿童非常愿意与人互动，但这种互动总给人一种怪怪的感觉。他们几乎总是在互动过程中单项式地往外倾倒着自己的交往欲望，并且也强烈地渴望着别人能对他们的这种欲望给予正向回应与满足，但对自己本身的这种单向倾倒交往欲望的方式与方法是否合理，局部性认知思维较重的这群孤独症儿童，不会也不能考虑那么多，比如本案例的主人公凯凯就属于这种情况。

也正是出于这样的原因，很多人都会非常自然地认为，对于像凯凯这种有着强烈交往欲望的孤独症儿童，我们只需要引导他们学会正确的交往规则与必要的社交技巧即可。一开始，我们的确也是这么想，并且也是按照这种想法来有针对性地对其展开康复教育教学的。但经过一段时间的教学训练之后，我们才发现：相对而言，我们教会其某项社交规则或技能还比较容易，并且在特定的情境当中，他们也能在一定的提示之下来正确运用这些规则与技巧；可一旦引导他们将之泛化到课间及其他日常生活当中去的话，那困难就是相当的巨大啦。比如简单地与人打招呼问好，在课堂上的特定情境当中，凯凯也能按要求只是点头挥手问声好而已，至于打招呼问好的意义是什么，为什么要这么做，这就未必是孤独症患者能够理解的了。所以一旦脱离这个特定的情景，凯凯又会见人就搂、遇人就抱。如果老师从旁制止的话，他照旧是一脸的惘然与无辜，他课堂上都能回答上来并正确执行的社交规则与技巧，似乎早就被丢到了九霄云外。

“那你回答老师，别人没同意的话，能不能去抱别人、亲别人？”或许是陈老师跟我一样实在不愿意再让他继续这么承受困惑无助的折磨，便又再一次以提问的方式向凯凯强调了一次社交规则。

“呜（不），嗯（能）。”凯凯这一次回答得比上一次更显真诚，如果还能更真诚的话。他在回答这个问题的时候，又是摇头又是摆手。看他那举止神态，与其说是在回答老师的问题，倒还不如说是在趁机讨好老师更为确切。此时此地，或许是凯凯已经觉察到了。也正是这个原因，很多时候，我们真感觉他的目光对视及心智解读能力已经达到了常态人群的水准。面对小家伙儿如此之棒的表现，陈老师脸上的表情已经缓和许多，就连我也不得不欣赏凯凯的认错技术水平之高。谁知道意外的小插曲又来了，凯凯盯着陈老师看了一会儿之后，突然又忍不住伸出双臂想再来一次热情拥抱的样子。但当他察觉到陈老师立马又挂下来的脸时，便又憨笑着（不得不承认，这小家伙的笑的确很有诱惑性，简直能够融化冰雪）将双手藏在了身后。所以从这个细节我们不难看出，凯凯是很能读懂他人的情感变化的，并且也能够根据他人的情绪变化，来适时地调整自己的行为。只不过在很多时候，孤独症患者特有的片段性、直观性思维模式，致使他“屡教不改”地将正确的交往规则置于脑后。

“好啦，去玩儿吧。”陈老师也生怕自己表情一旦完全缓和后，凯凯又会忍不住“故伎重演”。因此，她便挥了挥手示意小家伙离开了。

“啊，不要捏，凯凯不要！”这个小家伙刚离开没多久，我们就听到门外走廊上传来琤琤（化名）不无痛苦与害怕的喊叫声。*凯凯又惹事了！*我们心里一边这么想着，一边快步往外走。果不其然，只见凯凯正站在那里展露着他那张招牌笑脸，并锲而不舍地张开双臂在走廊里追着琤琤不放呢。后者则一面惊恐焦虑地又跑又叫，竭尽全力地躲避着凯凯，一面焦虑得忍不住用手揪扯着自己的头发，整张脸也因紧张无措而涨得通红，两眼噙满了泪花，就差放声大哭了。

“凯凯，你给我站住!”看到这小家伙在走廊里把琤琤追得这么惨，陈老师的气就不打一处来，忍不住厉声喝止了凯凯的胡闹。猛听到这一声断喝，小家伙儿先是一惊，接着便条件反射般地站在了原地。原本堆满欢笑的脸也因慌张而顿时耷拉了下来，那一串哈喇子也忍不住从他那半张着的嘴角露出了头。琤琤一开始也被这声喝止吓了一跳，等她弄明白是怎么回事以后，便开始低头扭动着身子、搓弄着衣角自言自语地顾自嘟哝了起来，大意好像是在数落着凯凯不乖之类的。

“凯凯，乱追小朋友对不对?”这一次陈老师可真的是动气了，这小家伙儿实在是不省心。

“唔诶（不对）。”听到质问，凯凯又一次（至于这是第几个“又一次”了，那就不太好说啦，因为我们还真没统计过）十分认真地摇了摇头又摆了摆手。

“那你还追?!”凯凯当然不能理解陈老师这句问话的真正意思，但他或许能明白老师是在批评他，所以就像其他因犯了错误而受到老师批评的孩子一样，此时的凯凯，在我们面前显得特别地乖巧、窘迫。“快点儿向琤琤道歉，说‘对不起’!”

“嘟唔咦（对不起）。”听到老师下达的最新指示后，凯凯转而又非常愉快地满脸堆笑，欢快地走到琤琤面前又是低头又是哈腰地道着歉。后者则一边尽力往墙角处退缩着，一边睁着怯生生的眼睛打量着他。

“琤琤，凯凯向你说对不起了，你要怎么说?”看到这幅情形，站在一旁的我赶紧适时提醒着琤琤。

“没关系。”琤琤飞快地抬起头说完这句话后，重又低下头搓弄她的衣角去了，身体却扭动得更厉害了。

“那就握握手吧?”我又打圆场式地看了看凯凯，又瞅了瞅琤琤。凯凯马上又热情十足地靠近琤琤并向她伸出了手，并且更加卖力地冲着琤琤尽情展示着他那张堆满笑容的招牌脸。

这件事似乎到此也就暂时告一段落了，但像凯凯这种社交热情过度的孤独症孩子，到底应该怎么做才能不再让他们徘徊在社交游戏的边缘?这的确值得我们努力去探求。

课后检视

通过凯凯和琤琤等孤独症儿童的日常生活小故事，总有一种感觉令我们不得不这么想：由孤独症患者自身中央统合障碍所引起的局部性、片段性和以自我为中心的单向思维及行为模式，在接受过相当长一段时间的社交训练之后，他们依然只知道单向式地对人家“倾倒”自己的满腔情感，这到底是我们在社交方面的康教理念存在方向性的误差，还是康教技术有待提高？如果从现象学的角度来讲，凯凯的确是属于社交过当；但如果从行为学的角度来分析，他的这种与熟人见面后就一定要坚持拥抱亲吻的行为，的确也符合孤独症患者本身的特点。

严格来说，如果我们仅从“孤独症”这个字面意思来理解的话，那就有些误解了这种病症的真正含义。因为孤独症患者也是被疾病本身将自己与周围世界隔绝起来的，从而形成以自我为中心的局部性、片面性的认知思维与行为模式。

即使是严重缺乏社交沟通意向的冷漠型孤独症儿，我们也不可武断地认为是他们不愿意与人交往。比如我们班的孩子（到目前为止，我已经先后接触过六个班级的中重度孤独症儿），他们就没有一个人是强烈拒绝别人（当然要有一定的熟悉与信赖度，即使我们普通人也是如此）进入到自己个人空间里来的。只不过他们有的会主动留意到你的存在，有的则比较被动一些而已。当然我们也不否认，在常态化、自然化的环境里，绝大多数孤独症患者包括高功能孤独症儿在内，都会将旁人当成是透明的或者是机械性客体的一部分。但那是“孤独症”这种症状阻碍了他们，他们也是这种“广泛性神经发育障碍”的受害者，而不是他们有意拒绝与周围世界交流沟通。

当然，将这群特殊的孩子称为孤独症儿童也好，叫做自闭症儿童也罢，其实都是很表面的“名分”问题。其实质却是一致的，那就是典型的“受限性”自我中心模式。而我们的任务，就是要不断地探索如何协助这群“星星的孩子”从这种模式里走出来。尽管艰难，但我们必须坚持。因为在这个世界上有两样最为宝贵的东西在不断地鞭策着我们，那就是爱和责任。

第20课 符号比实物有意思

课前导读

《中国特殊教育》2011年第4期刊登了马玉等人联合发表的一篇学术论文，题目是《孤独症患者的视觉认知障碍》。在该学术论文中，一段有关孤独症患者视向障碍的论述很具有专业启发性。其大意是说，人类脑部梭状回中的梭状面部区域（FFA）对面部加工起着重要作用。而孤独症患者的FFA没有发育出独特的面部加工区，而是发展出了喜爱物体的加工区。因此，孤独症患者的视向不固定，就可能是其梭状回激活较低造成的。

如果这一结论能够成立的话，那么，本案例中的昊昊（化名）认字不认人的问题，是否就与此有关呢？

课堂聚焦

这可真是一个强烈的不对称呀：其他孩子都规规矩矩地坐在座位上，异常乖顺地听老师讲课，只有昊昊一个人趴在地板上，正专心致志、万分投入地研究着地板砖之间的那一条条边际线。

要是说起昊昊的这一特殊嗜好，那还真有一段值得大书特书的"传奇"故事呢。

在一开始，我们只是发现小家伙儿会在课间放动画片的时候，经常忍不住全身心地紧贴在投影屏幕下方那条黑白分明的边框线处，非常贪婪地用两手的食指来回反复描画着那条边框线。而且每描画一个来回，他都会更加兴奋异常地哈哈大笑，直笑得让我们这些旁观者感到莫名其妙。一开始，我们还怀疑这或许是跟屏幕上所播出的内容非常适合昊昊的喜好有关，但这种猜测很快便被推翻了。因为不管我们播放什么动画、什么歌曲，他都是一如既往地全身心投入到描画边框线的"事业"中去，丝毫不受播放内容的影响。而如果说是在寻求触觉刺激的话，似乎也不能成立，因为在昊昊所能接触到的范围内，至少还有投影屏幕的左右两条边框线，但它们却根本进入不到昊昊的注意范围。

说句实在话，很多时候，我对小家伙儿的这种表现，可真是羡慕嫉妒恨啥感情成分都有啊。之所以这么说，是因为我们都特别想知道，这种在我们外人看来非常枯燥乏味、机械刻板的“游戏项目”，对于昊昊本人来说，究竟带来了什么，有什么特别之处，为什么会给他带来如此之大的乐趣？为了尽量设身处地地感受一下这种特殊乐趣。我也曾趁着下午放学孩子们都离校之后，自己将门窗关得严严实实，以确保在只有自己一个人可以自由行动的绝佳环境下，严格按照昊昊的那一整套动作程序及标准动作，将两手示指按在屏幕下方的边框线上，慢慢地来回描画了一趟又一趟，直到两个示指肚因与粗糙的屏幕频繁摩擦而产生火辣辣的灼痛感为止。可令我倍感沮丧的是，自己一点也没能从中享受到哪怕是一星半点儿的快乐体验，也就更遑论达到他那种快乐忘我的境界了。

同样一个目标物，同样的动作程序，为什么昊昊就能从中体验到无穷无尽的乐趣，而我就不行呢？研究来研究去，直研究得两眼发花头脑发懵，但却始终不得其解。由此可见，孤独症患者由“广泛性神经发育障碍”所产生的，绝不仅仅是孤立的视听觉或味触觉异常。更重要的是，由于感官及信息加工系统的异常，而使得他们体验到了我们常人所无法体验到的“异常世界”。换句话说，尽管我们身处的外部环境都一样，但孤独症患者主观体验到的世界，与我们常人是有较大差异的。

再后来，昊昊的这种嗜好已经出现了变本加厉的发展势头，他已越来越不满足于只在课间描画屏幕边框线了。于是，墙壁上、衣裤上、桌椅板凳上、地板上等，只要是有边缝线的物体，他都会忍不住亲手过去描画一番。这不，如今在课堂上，他也忍不住跪趴在地上研究着那一条条地板边际线。为此，我们也曾强力制止过，但却都以失败而告终。看着他那不过一把瘾誓不罢休的坚决劲儿，我们也就只得放弃了这种努力。毕竟，他这种行为既不会影响到其他孩子的学习生活，对自身的发展也没有多大影响。因为不管我们怎么对其提问课堂所学内容，他都能给出并不比班里其他同学差多少的答案。

那么，我为什么还要对他的这种嗜好在此大书特书呢？下面就牵涉到由此而引发的真正问题之所在了。

“昊昊，你看这是什么？”我在黑板上挂出的这三张实物卡片，分别是电饭锅、电磁炉和碗。而我指给昊昊辨认的，是电磁炉的卡片。

“碗！”没想到这小家伙眯着双眼端详了老半天，竟然给了我这么一个令人大跌眼镜的答案。这可是令我们很费解的一个奇怪现象，因为单从认知能力上来说，他在我们班可是数一数二的。可为什么其他孩子很容易就能识别辨认出的日常用具实物图卡，对于昊昊来说，却显得如此困难呢？

“不对，这是电磁炉！”大声纠正了他的错误之后，我又用力敲了敲旁边那张碗的实物卡片，“碗在这里呢！”在我孜孜不倦的教导面前，昊昊侧歪着脑袋，眯缝起他那双本来就特别聚光的小眼睛，在碗和电磁炉的卡片之间来回扫描了几次。真不知这个懵懵懂懂的小家伙到底有没有明白碗和电磁炉的不同。我翻了翻眼，强压下想要痛痛快快训他一顿的冲动，又重新指了指电磁炉的卡片，“你再好好看看，这是……？”

“锅！”他回答问题的语气依然是那么坚定执着、自信满满，这可真是要逼着我去跳珠穆朗玛峰啊。实在没办法，我只好重新引导他逐一辨认了三张实物卡片，然后再让他进行独立辨认，但结果却依然如故。

“好了，昊昊，你去拉一拉果果的手。”辨认实物卡片不行，那就退而求其次，让他辨认一下大活人吧，天天跟他在一起学习生活的同伴总应该能认识两个吧？

果然，小家伙儿不负重托，他听到指令后径直走向果果的位置。接下来便又是一个令人大感意外的动作出现了。只见他抓起果果的手臂往前一带，差点没把后者摔在地上。而昊昊却全然不顾这些，他只是抻着个脖子凑近了果果的椅背，那上面粘贴着写有果果姓名的卡片。昊昊只眯眼瞄了一下，便毫不犹豫、信心十足地大吼一声，“果果！”他这一连串令人猝不及防的动作，着实把瘦小枯干的果果吓了一大跳，也令我们这些旁观者看傻了眼。

“对，昊昊真棒，你再去拉一下凯凯的手。”咱毕竟还是有一点专业素质滴，尽管内心纳闷儿不已、疑问丛生，可咱还是面不改色心不跳地及时夸奖了昊昊，并随即发出了下一个指令。跟果果的遭遇一样，接下来的凯凯、囡囡、宁宁他们，也先后遭遇到昊昊的“认字不认人”式的粗暴对待。

这就足以令我们改变对昊昊的基本评价了。“昊昊能认识小伙伴啦，真棒！”说着，我由衷地向他竖起了大拇指。大受启发茅塞顿开的我，赶紧拿起粉笔，又分别在三张实物卡片的下面写上了对应名称。“你再来看看这是什么？”这一次，不管我指向电饭锅、碗还是电磁炉，他都异常轻松、毫不费力地正确辨认出了所有厨具。

认字不认人，读字不认实物卡片，这种异乎寻常的现象的确令我们大开眼界。随后，我又先后给他辨认了水果类、蔬菜类、交通工具类和职业类等多种类型的实物卡片，绝大部分的结果显示：如果在实物卡片下面配上相应的说明性文字，昊昊就都能顺利辨认；而如果去掉文字，他就会遇到困难。

再联系一下他经常迷恋于描画边框线之类的生活细节，我的眼前突然一亮：不管是文字，还是边框线、边缝线，它们都有一个共同的特点，那就是"线性"！这也就自然验证了孤独症患者"信息加工系统特殊"的说法，具体到昊昊本人，则很可能就是属于视觉信息加工异常型的。

为了进一步确认这一特殊现象，我们又对其进行了新的情绪方面的"摸底考试"。

"嗯，嗯，嗯！"或许是感觉到上课太无聊吧，昊昊的喉咙间又发出了沉闷的嘶吼声。这也就预示着，按照往常的经验，如果我们不尽快对其进行必要的防范性疏导的话，他很快就会演变成悲愤交加而大发雷霆的。

"昊昊，安静一下！"我拿出事先准备好的一截橡皮筋，做出要抽他手掌以示警戒的意思。果不出所料，昊昊马上紧张地眨巴着眼睛停止了嘶吼，目不转睛地直盯住我手中的那截橡皮筋不放。为了吊足他的胃口，我故意又在他的眼前将橡皮筋上下左右地晃出了几个小花样儿。这一下子，这小家伙儿实在忍不住了，他伸手就抓住了那截橡皮筋。可我并没有马上拱手相送，"上课要……？"手上一边跟昊昊进行着拉锯战，我嘴里还要再折磨一下他。

"安静，坐好。"为了得到心仪的玩具，此时的昊昊，显得特别温顺、乖巧。

"好，上课要安静坐好。你可要说到做到哟？"尽管这句话比较复杂，但凭他的能力，我相信他能理解。

"做到！"昊昊又十分讨人喜欢地重复了我的意思。

"好，那就奖励你玩一下吧。"说完，我慷慨大方地将橡皮筋交给了他。果然，整节课上，甚至这一天，他都没有再出现情绪行为问题。

此后，每次见到昊昊和其他小伙伴一起兴致勃勃地观看着视频动画的时候，我就在纳闷：这个小家伙，他究竟是在看着妙趣横生的视频内容而欢乐开怀呢，还是在读着下面所配的文字沉迷其中呢，抑或只是瞅着满屏幕的动画人物边框线扭来扭去？

课后检视

在有关孤独症的专业性书籍中，有“弱中央统合”这一概念，也就是指有些孤独症儿童由于生理方面的问题，而导致他们的感知觉信息加工系统出现异常。具体到昊昊本人，他在看东西时往往只注重物体的外部轮廓或局部细节，而不会特别留意到整体内容或轮廓以内的真正内容，基本就属于局部性、片段性认知思维模式的一种。

如此看来，昊昊的这一行为特征就很具有代表性了。在刚刚认识到这小家伙儿靠每位同伴椅背上的姓名卡来辨认小伙伴时，我们也曾怀疑过他存在较为严重的面孔识别障碍，但近段时间以来，即使是在没有文字提示的情况之下，他好像也能顺利辨认同伴了。只不过在辨认其他一些日常常见实物卡片时，还是要辅以必要的说明性文字。

在此还需要补充一点的是，这篇案例笔记离现在已经过去五年多的时间了，现在的昊昊已经可以通过面部来认识人了。这是否意味着，昊昊的 FFA 里面又不知在什么时候发育出面部信息加工区域了呢，还是存在其他原因？这个问题，还是留待以后去找寻答案吧。

第21课 刻板的光芒

课前导读

就孤独症患者自身而言，由局部式片段性认知思维与特殊信息加工系统与外界信息相互磨合的结果，很可能就是程式化、重复性的所谓“刻板行为”。

而只要一提到刻板行为，很多人就自然会产生出这么一个先入为主的印象：“刻板行为就是没有多少实际意义的某些特定重复性行为，它们基本上不具有或很少具有社会功能性。因此，刻板行为常会妨碍儿童学习、与他人互动以及日常生活的参与”等。总之，刻板行为给人们的印象，基本都是负面的。

那么，在现实生活当中，孤独症儿童的刻板行为是否都是必须要加以改造的呢？

课堂聚焦

“豪仔，过来看值日表。你看今天轮到谁倒饭啦？”为了尽量不会再次引爆小家伙儿的“牛”脾气，我还是让他先看值日表。

“豪……”豪仔只读出这一个字就立马停住了，并且伸手就将与“倒饭”项目对应的写着自己名字的卡片换成了炜仔的，“轮到炜仔倒饭啦。”没想到这小家伙的行动策划能力如此之高，反应速度如此之快，竟然还会突然亮出这么一手。作为一名中重程度的孤独症儿童，患者居然能够做到这一步，那的确是令人佩服之至的。

“不对，昨天是炜仔倒的，今天轮到你啦！”佩服归佩服，可咱还必须得引导他照章办事。

“炜仔倒啦，轮到炜仔啦。炜仔！”豪仔一边火急火燎地为自己推拖着任务，一边就要冲出去找炜仔来倒饭。在这之前，他已经多次通过这种踢皮球式的耍赖方式逃脱“倒饭之苦”啦。因此，这一次，咱决不能再助长他这种不负责、不作为的歪风邪气。

"不行，就是你倒饭！"事情已经发展到这个地步，像豪仔这种擅自篡改值日表的、啥都明白且极度狡猾的小家伙，如果再给他看什么值日表、视觉规则提示卡片之类的东西，那简直就是在做无用功。因此，我一把抓住正要拔腿往外冲刺的豪仔，毫不手软地将他拽到了盛放剩饭剩菜的托盘前。"今天你必须去倒饭，要不你就不要睡午觉啦！"我说得斩钉截铁，直瞪住他的眼睛也冒着不容耍赖的坚毅之光。

"轮到炜……"

"闭嘴！就是你倒。我数三个数，一，二……"我知道，此时此刻，在这种情境当中，我不能对他有丝毫的软弱和让步，否则豪仔今后将会更加肆无忌惮地利用这种方式逃脱自己该负的责任。因此在某种程度上，我们师徒俩都被逼到了退无可退的墙角。

"炜仔，倒饭啦，炜仔！"眼见这一次难逃一劫，豪仔只好心不甘情不愿地两手端起了托盘。他一边牛一样摇晃着健壮的身体往外走，一边大呼小叫地喊着炜仔的名字。希望后者还像往常一样听到呼唤后，能马上过来顶替自己去倒饭。可是这一次，我和陈老师已经事先商量好了，由陈老师带领炜仔到下面监督其他小朋友洗刷去了。

"闭嘴，就是你倒饭！"为了更好地压制住豪仔那颗偷懒耍赖的心，我又一次厉声制止了他的大呼小叫。可毕竟是心有不甘，在端着盘子往厨房走的这一路上，他始终在徒劳地呼喊着炜仔的名字。

唉，这个豪仔，脾气也是执拗到了极点。每天中午饭后，我班的其他孩子都曾在老师的带领下倒过剩饭剩菜，唯独这个小家伙儿，吃完饭洗刷完后，就知道往电脑前跑。只是这一周，我们对豪仔这种偷懒耍滑的作风实在是忍无可忍了，便共同决定由我来具体实施改造豪仔的艰难计划。

"啊，我不开心啦！"好不容易监督小家伙倒完饭菜后，我长长地舒了一口气。没想到就在这么一个当口上，因为刚刚被改造了一番而怨气满腹的豪仔，竟然又大喊大叫着卯足了劲儿地往旁边一个小朋友的身上猛撞了过去。

"啊，小心！"幸亏那个小朋友身边有妈妈陪护，那位反应敏捷的妈妈惊呼一声赶紧伸手用两只胳膊护住了儿子的身体，这才没造成什么严重的后果。否则，就凭豪仔那一身蛮力，后果还真难以想象！

"好你个豪仔！撞人对不对？"对于他的这种一贯行为，我的确感到又气又怕，如果真的将人家撞伤的话，那还得了！

“不对啦！”小家伙儿一边哭丧着脸回答着，一边还摇头摆手来否定着自己方才的野蛮行径。

“那你还不去给小朋友道歉?!”说句实在话，作为老师，居然眼睁睁看着自己的学生将人家给撞了，尽管攻击未遂，但我心里还真感到有些愧疚。

等到好不容易将这一风波应付过去了，第二天午饭后，我正在犹豫着是否还要多安排豪仔倒两天饭的时候，没想到小家伙竟然很自然地走到了我的面前，“老师倒饭啦。”说着，他端起盘子来就往外走。老天呀，昨天跟今天的这种反差也太强烈了吧，简直把我高兴得不知所措了。说实话，对于他这种主动请缨的方式，我一时还真没反应过来。在接下来的日子里，豪仔竟然每次都是主动去倒剩饭剩菜，如果不让他去的话，那就又会引爆他的牛脾气。毕竟，这总体来说还算是好习惯，我们也就没再重新排值日表。所以，倒饭的这项光荣任务，也就成了豪仔的专利。

这一天陪豪仔倒饭回来后，我从抽屉里拿出了自己的笔记本电脑，准备将他成功接受改造的非凡历程整理成一个小故事在校刊上发表。“老师，鼠标。”我闻声抬头一看，只见豪仔已经拿着鼠标送了过来。我这才猛然醒悟，原来我只顾构思怎么整理这个小故事去了，竟然忘记了把鼠标拿出来插到电脑上去。而我的这一小小失误，居然让站在一边的豪仔看到了，于是才有了他帮我拿鼠标的这一幕小插曲。

“哦，谢谢豪仔。”我赶紧又感激又倍感欣慰地对他表示感谢。

“不用谢。”豪仔蛮谦虚地摆手回应着走开了。不过，平心而论，如果他仅仅只是帮了我们这一点小忙的话，那对我们的震撼也不至于那么大。

为了教学工作上的方便，我们每个科目的老师都会将自己准备好的各课时的课件，全都集中在同一台主电脑上。这样的话，我们每次上课就直接去主电脑找出相应的课件就可以了，十分方便。然而从另一方面来讲，这样做也有一个极大的弊端。单就拿我们班的情况来说吧，我们班有三位老师，因为身兼跨班教学任务，所以每位老师平均都有四到六门课程不等。可想而知，大家每周每月甚至每学期的各种课件、教案、评估、目标、总结等等的文件几乎全部都存放在同一台主电脑里面时，那会是怎样的一种情形。尽管我们也都对这些材料进行了归类整理，但毕竟数目太多、数量又太大，很多时候都会出现在课堂上不能及时找到自己所需课件的尴尬。而每当这个时候，豪仔大显身手的机会就来啦。

“豪仔，你过来看一下，那首《刷牙歌》放哪里去啦？快把它找出来。”这是我们上生活技能训练课时，因找不到相应视频而特地向小家伙求助的一次经历。

“唉，好啦，在这里啦。”把我们急得满头大汗、脸红脖子粗的复杂任务，不一会儿就被豪仔轻松愉快地给解决掉啦。“噢，不对，没有声音。”豪仔刚打开视频就又发现了新问题，那首把我们急得要命又被他轻易找出的《刷牙歌》刚刚放了一个小开头，歌词还没出现呢，这小家伙居然就知道只有音乐伴奏而不会出现声音？这未免也厉害得太过分了吧！站在旁边的我正不服气地这么想着，只见豪仔已经在点击功能选项键开始选择“音频声道”了。果然，在他另选了一个声道后，欢快的歌声便随着优美的音乐旋律飘满了整间教室。俗话说耳听为虚眼见为实，在这样一个铁的事实面前，咱不服都不行。

“好，大家起立。”歌曲刚刚放完，豪仔就赶紧按了暂停键，开始有模有样地学着老师上起课来。或许是我们还没有从这小家伙儿刚才的“天才表现”当中回过神来吧，总之这个越俎代庖的豪仔这次居然更加大胆地冒充我们老师啦。简直是岂有此理，这还让不让人过日子啦?!

“豪仔你给我坐好！”本来就对他的这种不俗表现充满羡慕嫉妒恨的我，马上像找到了出气口儿一样，厉声喝止了小家伙的这种“过分”表现。

“噢，坐好，我错啦。”说完，豪仔很乖巧地坐回了原位。这还没正儿八经地开始上课呢，他就天真无邪地给我来了这么多“下马威”。作为老师，我越想越窝囊，欣慰加恼羞之余，唯有晕倒……

课后检视

凡事都有两面性，刻板行为也不例外，尤其是像本案例中豪仔这样明显具有一定社会功能性的刻板行为，我们还真的要对之进行区别对待，该鼓励的还是要鼓励，该培养的还是要培养。比如他一开始无论如何都不肯去倒饭，其实也是拒绝改变自己日常活动项目的一种刻板表现。而一旦我们对其采取了软硬兼施的手段，迫使他亲自去倒了一次饭之后，小家伙之前的日常活动项目中也就新添加了“倒饭”这一项，这也就是为什么在接下来的日子里他一直都坚持主动倒饭的原因。理由很简单：他不希望自己新建立的活动项目再次被打破。

如果说豪仔在倒饭问题上的转变还属于一般规则性范畴的话，那么，他能帮助我们老师解决找视频文件资料以及选择音频声道等等比较专业的行为，就明显属于特殊的、具有相当技术含量的“高级刻板行为”了。而这，恰恰是需要我们着力加以引导、挖掘和培养的地方。

当然，也还有部分老师及家长建议我们再试着让豪仔隔一两天再去倒饭，以便进一步打破他的刻板行为。这自然又是一个并不简单的问题了：我们为了打破刻板而去专门打破刻板，换句话说，不考虑某些刻板行为本身所具有的积极意义，而一味地坚持“刻板必打”，这观念本身是否也已经陷入了刻板行为的漩涡之中？如果我们不考虑孤独症儿童某一行为的社会性应用价值和心理情感的培养等因素，而只是一味地为了打破而打破，或是为了建立而建立某一行为的话，那我们教育者本身是否也需要反身自省一下呢？就拿豪仔这件事来说吧，我打从心底里认为，他是属于“天才型刻板”的一列。之所以这么说，一是因为只要我们帮助其建立起好的刻板行为（比如主动倒饭、帮老师查找文件等），那他就能继续在这条良好的发展之路上阔步前进；二是因为包括我们普通人在内，要想在某一领域做出成绩的话，那也是要具备一定的刻苦钻研、废寝忘我之刻板精神的，更何况是他们这些孤独症儿童，自然也不能例外。

第22课　不同一般的才能

课前导读

因为孤独症患者的视觉优势，所以，“视觉支持”策略也就被广泛地提倡推广，并逐渐成为业内公认的一种有效康教手段。“视觉支持”策略是当前被国外教育领域广泛证明的一种有效的孤独症谱系障碍的认知性干预策略。所谓视觉支持，是指综合利用各种视觉工具（包括图片、表格、实物、符号等）来帮助儿童紧跟日常活动，理解时间顺序，了解环境特点等的一种辅助系统。已有研究表明，视觉工具的运用，能够有效提升孤独症谱系儿童词汇的数量、主动性言语表达次数、被动性言语表达次数等。除了语言能力外，视觉支持策略还能有效地减少孤独症谱系儿童的各类问题行为，如攻击性行为、退缩行为等。正因为此，才有越来越多的研究者和教育实践者主张在孤独症谱系障碍儿童的语言干预中，全面渗入视觉支持策略。

然而，“视觉支持”策略的提出，只是部分利用了孤独症患者自身的视觉优势而已。依然还有待解决的一个问题是：对于孤独症患者的视觉特点，我们是否已经基本了解了，还有没有更多、更有效的支持手段呢？

课堂聚焦

炜仔（化名）这小家伙也太过分了，居然无视我们的屡次警告，在课堂上竟然一而再、再而三地歪坐在座位上，两只眼睛瞪得溜圆，一截大胖脖子抻得像根擀面杖一样往窗外探望着。就好像窗外那片一无所有的蓝天，随时都会向他抛过来两包他最喜欢吃的巧克力一样。而对于辛苦讲课的老师和认真听讲的其他小伙伴，小家伙则一概视之若无地连理都懒得理一下。

“炜仔起立，你来说说这个‘老’字的笔画！”对于他的这种傲视一切、冷漠以对的态度，陈老师实在是忍无可忍，故意给他出了个难题，想借此好好修理修理他。

“横，竖，横……”炜仔开始的声音还能勉强听得到，可后来声音却越来越弱得听不到了。

“大点声！”不管怎么说，这的确也是训斥炜仔的大好机会。因此，陈老师发这个指令的语气就特别冲。

“横，竖，横，撇，竖弯钩，撇！”和往常受到批评时一样，炜仔奉命行事般地大大提高了回答问题时的音量，并且每说出一个笔画名称时，也不忘将自己肥硕的大脑袋往前一伸一伸地点戳着面前的空气，以便突出自己说话时的节奏性，声音也是故作搞怪般地沙哑。

“好好说话！”炜仔的这些小动作，又招来了陈老师的一声呵斥。

“横，竖，横，撇，竖弯钩，撇。”尽管还是屡教不改，但他这次回答问题时的搞怪成分已经减少了很多。

说句实在话，对于小家伙儿的这种介于有意和无意之间的傲慢态度和搞怪作风，我们的感受也是爱恨交加的。毕竟，作为一名有着严重社交沟通障碍，甚至还伴有一定的智力发育迟缓的儿童，炜仔能够知道要背着老师搞一些诸如暗示同伴磕凳子、咬手之类的小动作，也能经常向老师表达自己内心的意愿，这的确不是一般同龄孤独症儿童所能达到的；可从另一方面来讲，他的这些小动作、小情绪，毕竟是不受欢迎的，也不会被我们生活于其中的常态社会人群所接受。因此，尽管效果一直不怎么显著，可我们还必须要对之加以矫正。

既然认知方面的考查难不住他，那就只好再想其他的办法啦。这一天，我们美术课上要求同学们画红萝卜。和往常一样，当同学们专心致志地在画萝卜边框线、填涂对应颜色的整个过程当中，炜仔一直在盯着窗外，只有当我开始鼓励大家积极举手到黑板上作画的时候，他才懒洋洋地瞄上我们一眼。这可真是应了那么一句话：“是可忍孰不可忍”。可又该怎么给他一点颜色看看呢？

“炜仔，念！”在日常的学习过程当中，我们通常都会设定“训练学生辨认自己与他人物品的能力”这一 IEP 目标，比如要求孩子们在每次完成一个美术作品后，要在下面写上自己的名字，以便他们过后还能根据各自的名字来辨认哪个是自己画的，哪个是别人画的。当然，对于生字词认知、书写能力都比较差的孩子，我们就只要求或辅助其写出自己姓名中最简单的一个字做代表就可以了。而这一次，我却一反常态，要求学生一律不能在自己的作品下面写名字或做任何其他的标志。至于原因嘛，继续往下看也就会明白啦。

“这个是炜仔画的。”真没想到，小家伙儿很轻易地就辨认出了自己画的红萝卜。我苦心经营的惩罚计划，就这么被他轻而易举地攻克了第一“关”。

“炜仔是谁？”我不甘心就这么轻易放过他，所以又追问了这个问题。

“是我，这是我画的。”看着他又轻易地回答出了我的问题，我才猛然醒悟自己所提的这个问题是多么愚蠢。因为从能力上来说，小家伙儿对于这种属于“自我概念”范畴的训练项目早就驾轻就熟了。

“那你再找一下，哪个是昊昊画的？”哼，尽管没有做标记，但自己画的毕竟会看着眼熟，这没什么了不起的。如果还能在这同样的条件之下，辨认出同伴们所画的红萝卜，那才是真本事呢！我心里这么想着，便随口向小家伙儿提出了这个颇为刁钻的问题。之所以这么说，是因为就连我自己，都很难在没有做任何标记的情况下，正确辨认出黑板上所罗列的八个红萝卜美术作品分别是哪个小朋友画出来的。尽管每个人画的红萝卜都会有所差异，但毕竟不会相差太大。

“这个是昊昊画的。”就像指认自己的作品一样，炜仔又很轻松地辨认出了昊昊的作品。

“囡囡画的是哪一个？”别的同学在画红萝卜的时候，炜仔不是一直在盯着窗外看的吗，他怎么可能这么轻易地辨认出同伴的作品？我不信，八成是碰巧猜对了，于是又继续刁难起他来。

“这个是囡囡画的。”他又指认对了，我有些承受不住了。

“那翔翔的呢？”提这个问题时，我已经有些底气不足了。果然炜仔接下来又分别正确地指认出了琪琪、壮壮和洁洁等全班所有同学的美术作品。他每正确指认出一次，都是对我观念极限的一次大挑战。说句实在话，我当时也的确是被小家伙的这种“歪才”给彻底征服了。

“你再看看，哪个是老郁画的？”为了最后再挑战一下炜仔的“歪才”，我绞尽脑汁地又想出了这么一个刁钻问题。

“这一个是老郁画的。”炜仔并没有被我问题中的这个“老郁”给难住，他依然很轻松地指认出了我的“大作”。万般无奈之下，我只有就此作罢。

课后，我们几位老师也在一起专门讨论过这个问题，并且也设身处地地和炜仔做了一番对比。别说是心不在焉地四处乱看了（炜仔在课堂上的表现，至少在表面上是这样的），就是认真逐次观察每一位同学画画的全过程，事后要让我们在没有任何提示的情况下，分别辨认出哪幅作品是谁画出来的，那对我们这些普通人来说，也绝不是一件简单的事情，可炜仔却轻易地做到了这一点。难道这是侥幸？为了更进一步地鉴证这一“见证奇迹的时刻”，我们决定再按同样的标准尝试一下。可在经过五六次相似情境中的严格“考证”之后，我们不得不承认：炜仔的确具备这方面的“歪才”。而且经过长期大量的实践验证工作，我们惊奇地发现，还不光是炜仔一个人，我们班其他几个孩子也程度不一地存在这方面的特殊天分。

为了不重复上面的案例，同时又能更深入一些地说明问题，我们再来看一个有关洁洁的个案。

“嘿嘿嘿，咔，咔……嘿嘿嘿……”认知课堂上，陈老师正在辅助果果辨认笔画名称，洁洁又开始兴奋起来了。他又是两手抓住板凳支撑着身体一上一下地做着磕板凳的动作，又是频繁地在喉咙间咳着痰水，这就严重影响了其他孩子上课的专注力。

按照往常的经验，如果我们大声制止洁洁这种行为或想靠近他进行触体限制的话，都会导致敏感紧张的他以极快的速度迅速逃离座位，从而使得整个课堂更加混乱不堪。所以，我在确定小家伙儿已经深深地沉迷在磕板凳、咳痰水的自我刺激之中时，便轻轻地从背离他的视线范围之外的盲区悄悄向其靠拢，准备对其进行触体式的问题行为限制。

可令人倍感意外的是，在我刚刚悄悄行进到靠近洁洁背后大约一米左右的地方时，后者连回头看一眼的动作都没有表示一下，就已经明显感觉到了“危险”的来临和方位所在。只见他噌地一下从凳子上一跃而起，直接迅速地往前侧方靠近教室门口的地方窜了过去。

看来，我的“突袭”计划到此就算是破产了。可这毕竟不是我关注的焦点，而由这一事件所直接给我们带来的思考，可以说是多方面的。首先，既然是悄悄靠近，那就证明我已经尽量在往前行进时不弄出任何声响。其次，我选择的行进路线是在洁洁的正后方远离他的视野之外。再次，在我行进的整个过程中，陈老师和其他孩子也都没有看我或意识到我的行动目的，因此就不存在其他人直接或间接地向其传递“危险来临”的信号。可是问题来了：既然洁洁并不具备任何可获得信息的客观条件，那他又是怎么知道“危险”正从后面袭来的呢？

几经筛选之后，剩下的唯一解释，就只有洁洁自身的所谓“边缘型视觉”了。和炜仔一样，我们在得出这一结论之前，也对洁洁进行了长时间、多频次和全方位的观察考证，最后才得出小家伙儿“边缘型视觉”非常特殊的结论。因此，这是经得住实践和相关专业理论检验的。

总之，在与孤独症患者长期相处的工作实践当中，有太多太多的鲜明案例在源源不断地为我内心逐渐形成的一个信念（抑或是专业哲学）提供着强有力的支持，那就是：在机械单调的表象之下，孤独症儿童也和我们常态人群一样，有着一颗敏感而火热的心灵；同时，他们自身所具备的某些潜力甚至是特异功能，也是我们常态人群所不具备的。

课后检视

我们当然不会否认这样一个事实：能背诵圆周率小数点后面好几万位数字的丹尼尔·塔米特，还有看书过目不忘的金·皮特他们这些高功能孤独症患者，的确都具备超出常人的特殊才能；然而，大量的鲜活事例告诉我们，其实像炜仔他们这些被认为属于智力受损的中重度孤独症患者，也同样具备某些令我们赞叹不已的特殊能力。正像这两位成功的孤独症患者所一再强调的那样，“跟别人不一样不等于智障，因为人人都是不同的”。我深信此话确有道理，因为越来越多的资料都在不断地为这句话提供着强有力的佐证。

其实，本案例中提到的“边缘型视觉”，如果更为准确一点来说，应该属于一种孤独症患者的视觉信息加工特点。还是在《孤独症者的视觉认知障碍》这篇学术论文里，有一个实验结论说，在自身注意资源的分配上，孤独症患者在加工中央视区以外的刺激时，很少受到视区中央刺激的影响。即孤独症患者既能将注意资源分配到中央视区，又能分配到中央视区以外，而普通人总是将注意资源分配在中央视区之内。这说明孤独症患者可能会比普通人更有策略地将注意范围保持在均等水平，既能基本完成对视区中央刺激的加工，又能完成对视区中央外刺激的加工。

上述观点，也就能解释清楚为什么像炜仔和洁洁这样不怎么正眼看你上课，但却照样能记住你所上内容的原因了；当然也能解释为什么我在洁洁一般视野范围外的背后靠近他，照样能被这小家伙察觉到的原因了。

第23课 超常又异常的观察力

课前导读

在上一章中我们已经提到过，孤独症患者既能将注意资源分配到中央视区，又能分配到中央视区以外；而我们普通人在中央视区之外的注意资源分配，相对要弱很多。这说明“信息加工系统异常”的孤独症患者，可能比普通人更有能力扩大自身注意范围的疆界，从而注意到一些我们常人无法注意到的事物，并由此形成孤独症患者相对于常人所不具备的某些“特殊能力”。

那么，孤独症患者除了前边在注意资源的分配上，比我们普通人更高级之外，还有没有其他的一些我们所不具备的能力呢？

课堂聚焦

“不许哭，快点写！”平日里一向对女儿骄纵有加的囡囡妈，今天可是真正表现出了“不怒则已，一怒惊魂”的气魄。也不知是什么原因造成的，平时对女儿万般宠爱、千般呵护的她，自打今天早上踏进校门口的那一刻起，就一直挂着个脸儿，一言不发；与此形成鲜明对应关系的是囡囡本人，平时有事儿没事儿就爱往妈妈怀里钻的她，今天居然一直都躲着妈妈，只要母女俩的距离一有些靠近，囡囡就会非常局促不安地远远避开，而囡囡妈也一直就这么板着个脸对此熟视无睹。这不，一直到了下午的这节“个人工作”课上，母女之间的冷战还在持续着。要是按往常的习惯，囡囡妈肯定会搬把椅子耐心十足地坐在女儿身边进行指导辅助，可今天肯定是一反常态了。而对于已经习惯于妈妈辅助的囡囡，面对这很不寻常的情况变化，自然是感到异常的焦躁不安而无心向学。于是，便自然导致了她在本节课上的任务没有完成，因而被妈妈惩罚其在接下来的“美术”课上继续做个人工作的结局。也于是，便有了本段开头囡囡的哭闹和妈妈的喝止。

“啊——，哼哼！”本来就十分不爽的小千金，在遭到妈妈的“粗暴对待”后，更是干脆把作业本往前一推，身子往后一挺，仰着个泪汪汪的脸蛋儿，眯起眼睛、张大嘴巴嚎啕大哭起来。

“不许哭！”看来母女间的冷战，随时都有再升级的可能。囡囡妈又是一反常态地狠下一条难得一“狠”的心，她并没有在女儿的悲情攻势下轻易屈服，而是冲着囡囡猛力一拍桌子，大声喝阻着女儿的哭闹。或许小公主真的是被妈妈的无名大火给吓住了，她果然马上止住了悲声，坐在那里一动不动地睁大双眼直瞪着妈妈看。“快点儿写！”囡囡妈又下了一道死命令。

实践证明，和普通同龄孩子一样，绝大多数自身安全感偏低的中重度孤独症孩子，在特定环境当中还是很能审时度势的。这不，当囡囡终于明白了哭闹无助于解决自身问题时，她也只好乖乖地拿起笔开始认真抄写起句子来。

其实，在以上所发生的整个事件过程当中，我们已经可以间接地了解到一个事实，那就是囡囡母女俩在作业区进行着长时间拉锯战的同时，我和班里其他的几个孩子，并行不悖地照常在课室的教学区进行正常的美术教学活动。虽然她们之间的高声低语也多少会对我们的教学活动造成一定的影响，但说句实在话，在类似于我们这样中重孤独症程度的班级里，又能有哪个班级能够创造出“默默无闻干革命”的课堂神话呢？无论是从这群孩子自身的状况来分析，还是从特教现实处境的角度来衡量，孩子们在课堂或课间出现这样或那样的带有一定影响力的问题行为实属正常，也不可避免。别说是他们，就连相对无所不晓、万事皆通的普通儿童，大概也很难做到不在课堂上搞点小花样儿出来玩玩。

当然，由于占孤独症群体大多数的中重度孤独症患者情绪波动较大，且较为普遍，这就决定了我们特教老师尤其是担任中重程度教学的老师，与普通学校同行最大也是最根本的区别就在于：我们处理学生情绪行为问题的能力是与教学教研能力同等重要的，甚至前者要比后者更为重要。我之所以要在这里陈述此一观点，是因为在普、特教两个领域里，特教老师的工作压力与职业疲倦感要远甚于普教老师。这当然与特教领域所受到的社会关注度要远低于普教领域等客观因素密不可分。但更为主要的原因是，受传统教育教学理念的影响，很多学生家长还保持着“上学、就业、挣大钱”的望子成龙、望女成凤之理念，并以此来要求和衡量我们的孤独症康复教育教学工作。这不仅仅对孤独症孩子不公平（因为他们并不具备同龄普通孩子的认知学习能力），而且对孤独症康教事业自身也不公平（因为我们是在执行着一项不可能圆满完成的任务)。于是，深深的受挫感与职业疲倦感也就由此不可避免、自然而然地产生了。身为一名一线的特教老师，我对此都是深有体会的。

闲话少叙，继续转入正题。本着以上特殊的康复教育教学理念，经过长期的学习训练，不管是我们学生还是老师，如今都已经基本适应了在课堂教学过程中出现的各种小插曲儿。从而能够在突发事件面前，不至于令自己因精力涣散而乱了阵脚。所以，个人工作区里囡囡母女斗智斗勇的"拉锯战"，并未对我们师生正常的教学活动造成多大的影响。

"囡囡完成个人工作了，真棒！你也来画一颗爱心好吗？"见到小千金已经在妈妈的"威逼"之下完成了工作任务，我马上和颜悦色地向回归教学区的囡囡发出了活动邀请。

"画爱心。"小囡囡重复了这句话后，随即走上前来，拿起一支彩色粉笔，到黑板上很是认真地画着她的爱心。

"囡囡画得真好看。"看到小公主好不容易画完了，我赶紧及时表扬了她。"那你能找出哪个是豪仔画的吗?"这人一高兴，就容易忘形。不知怎么回事，此时此刻的我，居然又心血来潮地想对囡囡进行一番"超越一般水准的摸底测验"。

"豪仔的。"尽管问题是我一时兴起提出的，但那毕竟是一个我并不期待能有所收获的项目。因为囡囡本身专注力就比较差，再加上其他孩子在画爱心的时候，这小公主还正在教室后部的作业区做个人工作呢。别说是她，就连我们这些普通人，在专心忙于自己的事务时，也不可能兼顾到别人此时在做什么。因此，当囡囡快速准确地指出豪仔的作品时，真的由不得我不惊讶。

"果果的是……"努力压制住自己满心的好奇与惊讶，心存囡囡是偶尔蒙对的想法，一不做二不休的我又继续追问了下去。

"果果的。"囡囡又准确地指出了另一位同伴的作品，这更令我惊讶得张开了嘴巴。这一切纯属巧合的偏见性判断，已经在我心里发生了动摇。

"壮壮的是……"怀着试探到底的决心，我继续随意向囡囡发起在没有任何文字提示之下，辨别同伴美术作品的挑战。但无论我怎么变换着顺序，小千金也都能准确无误地指出相应的伙伴作品。

没有任何标志，没有任何语言或动作暗示，并且每一个美术作品之间的差异性又不是很明显。那么，一个平时在我们常人看来专注力极差的中重程度孤独症儿童，是怎么做到在忙于自己事务的同时，还能兼顾到同伴活动内容的呢？有的老师、家长认为，有可能是囡囡等人已经摸清了每个同伴的绘画特点，因此才会毫不费力地辨认出每位小朋友的美术作品。可是，即便是我面对着满黑板密密麻麻的美术作品，皱起眉头来认真端详老半天之后，说句实在话，除了越看越眼花缭乱之外，我还真的很难立马判断或回忆出哪幅作品是哪个小朋友画的。因为要将每份作品与其他作品之间的差异性与个性特点，分别与每位小朋友自身的绘画特点准确无误地联系起来，并不是一件轻易就能够做到的事情。

正是有这么多限制性因素的存在，即便是真如有些老师家长所推测的那样，是囡囡事先已经摸清了每个同伴的绘画特点，那也已经超越了我们常人的观察判别水平。因为要想达到这样的水平，你就必须要在认真观察总结出眼前每个美术作品之绘画特点的同时，还要熟知班里其他每个孩子的绘画特点，然后才能在作品和主人之间建立起一定的联系来。而这，肯定需要你有高度的辨识、概括及专注能力。可按常理来说，这些能力却偏偏又是孤独症儿童最为欠缺的。

此后，为了进一步验证囡囡在这方面突出表现的可信度，我又多次对其进行了相关的“摸底测验”。结果显示，除了她有时的确是因不在状态而不能有效辨别之外，其余大部分情况下都没什么问题。由此，我自然又联想到了前面案例中同样有此“特异功能”的炜仔，当然还有豪仔、洁洁等其他几个孩子，他们都默默无闻地用自己不同于常人的杰出表现，一再向我们阐释着丹尼尔·塔米特和金·皮特这些所谓的高功能孤独症患者的金玉之言：“跟别人不一样不等于智障，因为人人都是不同的”。

故事叙述到这里，我又想起有关于囡囡的另一个也同样颇有几分传奇色彩的事例。

“好，我们继续来做饭给小朋友……”

“嗯，嗯，啊唧唧，嗯嗯，啊唧唧！”这节社交课上，我正引导孩子们以象征与假想相结合的形式，来进行做米饭与大家分享的游戏呢，囡囡却又用她那自娱自乐的假声游戏横空打断了我的话。

“囡囡，上课要……”我不无几分怒意地厉声提醒着她要注意遵守课堂常规。

“安静坐好。”她回答得倒也颇为干脆利落，我们班一个囡囡一个洁洁，只要你一提示课堂常规方面的问题，他们立马会给出令你满意又无奈的“标准答案”，并且在回答完问题后立马端正坐好闭紧嘴巴。可这种颇有几分“军人风范”的良好状态往往还没保持到三两分钟，他们就又开始故伎重演地陶醉在自己制造的声音世界里，直搞得其他孩子也尾随模仿，从而导致整间教室里咿啊声一片。说句实在话，每当此时，我们这些做老师的都会不免有些挫败感：对于这群孩子来说，我们辛辛苦苦、绞尽脑汁地根据学生自身实际情况设计出来的，自认为已经相当有趣的教学活动内容，还远远不如同伴嘴里所发出的一串在常人看来很“无趣乏味的古怪声音”更加其乐无穷，更值得模仿学习。

想到这里，眼看着端端正正又十分乖巧安静地坐在那里直盯住我看的囡囡，我唯有深叹一口气了事。“那我们先请炜……”

“嗯嗯，啊唧唧!”囡囡又一次用她那一连串稀奇古怪的声音打断了我还没说完的话。

“囡囡安静!”面对如此屡教不改的顽固分子，说句实在话，我们除了厉声训斥之外，的确也想不出更为高明的办法啦。“你来做饭分给大家吃!”既然囡囡如此漠视我煞费心机设计出来的教学活动，那我只有借助让她完成本节课学习任务之大好机会，来好好“修理”她一番啦。因为就凭她那种课堂学习状态，要想掌握课堂学习内容，几乎是不可能的事情。

小千金倒也面无难色。只见她不慌不忙地来到摆放各种“厨具”的桌子前，有条不紊地按照我事先所讲的程序，先将米（沙子替代）放进玩具锅里，再把锅放在黑板上画出的水龙头底下进行“淘米”，然后再把“淘”好的“米”连锅放到煤气炉（滑板车替代）上开始煮饭。并且还在我的提示下数了十个数表示煮好饭了，然后又用玩具饭勺将煮好的“米饭”盛到碗里，最后拿起筷子端饭分给了我为她指定的小伙伴手中。在这一系列的游戏过程当中，无论是物件象征还是事件假想，囡囡都在极少语言提示的情况下有板有眼地圆满完成了预定的学习任务。

大为震惊却又心有不甘的我，看来也只能自己一个人默默承受因惩罚计划落空而产生的极大挫败感啦。在惊讶之余，我也不由对此产生了更大的喜悦与困惑：不管怎么说，至少有一点是可以肯定的，那就是本节课的学习目标绝对是在充分参照了囡囡的“最近发展区域”及IEP设计出来的，因此她没理由无师自通、轻而易举地就完成了这些目标。再就是至少从外表上来看，在我们进行相关物件功能及游戏规则的介绍说明过程中，囡囡都是陶醉在声音游戏的自我刺激当中，而基本没怎么看我们的。那么，她又是如何“神不知鬼不觉地学会这些技能和运用相关规则的呢?”

无需卖关子，这就是一个未解之谜。

课后检视

如果要探讨清楚本章所涉及的中心问题，的确不是一两句话就能说清楚、道明白的。首先，从前面案例中的炜仔到本案例的囡囡，他们从外表上给人的感觉都是以懈怠漠然的态度来对待身外之人、事、物的。套用孤独症评估量表中的概念及评估标准，他们与人既没有多少“目光对视”，也没有多少“互联注意”，属于标准的中重孤独程度并急需“发展提高”型的。

然而，当你对其进行相关学习训练内容考察时，他们一般又能像认真听讲的同学一样掌握所学的知识技能。那么，一心多用又对外界眼不看耳不闻的他们，究竟是如何准确捕捉到周围伙伴们的活动信息的呢，在他们的精神世界里，究竟是怎样一种有别于常人的神秘思维模式在默默运转呢?

有资料显示：由于中央信息统合障碍的局限，孤独症患者的中枢资料处理过程，比边缘资料处理过程相对薄弱，从而形成了其局部领域的优先运作。其特点是偏好细节部分多于全盘考虑，因而具有长于分析的技巧，并对细节有很强的观察力；另一方面，尽管孤独症患者有不能看到整体、只能看到局部，因此导致注意涣散、不能理解深层含义、不能建立整体性社会性联系，不能发展心理知识，语言社交严重受损等方面的不足，但他们却具有很强的视觉空间能力，有些患者还具有一些特殊的技能，比如音乐、数学、美术等方面的天赋，还有优秀的机械记忆能力、智力拼图和其他空间技能。更为值得注意的是，孤独症患者还特别擅长于注意到我们普通人所很难察觉到的一些细微变化。

由此看来，本案例中的囡囡能在一边做自己功课的同时，还能留意到每位同伴都各自画了哪幅美术作品的特异才能，也就在可以被我们理解的范围之中了。只是作为感知觉异常的孤独症患者，他们特殊的外在行为表现，往往会令我们造成困惑和误判而已。

第24课 我的苦衷你不懂

课前导读

“不识庐山真面目，只缘身在此山中。”这句话用在具有局部性、片段性思维模式的孤独症患者身上，无疑是相当妥贴的。但从另外一个角度来看，恰恰是这种局部性认知思维，才令孤独症患者领略到了我们常人很难领略到的微观风景，从而也使得他们无形之中具备了几分神秘的传奇色彩。

当一个五六岁的小孩子在我们面前又唱又跳，并且还能融入个人的风格进行歌舞演绎时，我们肯定会惊喜地说，“这孩子简直就是个艺术小神童嘛”；当一个差不多年龄的孤独症儿童，也能融入自己的风格，全身心投入地在你面前又唱又跳时，你肯定也会说，“这简直就是个孤独症天才嘛”。

可是，就像是本案例中的强强（化名）一样，当一位孤独症儿童在课堂上或在兴奋时、在紧张哭泣时，以及在你不愿意看到、听到他的歌舞时，都照样儿不能自控地又唱又跳。请问这个时候的你，又会作何感想，又会怎么样对待他呢？

课堂聚焦

“喂喂，嗯啪啪！”认知课上，我正在引导几位小朋友辨认物体的形状及颜色呢，一向心浮气躁的强强，又不甘寂寞地从座位上站了起来。和往常一样，他先非常有明星范儿地手碰嘴唇，然后再向外一扬手，要这个调会更传神，冲大家来了个飞吻，接着便铿锵有力、节奏分明地扭动屁股、摆动腰肢，开始表演起他的个人秀来。

“强强你快坐下，上课不许胡来！”因为这小家伙儿经常这样不分课堂课间地乱“出风头”，所以搞得强强奶奶都感觉很不好意思。如今又见小孙子旧病复发，她只好强装凶悍地板起脸来，试图阻止爱孙这一“招蜂惹蝶的不良行为”。可是她刚一伸手去拉小孙子的手臂，只见早有防范经验的强强哧溜一缩身，便轻盈灵巧地逃离了奶奶的控制范围。逃脱成人控制的成功喜悦，再加上极强的表现欲望，使得小家伙儿一不做二不休，干脆噌地一下蹿到了走廊上。

“嗯嗯，嗡玛丽玛丽啪啪，玛丽啪啪！”终于成功争得人身自由的他，在强大表现欲望的推动之下，一边尽情地哼着很有节拍的音乐伴奏，一边甩手扭屁股地跳起了自编舞蹈。跳到尽兴处，他还兴奋地两手一叉腰，再神气十足地一仰脖儿，高声唱了起来，“嗯 NOBODY NOBODY，NOBODY，BUT……”

“强强，你再不闭嘴我就给你缝上嘴巴啦！”见孙子如此不可驯服，强强奶奶可真是急了，她不由得怒火中烧，咬牙切齿地站起来就去抓强强。

“不闭嘴，我就是不闭嘴，哼！”奶奶尴尬又生气，强强看来也是一肚子的委屈。他不明白为什么上课就不能唱歌跳舞，更不能理解自己正跳到高兴之处呢，奶奶为什么会如此严厉地制止自己。悲愤交加的他，只能将满腹的委屈与不满，尽情发泄到一仰脖儿、一甩脸的那一声“哼”上。可毕竟危险临近，小家伙儿倒也反应迅速，见奶奶快要追过来了，他赶紧拔腿就往教室外面跑。一边跑他还不忘继续顶撞奶奶两句，“不闭嘴，就是不闭嘴！”

“你个不懂人事的小兔崽子，看我不打断你的狗腿！”强强奶奶一边咬牙切齿地责骂着，一边非常费力地拖动着两条和孙子一样不太听自己使唤的老腿往前追去。

这下可热闹了。别看班里其他几个孩子对我们老师特别设计的教学活动不怎么感兴趣，可是对强强祖孙俩的对抗场面倒兴致颇高。就连平时一直都生活在睡梦之中的囡囡（化名）、坤仔他们几个，也不由得兴奋得又是磕凳子，又是拍桌子地咿呀大叫大闹了起来。

“强强你给我站住！”实在是看不过眼的我，狂奔过去一把抓住小家伙的胳膊就想训斥他一顿，“上课要怎么样？”

“我……我不闭嘴，哼！”或许是因为只注意跟奶奶“玩”追逐游戏，而忽略了其他人的存在吧，反正在我一下抓住强强的胳膊并大声喝止其过火行为时，他先是不由得一愣，但马上又恢复了先前那种坚强不屈、死不悔改的顽固本色。万般无奈义愤填膺之下，我们也只好在教室后面地板上画个圈，暂时罚他“踩大饼”了事。

其实，从以上的这一事件冲突中，我们不难看出：不管是语言的理解与表达，还是意愿的自主陈述与倾诉，强强基本都不存在什么问题。而唯一最令我们感到头大的，就是不到七岁的他，居然有如此强烈的叛逆表现。可是从发展心理学的角度来看，强强显然是不在人生两大叛逆期的，他对课堂常规的基本要求也是能够理解的，可就是严重缺乏遵守课堂常规的自我控制能力，从而表现得有些过于多动。更为可气的是，不管在何时何地，只要他高兴，就会随时蹦起来又唱又跳的，还想方设法地显摆出各种滑稽可笑的造型来，非要引起你注意到他不可。有好几次，我们老师家长都一致商量好了，不管强强怎么煞费心机地想吸引我们对他的关注，我们都必须假装看不见听不到，就是要一个劲儿地不理他。于是，强强“三步杀手锏”的好戏，也就是在这种背景之下，开始上演了。

“喂，喂，噢噢唔啪啪。”有节奏地跺脚、扭屁股，再伴随着这一段儿自己即兴编创的口头伴奏曲，这就是强强“个人秀”的第一步杀手锏。不管你是老师、家长还是学生，他都会先走到你的视线范围里面热情百倍、魅力十足地同你先打个招呼，然后再卖力地扭扭屁股甩甩手地做个表演预告，以便充分吸引你对他的注意与兴趣。不得不承认，有一点强强还是做得挺高明的，那就是尽管会热情主动地走进你的视线范围，但他绝不会离你太近，以防你抓住他对其进行惩戒。因为有好几次在这小家伙“勾引”我们的兴趣时，我们都想抓住他以阻止其不合时宜的个人显摆行为，可他都非常伶俐敏捷地跑掉了，这当然都与强强非常明智地与我们之间事先保持好“安全距离”有关。也正是有鉴于此，我们这一次才决定不到万不得已，坚决不再看他一眼。

“喂，喂，噢噢唔啪啪……喂，唔啪啪……喂，唔啪啪！”这段就像是录音机卡带了似的口头伴奏，就是强强在没有达到预期目标之下，所采取的第二步杀手锏：“极限挑战挑衅术”。那就是一边进行着表演预告片的宣传工作，一边非常小心地在安全距离范围内，不断试图尽量接近你一些，以便加强他个人表演秀的宣传渗透力度；就这样又是想尽量吸引别人，可又担心自己一不小心就会掉进对方的“捕猎陷阱”，小家伙不断地在这两种思想动机的巨大矛盾之间徘徊着、试探着。或许是我们的不理不睬更加激发了他的“勾引”潜能吧，后来，小家伙儿干脆使劲儿把屁股往后上方一撅，伸出一只手来啪啪地像打皮球一样使劲拍打着自己的屁股，企图用这种夸张的动作与巨大的声响来挑衅我们的“扮酷”底线。强强这种不达目的决不罢休的执着劲儿，有时真的是令我们又气恼又佩服之至。这不，在长时间的拉锯战无效之后，他又使出了第三步杀手锏："主动侵犯战术"。

"喂！唔啪啪……嘭！"在说唱内容及编曲上，强强倒没有太大的创意，反正都是那几段自认为非常具有诱惑力的招牌性音乐节拍。可他在行为上可就越来越令人恼火啦，在第一阶段，他只是通过个人表演来吸引你；而在第二阶段，他是通过不断地挑战与你之间的安全距离极限来刺激和挑衅你的忍耐限度；可在这些尝试都失败之后，小家伙便开始了第三阶段的骚扰行动。只见他随手从地上捡起一截小树枝，以及小石子或是小纸团之类的东西便开始往你身上投掷。这一招可真是把我们给逼到了悬崖边，因为假如我们还不理睬他的话，那就只能冒着个人安全风险，白白助长他的人身攻击行为啦。

强强呀强强，算你狠！

这可真是"是可忍孰不可忍"，既然他敬酒不吃吃罚酒，那我们也就只好横下一条心来，非得好好教训他一顿才行啦。"强强，你给我站住！"在非常憋屈地吃了小家伙两三次的树枝袭击之后，我忍不住怒从心头起，拔腿就去追赶比狐狸还要狡猾、比兔子跑得还要快的强强。

"呕，唔啪啪……呕，唔啪啪……"眼见我咬牙切齿地追了过来，阴谋得逞的强强，赶紧快速扭动着他那蛇一样的腰肢拔起和兔子一样的腿，拼命往前逃窜，一边还咧嘴歪头地用眼睛的余光目测着我俩之间安全距离的即时变化，嘴巴里仍然不忘气喘吁吁、半似勾引半似紧张性宣泄地哼唱着他的招牌性乐曲。事后，我们师徒二人所共同表演的这场追逐大赛，感觉上与其说是我在追强强，倒不如说是他利用带有"个人魅力"的歌舞表演，在牵着我的鼻子往前奔跑。尽管这感觉很荒唐也很滑稽，可它就是那么顽固地支配着我的感受，挥之不去！

"我让你跑个够！"当我气喘吁吁、大汗淋漓地好不容易抓住小家伙儿的肩头时，便开始了自己毫不留情的强力训诫。"拿树枝砸人对不对，嗯?!"

"嗯哼哼……不对。"已经不可挽回地成为笼中之鸟的强强，此时恍如梦中惊醒般的，显得特别安静、乖顺，他抬头睁大一双可怜巴巴的大眼睛，忽闪忽闪地直盯着我，低声哽咽着回答了我的问题。看他那伤心、无辜又羞涩的样子，简直就是一个受了莫大委屈的小姑娘。

"那要怎么说?"我故意无视他那惊慌失措的眼神，继续气势汹汹地步步紧逼。

"老师对不起。"自己顽劣的行为，以沦为阶下囚而宣告失败之后，这小家伙居然又冲我打起了悲情牌。表演天才就是表演天才，这由不得你不服。只见强强眼皮使劲儿一眨，又是一滴充满无限哀伤的泪水，便顺着眼睫毛跳了下来。那眼泪越跳越多，他干脆低下头呜呜呜地哭了起来。瘦弱的肩膀在我的“魔掌”之下因啜泣而瑟缩着，因伤心而颤抖着，直搞得我感觉自己好像是个惨无人道的刽子手似的。

“那你还要不要扭屁股给我们看?”在强强这种屡教不改的坏习气之下，我是决不可以轻易显露自己的慈悲之心的。

“不啦。”回答完问题之后，小家伙儿便一边哭着一边抬起手来，努力将鼻涕眼泪涂得满头满脸都是。如此营造出来的悲情气氛，那岂止是一个“绝”字了得。神呐，这天底下居然还有表演天分如此之高、脸皮厚度如此惊人的捣蛋天才!

“那也不行，做错了就要接受惩罚。你给我做五十个下蹲起立，快点儿!”气尤未消的我，终于开始粗暴地实施起自己的惩罚措施来了。

春末夏初的艳阳下，强强一边心有不甘却又无可奈何地卖力做着下蹲起立的动作，一边仍旧抬手不遗余力地往脸上涂抹着自己的眼泪鼻涕。不多一会儿，豆大的汗珠便顺着他的两鬓流了下来，与他脸上那一滩滩鼻涕眼泪混在了一起。还有小家伙儿那每下蹲一次，就要狠命地把屁股往脚后跟儿处一砸的猛烈动作，简直就是对我们的严重不满和强烈抗议。目睹这一切，我们是又气又无奈。“……二十八，二十九，三十，好，继续做! 三十一，三十二……”俨然以惩戒者自居，而正气凛然、铁面无私的我，毫不手软地对强强实施着“罪有应得”的惩罚。

“哇，头发肩膀膝盖脚，膝盖脚……哇啊啊，眼睛鼻子耳朵嘴，哇啊……”终于受完五十个下蹲起立之苦而大汗淋漓的强强，在好不容易重获自由之后，忍不住大放悲声。他一边哇哇大哭着，一边高声悲吟着那首《身体歌》。这本应该是充满欢快节奏、表达快乐之情的儿歌，经他这么一发挥，令人听来绝对会有另一番荡气回肠的感受。

眼望着强强那悲歌远行的身影，因怒气渐消而产生悔意的我，也不禁陷入了深深的困惑漩涡：对于如此有音乐天分及表演才能，前途很有可能会一片光明的强强来说，我这样粗暴地对待他是否有欠考量，这孩子真的有错吗? 毕竟，站在孤独症患者的角度来看，这应该算是他的无“心”之过呀；而站在特殊教育的立场上，我在处理孩子问题行为的方式方法上，是否也有些太过简单粗暴了一点呢？

课后检视

这世界上的事情就是如此地充满悖论——“细节决定成败”，是普遍被人所接受的经验之谈。可当我们过于追求细节上的完美时，却又很容易因失掉全局和远方而作茧自缚。

这正如沉溺于局部性、碎片式思维模式的孤独症患者，要想成功帮助他们将自己融入到外在的大环境里，令人感觉是如此地困难和力不从心。

很客观地说，强强唱起歌来节奏感强、声音悦耳，的确很有几分音乐天赋，尤其是他那帅气十足的摆酷造型，还是挺有几分明星范儿的。他沉迷在自己劲歌热舞的状态中时，那一招一式也的确很具有其个性特色。所以在私底下，我们也经常称他为“小杰克逊”。因为只要是强强听过一遍的歌曲，他基本都能在事后重新演绎出来，并且还会自觉不自觉地添加上自己的一些个性化发挥。就连我们的音乐舞蹈老师，也不得不对小家伙的这一天分刮目相看。也正是因为如此，我们才经常感叹，假如强强是个普通孩子而非孤独症儿的话，那他的发展前途的确是不可限量的。

毕竟凡事都有利就有弊。信息中央统合障碍的局限，使得这个小家伙儿太过于陶醉在自己的表演体验里了，无论课堂课间，他时常都会兴奋忘形地用自己独特的歌声和肢体语言，来不合时宜地表达着自己的欢快心情，并试图以此尽量吸引着他人对自己的关注，从而完全忘了自己在课堂上应该遵守的课堂规范和纪律约束；而每当其受到惩罚时，很难适应外在规范的他，也同样会用自己演绎出的歌舞来宣泄自己内心的不满与悲愤，这简直就是一个怀才不遇的即兴歌王形象。

由强强的这一特殊案例，我们自然想到了爱尔兰精神病学教授菲茨杰拉德。他在伦敦举行的一个会议上指出，孤独症、创造力和才华这三者具有相同的基因因素。并说“精神病也有好的一面。我指的是引致孤独症和阿斯伯格症候群的基因，创造力实质上也是源于与此相同基因的。我们不知道那是什么基因，亦不知道有多少基因。每个案例都是独特的，因为不同的人有不同的相关基因。这些基因塑造出集中力强的人，他们与学校制度格格不入，社交技巧差，与人交流时欠缺眼神接触。他们可以很偏执，喜欢反对他人见解，亦很有道德操守。他们可以为一个论题付出二三十年的努力，不会受其他人的想法左右”。

难道，强强也属于这“与学校制度格格不入”的孤独症天才之列？

中篇

家庭篇

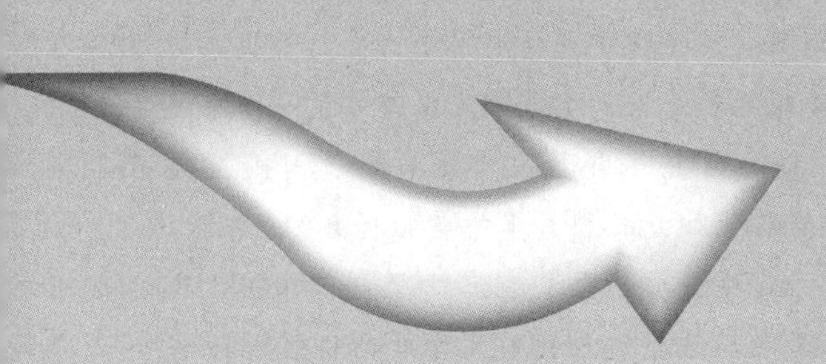

与同龄普通孩子相比，由于自身广泛性发育迟缓等各方面的限制，孤独症儿童不论是在与父母家人相处的时间长度，还是对家庭的依赖程度上，都要大得多。具体可以从以下几个方面来看。

一是家庭生活自理方面。神经系统发育障碍，具体表现在孤独症儿童的外部行为特征上，就是肢体协调性差、嗅觉味觉失调、多动、小肌肉协调能力明显欠佳等状况层出不穷。一般而言，一岁多的普通孩子出于探索外在世界的强烈好奇心，都可以随心所欲地抓过一本彩色幼儿图书或其他小玩具来把弄玩耍。但就是这些不太起眼的小动作，对于同龄孤独症患者来说，却存在着巨大的困难——由于五指协调性差，他们很难用手抓过一只彩笔或翻过一页卡通书；由于本体失衡或是听觉过敏，孤独症孩子会不允许你在他旁边大声喧哗或到处乱跑乱爬而不知道危险；由于信息加工系统异常，你觉得好玩有趣的事物，他们很可能会漠不关心、熟视无睹，而你觉得枯燥无味的东西，他们反而会视若至宝、爱不释手。比如一段小铁丝、一片树叶甚至是旋转着的自行车轮子……

随着年龄的增长，普通孩子很大程度上自觉自发地慢慢就学会了自己穿脱衣服、自己上洗手间、主动表达自己想干什么吃什么，等等，但这些基本技能性生活自理能力，对于很多同龄孤独症孩子来说，却需要进行长期坚持不懈的专业性康复训练才能逐渐掌握。

“日出而作，日落而息”，即便是生活节奏已经大大加速的当今时代，我们绝大部分人也还是基本遵循着这千古不变的生活铁律。但神经性发育障碍尤其是信息加工系统及感知觉异常等问题，使得很多孤独症患者的生物钟也相应地发生紊乱，这就导致孤独症孩子很难在作息时间上与家人保持一致——深更半夜了，父母都已经困得睁不开眼睛，可孩子却精力十足地吵吵闹闹折腾不休。第二天还要上班的家长怎么能经受如此日积月累的精神折磨?!

在这部“家庭篇”里，出于对孤独症孩子及其家庭的尊重和保护，我们本着“只录其事，不记其名”的原则，尽量通过比较文学化的语言和故事性表达手法，来向广大读者真实展示孤独症孩子在家庭生活里的具体表现，以及他们与父母家人之间的互动，尤其是亲子之间的互相影响，以便令读者加深对孤独症患者的了解，引起大家对孤独症家庭的接纳与关注。

如果有可能的话，真心希望我们都能伸出友爱之手，为孤独症孩子及其家庭提供力所能及的帮助。

第25课 亲子互动的“雾”区

课前导读

家庭是每一个孤独症孩子康复发展过程中不可或缺的因素，家庭的环境和氛围以及父母的教育方式，都对患儿的成长起着至关重要的引导作用。因此，作为父母，需要采用科学的方法和良好的心态来积极有效地帮助患儿克服行为问题，促进其康复与发展。然而，长久以来，尽管孤独症孩子的教养问题都是患儿家长较为关注的话题之一，但在孩子身心发展特殊的情况下，许多父母不知道该如何教养这些认知思维与众不同的孩子，因而感到不知所措，无所适从。

课堂聚焦

“别动，再动我就打死你！”昊昊妈一边警告着儿子，一边用力将昊昊（化名）伸到后边准备来抓自己衣服的手拧靠在椅背上。

因为夏天基本都是穿着短袖衣，所以我们不难发现：昊昊的两只手臂已经布满了由暗紫到鲜红等不同颜色级别的伤疤。不光是这孩子如此，就连他妈妈的手臂上也是伤痕累累。至于昊昊，我们在前面几个案例中已经不止一次地认识了他。长话短说，经过各方面的努力，他的问题行为的确在一定程度上得到了改善，认知理解与社交沟通方面的能力也得到了较大的发展。但就在最近一段时间，昊昊先是出现了较为显著的刻板行为。比如有的同学偶尔拍了一下自己的膝盖，小家伙儿也会立马照做一遍；还有的同学不小心将铅笔之类的东西弄到了板凳底下，尽管人家很快将其捡了起来，但昊昊还是非得走过去再将那位同学丢铅笔及捡铅笔的动作流程重新演示一遍才心满意足，否则他就会焦虑不安。再后来，昊昊的刻板行为似乎又被厌食所代替。不管是在学校还是在家里，他都几乎不怎么吃饭，可等到饿了的时候，他又会乱发脾气大哭大闹。一开始，我们都怀疑是小家伙儿的肠胃出了问题，但其父母带着儿子去医院做了检查之后，这种可能性也就被排除了。过了大约一个多星期之后，昊昊的食欲又突然猛增，每次午餐几乎都能将饭菜吃个精光。并且据其父母反映，因为小家伙儿在家里的进食量实在有些夸张，他的父母有时不得不在适当的时候将其余的饭菜藏起来，生怕儿子因吃得太多而出问题。与此同时，昊昊在社交方面也出现了一个非常明显的变化。在家里，他会一直拉着爸妈的手或衣服不放；在学校里，他也是这么对待老师的。乍一开始，我们还非常乐观地以为昊昊的社交意向与动机大大提高了。可后来却发现越来越不对劲。因为他一直会抓住成人的手或衣服不放，这就令我们没办法从事其他活动。

当今这个竞争激烈的时代，人人都有自己的事情要忙。昊昊爸要上班，昊昊妈在家既要照顾儿子，也要忙其他家务事。可儿子始终拉住其手臂、衣服不放手，使得她也不能做其他活儿。如果说这已经令到我们头大的话，那更为令人头大的是，我们几次试图掰开小家伙的手臂不但没能成功，反而会导致他更加卖力地揪扯我们胸前的衣服。身为男老师，我倒还没多大问题，关键是我的搭档李老师还是位没结婚的女教师，昊昊爱揪扯我们前胸衣服的问题行为，的确使得李老师既无计可施又尴尬万分。毕竟，我们平时还要忙于上课或照顾班里其他小朋友的学习生活，昊昊经常突然强有力地冲过来揪扯我们前胸衣服的行为，我们也没那个时间精力次次都能防范于未然。万般无奈之下，我们只得提出让昊昊妈在上课时坐在儿子的后面，以对其问题行为进行监督控制。

在采取了这种应对措施之后，我们倒是暂时可以集中主要精力来忙于其他教学教务活动了。可真的是按下葫芦又起瓢，昊昊经常坐在凳子上猛然转过身来抓妈妈的手或前胸衣服。母子俩就这么在势均力敌的揪扯与僵持战争中，各自都不同程度地挂了彩，大人小孩的手臂上留有众多伤疤自然也就成了很平常的事情。不过凡事都有个限度，在尝试了各种各样阻止儿子抓人的方法都无效之后，昊昊爸妈有时就难免为此大动肝火地将儿子暴打臭骂一顿。于是，这个特殊案例也就成了我们本次将要加以探讨的中心话题。现在接着往下叙述刚才的那一幕“母子战争”。

尽管有妈妈的警告与强有力的控制，可小家伙似乎并未感受到手臂上的疼痛（至少他的脸上没有显露出任何痛苦的表情），他依然面无表情地坐在那里扭动着身子，想方设法地试图挣脱妈妈的控制。尽管小家伙儿低着头，可我们还是能够清晰地观察到，昊昊一直在用眼睛的余光留意着妈妈的情绪反应及一举一动，并由此不断调整着自己逃脱控制的策略。就这样过了大约二十多分钟的样子，或许是太累了吧，昊昊妈紧抓住儿子的手就不免有些松动了。说时迟那时快，小家伙儿趁机迅速地抽出手来，一把揪住妈妈前胸的衣服就是卖力地一阵撕扯。根据经验，他的这一手的确是在预料之中，但却是在昊昊妈的容忍限度之外。她一手紧紧抓住儿子揪扯自己衣服的手腕，另一只手照着儿子的脸就是一记脆响的耳光。还没等被打得懵头转向的昊昊做出进一步反应，她又两手抓住儿子的双臂将其逼到了教室后面的角落里。"我让你抓个够!"昊昊妈气喘吁吁咬牙切齿地教训着儿子，一只手也死死地顶在小家伙的喉咙处将其挤压在墙壁上，使得昊昊憋得满脸通红、青筋暴露。他一张嘴，就嘶扯着嗓子哇哇大哭了起来。"你再哭？你再哭我就敲掉你的大牙!"一边说着，也不知昊昊妈是从哪里拿来的一个擀面杖儿相仿的木棒，硬生生地往大哭大闹的儿子嘴巴里直戳了进去。

"啊!"声嘶力竭的昊昊惊恐地睁大着因睡眠严重不足而布满血丝的眼睛，刚刚来得及发出一声哭喊，那根擀面杖儿就已经塞进了他的嘴巴。昊昊的整张脸随即因嘴巴的胀大与惊惧失措表情而变形、抽动着。或许是因为太过痛苦吧，他拼命挣扎着，对妈妈又抓又踢，被恼怒情绪完全控制的昊昊妈把心一横，又照着儿子的脸狠抽了几记响亮的耳光。

目睹这令人心惊肉跳不忍直视的场面，说句心里话，我们也是干瞪着眼傻愣着不知该如何是好。历次的经验反复证明：每当我们想劝止昊昊妈或是其他处于类似情境中的孤独症儿家长，别再用这种近乎粗暴的方式教训孩子时，她们都会反过来近乎失控地催逼我们拿出一个有效的制止方案来。这是令我们多少感到有些惭愧的地方（尽管身为特教老师，我们也同样对很多问题都不能给出有效的解决方案，这是不得不承认的一个事实。而另一方面，在这些学生家长绝望焦虑加愤怒的情况下，所做出的超越理智范畴的种种言行举动，我们在给予深深理解与同情的基础上，的确也感觉有些难以接受。毕竟，这些孩子也是活生生的有血有肉有尊严的人。所以，我们特教老师内心的压力、委屈与无奈也很大）；而另一方面，昊昊妈粗暴对待儿子的这种做法背后，又牵涉到长期的精神压力，和更为复杂的家庭关系问题。因为昊昊近期出现的这一系列令人头疼的问题，他的爸妈在究竟该如何正确处理儿子的情绪行为问题上，出现了方式方法上的重大分歧。

在家里，因为昊昊没白天没黑夜地随时都会出现抓人扯衣服等问题行为。所以，在尝试了各种方法都没奏效之后，昊昊妈干脆采取将儿子捆绑(用布条之类的工具）在一个固定的家具上或给他的两手戴上手套等较为“原始的方法”（昊昊爸的评论)。但小家伙儿毕竟是“精力充沛的大活人”，不可能老是将其绑住不放，而一旦给他松绑，昊昊又会马上旧病复发故伎重演，昊昊妈也因此采取了用鞭子抽打等更为“原始暴力”的应对方式。

说句实在话，昊昊新出现的问题行为的确令人崩溃：按照正常的作息时间来划分，小家伙儿的作息规律都是与人相反的。比如一直磨蹭到了半夜，昊昊爸妈实在是太累太困了，很想倒在床上大睡一觉，可儿子却偏偏揪扯着他们不让其睡觉休息，就这样一直折腾到天亮。等疲惫不堪的夫妻俩都要去忙各自的事情时，小家伙还是纠缠住他们不放。

就这样历尽万苦千辛、熬过了重重困难之后，昊昊妈终于将儿子送来了学校。按理说，这回总该松一口气了吧？但新的问题却又出现了。由于前一夜没睡觉，小家伙儿在课堂上就很容易因犯困而打瞌睡。遇到这种情况，我们到底该不该任由他呼呼大睡呢？如果允许，那倒可以彼此都相安无事，他睡他的觉，我们继续上我们的课。但站在昊昊个人康复发展的长远角度上来说，这却是有百害而无一利的做法。因为如果课堂上允许昊昊睡觉的话，来学校学习训练的作用清零不说，关键是到了晚上，他肯定又会精力充沛地纠缠着父母不让他们睡觉休息。久而久之，不但其父母受不了，就连昊昊自身的昼夜作息规律和唤醒度，也将被打乱而无法适应正常的生活作息；可如果不让他睡觉（截止到目前，我们还都是坚持这么做的)，那根据一直以来的经验，他肯定会尖叫着不是攻击别人（伤人）就是伤害自己（自伤)。不但他自己无法上课，就连我们正常教学活动的顺利开展也都难以进行，因为昊昊的尖叫声实在太具杀伤力，班上绝大多数的孩子都会因此而紧张不安、惊惧哭泣，哪还有心思专注于课堂学习内容！

其实从某方面来说，也正是基于以上的考虑，和实际剥夺其课堂睡觉的“非法行为”，才最终导致了这长期以来的、令人触目惊心的母子战争。

从家庭生活上来说，毕竟是自己的儿子，所以对于妻子这种越来越“野蛮”的育儿方式，昊昊爸是极力反对的。所以只要有时间在家，他都尽量自己来安抚儿子的情绪问题。可事与愿违，昊昊并没有因为得到爸爸的爱抚而有所好转，反而是更加趁机抓扯老爸老妈。这致使昊昊爸也对儿子的这种做法大为恼火，有时甚至也忍不住出手将小家伙儿暴打一顿。更为严重的是，昊昊爸妈间的夫妻关系本来就不好，结果在儿子问题行为的应对方式问题上又互不服气、互相抱怨，就更使得整个家庭生活氛围都显得异常紧张和对立。

其实在前面的案例中，我们已经得出过这样的结论：自从昊昊被确诊为孤独症以来，他们夫妻间的互相抱怨、推诿以致长期的冷战关系就始终没有停止过。在这样严重缺失温情与和谐的家庭氛围里生活与成长，昊昊确实很难得到应有的爱抚与亲情，因而也就变得极为敏感、紧张与焦虑。而儿子的这种情绪问题行为，又在客观上更加成为了他们夫妻间互相抱怨以致敌视的导火索。如此恶性循环，其最后的结果实在很难令人乐观得起来。

当然，我们也可将昊昊的这种问题行为，看作是其重返婴幼儿时期亲情探索阶段的一种特殊方式。因为很多孤独症孩子都会在成长发育的某个时间段，出现程度不一的“返婴现象”，只不过昊昊表现出来的方式有些极端而已。

就这一问题，我们也曾不止一次地跟昊昊爸妈深入交流过，但收效甚微。昊昊爸很难改变妻子的不良生活癖好，昊昊妈也很难（当然，由于种种原因，如今双方也都不再有这个意愿）改变丈夫对儿子一会儿特别温柔，一会儿又特别粗暴的两极化对待方式，即使是为了“这个毫无希望的儿子”（昊昊妈的口头禅）。

这样的一种局面，实在令我们很难在有效应对与处理昊昊的情绪问题行为上有所突破。再进一步讲，昊昊的情绪问题行为如果不能得到有效解决的话，那我们全班同学的学习生活，甚至是身心健康成长的常态过程，都会受到极大的影响。而解决问题的根本，似乎还是与改善昊昊爸妈的夫妻关系，以及在教子方面的合作程度密不可分。而这，又恰恰是他们不能改善，我们又无法帮其破解的一道难以逾越的坎儿。

课后检视

不论从哪个角度来讲，亲子关系无疑都是家庭教养的核心。而家长与孤独症儿童有效互动的一个特别重要的因素，就是应该怎样去“反应其行为”，而非“指使其服从”。

“反应其行为”的互动模式，应建立在孩子的当前兴趣和行为的基础之上，帮助孩子正在从事的活动。例如，当孩子玩玩具车的时候，家长可以在一边描述说“这是一个汽车”；而“指使其服从”教养行为的目的，是改变孩子的活动或关注的焦点。一位家长可能会在孩子玩玩具车的时候要求孩子说出“汽车”。或者将玩具车拿走，并坚持让孩子说出这个单词以后，才重新把玩具交还给他。虽然指使性的方法看上去似乎有助于教导孤独症儿童学习技能，但大量的证据表明，成人的“反应性行为”却相对更容易形成有效互动，因而也就更加有效。

21 世纪初，美国研究人员 Michael Siller 和 Marian Sigman 发现，反应更敏捷的家长，他们的孤独症孩子往往具有更好的社交和语言技能。最近，有业内专业人士的相关研究也表明家长反应的重要性，虽然在方式上有所不同。他们随机将一大组家长中的一半人分配到一项为期一年的干预计划之中，接受语言治疗师一对一地指导。其余的家长则接受常规的社区服务。新的语言治疗计划指导家长提高发现他们孩子所发出的细微社会沟通信号的能力，并以更敏捷的反应方式进行互动。

正如所预期的那样，接受这种干预的很多家长对自己孩子的反应变得更加敏捷。不仅如此，我们也发现他们的孩子的互动能力也明显提高。现在，他们的研究也已经表明，完全可以通过指导家长让他们的反应变得更加敏捷，而这也同样能够使他们的孩子受益匪浅。此种更具客观性和人文化的教养方式，对所有儿童的发展都具有重要作用。家长以更敏捷的反应方式去互动，有益于孤独症儿童社交沟通动机和意愿的提升。同样的，帮助家长增强“反应其行为”的互动模式技能技巧，也有助于缓解孩子的其他疾病（如焦虑）等。

许多孤独症研究人员似乎不太愿意研究亲子互动，虽然这个课题不容回避。我们都知道这是有一定的历史原因的，因为很多人似乎并不想提及的原因是唯恐回到过去指责家长的老路上去。尽管在事实上，孤独症的致病因素或许多多少少地与遗传基因、孕期问题和育儿方式有些关系，并且在讨论此一话题时，也在所难免地会触及到令人不太愉悦的内容，但这并不意味着我们就不应该谈论它；另一方面，如果我们要讨论教养和孤独症的关系，那最好也进行一些实际研究，以确保我们言之有理。

由以上这份分析资料，我们不得不反思众多的“昊昊”爸妈们的家庭教养及亲子互动模式。包括我们很多康教人员在内，在和孤独症孩子相处时，相比起对孤独症儿行为的“反应”来，我们似乎更偏爱于“指使”，尤其是当孩子出现情绪行为问题时，我们通常的指使性指令是“安静”“放松”“不许哭”甚或是“闭嘴”。试问，假如是我们在情绪最为低落的时候，有人用以上这些指使性指令来要求我们，我们的反应又会如何呢？

由此看来，我们需要改进的地方还有很多。尤其是在面对孩子的情绪行为问题时，我们就更应该从自身所惯于采用的方式方法上作检讨。

第26课　独特的情感符号

课前导读

从生理性角度来看，以弱中央统合为核心，而表现出的局部性、碎片式认知思维模式的孤独症患者，与我们常人有着很多相异之处，而正是这种不同，为我们研究孤独症患者并与之有效互动，提供了极为宝贵的切入口。

孤独症儿童也有他们的兴趣和所爱做的事情。只是他们的兴趣和爱好往往不仅狭窄，而且有悖我们的常规。就像本案例中的权仔（化名）一样，有许多孤独症儿对于与数字有联系的东西特别感兴趣。有些孩子甚至能熟练记诵许多电话号码，或根据某个生日推算出某日是星期几等。也有许多孩子花费大量的时间整理一些在我们看来无关紧要的东西，比如一遍又一遍地把地上的鞋子摆得整整齐齐；或一遍又一遍地把桌上的小盒子放得整整齐齐。有的专家分析，孤独症儿童的这种兴趣与行为倾向，也许是为了满足他们对特殊视觉刺激的需要。有些孤独症儿童在做一些具体性、机械性的动作时还可以，但他们的动作没有或很少是想象性的或有代表意义的。也就是说，他们的玩仅仅是对业已做过的动作的重复，其中缺乏他们自己的独特想象。

然而，现实生活当中的孤独症儿童，其行为果真都是像专家分析的这样“没有或很少是想象性、功能性的或有代表意义的”吗？

课堂聚焦

“儿子今年都七岁多了还是没有语言，所以你要多在家督促他抓紧学习才行啊。”近段时间以来，每一次上班临出门前，权仔爸都会不无焦虑地对权仔妈这么叮嘱一番。

“哎呀，今天好不容易是个周末，我还正想带儿子出去好好玩一玩，放松放松呢。”权仔妈不以为然地回了这么一句，就准备挎着自己的小包带儿子出去转一转。

“那怎么能行？儿子的学习训练是一点都不能放松的！”听了妻子这么说

话，权仔爸不免有些着急。

“这个道理我也懂，可是我们娘俩儿都紧张了一个星期了，现在好不容易盼个周末，放松一下总还是可以的吧？”面对老公无法消释的焦虑，权仔妈似乎也有一些委屈与不甘心。

“你老是提周末放松一下，那是你们娘俩有福气。像我为了全家生活，天天忙着做生意，那谁给我个周末休息一下呀？机不可失、失不再来，生意上的事我能讲价钱说休息就休息吗？”权仔爸说得也是振振有词，“儿子的学习训练比做生意还要重要，那是来不得半点儿放松的，学校老师不也说孩子的康复训练不能一曝十寒吗？”说着这句话时，为了突出强调“不能一曝十寒”之真实内涵，他还特意使劲儿紧了紧脖子上的领带。或许是用力过猛的缘故吧，权仔爸马上被噎得满脸通红差点儿喘不过气来，无奈之下，他赶紧两手撑住领带又往外松了好几圈。

“你能拿儿子的学习训练跟做生意比吗？要不要把儿子交给你卖给人家算了?!”听了老公的一番生意经，权仔妈显然大为不快，所以说话的语气不免有些火药味。

“我只是举个例子你就这么生气……”权仔爸下意识地抬手看了看手表，“好啦，时间不早啦，总之你要督促好儿子的学习。我还有一个重要客户要应酬呢。”说完，他夹起皮包就准备出门。

“你快去做你的破生意去吧，我们娘俩儿死活不用你管！”权仔妈今天也不知哪来那么大的脾气，顺手抄起自己的皮包就往老公身上砸了过去。

“你今天就是想跟我对着干了是吗?!”冷不丁挨了妻子这一毫不手软的攻击，权仔爸也有点儿控制不住了。

“是又怎么样?!”权仔妈忍不住以最高分贝的吼叫，来回应老公的诘责。要知道，这可是他们夫妻结婚八年多来第一次这么正式的高级别争吵。

“嗯嗯啊！”此前对于父母之间的争执貌似一直漠不关心，而只顾自己看动画片的权仔，终于再也不能独享安宁了。他猛然举起双拳，照着自己头部两侧的太阳穴就是一阵有节奏的猛击，嘴巴里还不时发出一阵阵嗯嗯啊啊的闷叫声。

“哎呀，儿子你这是干什么呀，啊，宝贝儿？”见此情形，权仔爸妈一下子全都慌了神，哪里还记得刚才夫妻之间的争吵。他们一边一个，赶紧死死抓住儿子拼命捶打自己头部的拳头。

“儿子你有什么不开心的就跟我们说嘛，咱不能自己打自己的……”不难看出，在对待儿子的行为问题上，权仔爸显得特别手足无措。因次，他一边生硬地劝慰着儿子，一边又一次下意识地看了一下手表。“孩儿他妈，儿子喜欢干啥你就陪着他干啥吧，我真的该走了，时间很赶。”说完后，权仔爸又不无焦虑地低头看了看还在挣扎着要捶打自己的儿子，心疼又无奈地摇了摇头，深深叹了一口气后，这才起身提起包来就往外赶。权仔妈本来还想再埋怨老公两句的，但当她注意到老公两眼隐约可见的潮湿之后，便又止住了溜到嘴唇边的话语。毕竟，对于已经习惯了和谐家庭生活的人来说，都不愿意让彼此间的不愉快长时间持续下去。

“宝贝儿我们看电视好吗？电视里有你很喜欢的动画片哟。”好不容易等到儿子在自己的怀抱里稍稍安静了些之后，权仔妈赶紧尽量温柔地转移起儿子的注意力来。见小家伙儿没有提出反对意见（实际上权仔并没有听懂妈妈的话，这是很有可能的），她熟练地拿起遥控器来就开始搜索儿子平时喜欢的动画片。这人要是遇到不顺心的时候，往往就容易背运。这不，任凭她拿这个遥控器怎么搜索，就是没有一个频道有动画可看。

“噢，嗯嗯……噢嗯嗯！”可能是坐着太无聊了，权仔一边对击着双拳，一边从喉咙间发出有节奏的闷吼声进行伴奏。看这情势，如果不马上给儿子找到可做的事的话，他肯定会再次情绪发作的。人被形势逼到了这个份儿上，权仔妈才打心眼儿里真正意识到了老公在身边的重要性。因为在这之前，几乎每次儿子发飙，都是他们夫妻俩共同面对的。尤其是在最近这两三年的时间里，他们夫妻已经在处理儿子的情绪行为问题方面形成了很好的默契。当儿子出现比较剧烈的自伤行为时，一般都是力气比较大的老公进行控制，而当权仔的情绪爆发高峰过去后，作为母亲，她就会及时发挥自己作为母亲的专长来尽量安抚儿子的情绪。可现在老公不在身边，万一权仔再发起飙来可该怎么办才好？

“乖儿子，要不我们来画画好吗？”权仔妈突然灵机一动，想出了这么一个既能帮助儿子学习，又能转移其注意力的好办法。“你看，这里有很多漂亮的彩笔。你可以挑自己最喜欢的来画，怎么样？”说着她便从抽屉里拿出一盒彩笔，打开来放在儿子的面前。这一招果然好使。权仔本来仰着脸突突乱转的眼珠，慢慢地减低了转动速度，喉咙间的噢嗯闷响也逐渐停止了。又过了一会儿，小家伙儿竟然伸手拿起了一支粉红色的彩笔。“我们来画一朵花好吗?”受到极大鼓舞的权仔妈一边说着，一边握住儿子的右手跟他一起画了起来。

“不对，画花朵不是画斜线，宝贝儿，这样才对”。见小家伙握住彩笔不受控制地在白纸上乱涂乱画，她赶紧加大了抓握儿子手腕的力度，并试图引导他画一朵漂亮的花儿。

“嗯，嗯!”或许是妈妈抓痛了他，也可能是因为自己自由发挥的权利被妈妈给剥夺了，总之权仔又要开始发飙了。

“呃，好好好，那咱们就来写数字好吗?就写这一周老师教的1，2，3吧，怎么样?来，我们一起……”权仔妈似乎已经意识到引导儿子画花朵是一件相当艰巨的任务，为了不至于使得儿子的情绪变得更糟，她便及时改变了引导策略。

“嗯!”随着长长的一声闷吼，权仔用力甩开了妈妈控制住自己的那只手，自顾自一个人低下头来就是一阵狂写。儿子的这一举动倒是令当妈妈的大吃一惊，她努力定了定神低下头来一看，只见大半页纸上密密麻麻地写了很多“2”字。那一行行大小不一、紧紧挨在一起的数字“2”，直看得她眼睛发花。

“噢，好了宝贝儿，只要你喜欢就自己慢慢写吧。”为了避免再次激发小家伙的情绪问题，她也只能任由儿子糊涂乱画了。“可是你告诉妈妈，你写的这些是什么?”毕竟，本周所学的三个数字当中，儿子如今能主动书写出一个“2”字，已经可以说是一大进步啦。为了确认权仔是否能够认读这个数字，她还是多问了一句。

“……”不知是权仔没听到，还是听不懂妈妈的问话，总之他在无声地动了两下嘴巴之后，又和先前一样自顾自低头狂写了起来。

“好儿子，告诉妈妈，这是什么?”为了能让自己的问话得到一点回应，她还特意在提这个问题时轻轻拍了拍儿子的后背。

“嗯，嗯嗯!”这一次终于见效果了，只见权仔一边嗯嗯叫着，一边快速地用手往斜上方指了指，然后又埋头狂写了起来。这是什么意思?尽管明知不可能有什么实际意义上的收获，但权仔妈还是抬起头来顺着儿子方才手指的方向看了看。果不其然，除了一幅一家三口照的“全家福”大照片之外，她并没有看到更多的东西。

“唉，宝贝儿，这是一二三的‘2’字!”失望之余，权仔妈只好无奈地摇了摇头，指着本子上儿子的杰作徒劳地做了一次说明。“宝贝儿，读‘2’。”

“呃!”奇迹出现啦，只见小家伙一抻脖子，很配合地发出了这个稍有些近似的音。

“对啦，我儿子真棒！好啦，你喜欢写什么就奖励你写什么吧。”和儿子经历了这么多，权仔妈当然知道见好就收的道理。为了防止激发儿子的情绪，她赶紧借着这个台阶做出了让步，没敢再继续逼着儿子认读1和3。

小家伙倒也不负母望，自己一个人握着那支彩笔一画就是大半天，整本美术作业本都被他给用完了。直到后来画累了，他才心满意足地自个儿趴在桌子上睡着了。

以上就是权仔妈给我们讲述的一段生活小插曲。其实，像权仔这样到了七岁多还没有发展出基本语言能力的孤独症儿童，大有人在；像权仔妈这样始终跟自己的子女“唱独角戏”的孤独症儿家长也有很多。那么，为什么我们还要在这里对权仔母子俩的这点生活小事给予特别的关注呢？答案就是，正是从这件乍看起来并没有什么出彩之处的生活小插曲开始，权仔就形成了一个很值得令人玩味儿的行为习惯。那就是每当他出现紧张、焦虑或是其他的负面情绪时，就会不顾一切地去抓取一支能够尽快到手的笔，干劲十足地乱涂乱画起来。当然，说他是乱涂乱画倒也有失公允，因为尽管几乎没有其他更具意义的内容出现，但他毕竟尽情地写出了“2”字，并借此宣泄了相当的负面情绪。

“哎呀，权仔快去我们班啦，不要在郁老师的班里乱涂乱画，否则郁老师会生气的。”这一天课间，权仔又窜到我们班里来，拿起一支粉笔气势十足、潇洒万分地照着黑板就是一阵狂写。权仔妈见状，赶紧跑过来试图阻止儿子这一不受人家欢迎的行为。

“权仔妈你别管，就让他随意乱画好了!”看着小家伙正在黑板上写出的这些“2”字，我突然眼前一亮，赶紧大喊一声，阻止了权仔妈对儿子行为艺术的横加干涉。

“哎呀，那多不好意思呀，郁老师，我儿子经常来你们班课室乱涂乱画的，我都感到过意不去了。”权仔妈满怀愧疚地这么说着，脸上不自觉也红了起来。

“没事，我喜欢……请问你们一家三口儿的感情生活是不是特别和谐，特别令人羡慕？”我一边全神贯注地解读着小家伙儿在黑板上排列出来的那一个个“2”字，脑海里又浮现出权仔手指他们一家三口合影照的情形，一边不自觉脱口向权仔妈提出了在自己脑际一闪而过的一个问题。

“郁老师你怎么突然问这样的问题呢？”权仔妈被我这个毫无来头的问题给问懵了，她红着脸迟疑不决地看着我，努力想搞清楚我这个问题的真正意思。

“噢，你先如实回答我的问题就是了，反正这对你儿子有帮助。”尽管我已经对权仔创作的这一黑板“天书”有了些认识，但在没有得到权仔妈的肯定性答复之前，我内心里也没有多少底气。

“是啊，是挺好的……怎么啦，这同我儿子乱涂乱画有什么关系……你是怎么知道的？”尽管有些犹豫还有些迟疑，但权仔妈还是下定决心给出了和我预期一致的答案。

“是你儿子告诉我的呀！”我再也按捺不住内心的狂喜，便对着那一黑板的“天书”向权仔妈解说了起来。

直到现在，权仔妈脸庞上那越聚越多的幸福，还一直令我感动不已；直到今天，那两个大“2”像父母一样共同呵护着它们之间那个稚气未脱、孩子气十足的小“2”所营造出的温馨氛围，还是那么幸福无限地萦绕在我的脑海。是的，权仔是一名直到现在还不能开口说话的中重度孤独症儿童，但这并不妨碍他用那三个为一组的“2”字，来表达他对自己幸福家庭生活的强烈热爱之情，更没有阻止他对美好未来的烂漫憧憬。

课后检视

正如不同的人会有不同的言行方式一样，特殊的感知觉加工系统，必然也会以比较特殊的方式来传情达意。对于孤独症患者，我们的确应该更多地站在他们自身的角度来看待、分析和了解其言行举止背后的真实信息。

在本案例中，权仔那看似随意无序的涂鸦，的确带给了我们太多太多的启迪性惊喜。其中最为深刻的一点就是：孤独症儿童尤其是伴有一定智障的中重孤独程度的儿童，尽管他们不能与外界进行多少有效的沟通，尽管他们不能对父母亲人的倾情付出做出令人满意的外在回应，但是在他们那颗因不被人理解而倍感孤独的内心深处，却始终潜藏着一股比我们常态人群更敏感、更丰富深厚的智慧型情感力量，这从权仔的有意“涂鸦”中就可见一斑。

权仔用这种随手涂鸦的方式来宣泄自己的负面情绪，这一独特的做法自然会令我们联想起美国孤独症患者天宝·葛兰汀的类似举动。每当她因遇到挫折而难以自抑之时，便会把自己牢牢夹在一个自制的木架装置里面。对于孤独症患者诸如此类的“古怪之举”，天宝·葛兰汀解释说：“反复强迫症不可怕，（因为那）最终会使他们安静下来，反复的过程就是自我放松的过程。自我刺激，手舞足蹈，转圈，地板上打滚……我觉得转圈不错，打滚也行，自我刺激（的行为结果），最终能安抚神经系统，算是对无法拥抱的一种补偿。拥抱她人会有恐惧感，但打滚儿或者接触物体表面，和对普通儿童的拥抱一样能起到冷静效果……我需要被拥抱的感觉。”

是呀，和天宝·葛兰汀的举动一样，权仔的“2”字涂鸦，不也正是一种很具个性化的自我抚慰方式，并且也是一种向我们传达他对父母感恩之情的独特方式吗？

随着社会生活及文明程度的不断提高，相信人们对特殊群体的理解与接纳程度也会越来越令人欣慰。不管从哪个角度来讲，我们人与人之间唯有互相尊重彼此之间的差异性，才会令我们的生活变得愈来愈丰富多彩、和谐幸福。

第27课 暴力并非我的初衷

课前导读

局部性的认知思维模式，在相当程度上限制了孤独症患者参与社交沟通的广度和深度。具体到其外在行为表现上，就是包括高功能孤独症患者在内，他们的言行基本都是基于自身的感受和需要，而不能也不会兼顾到客观环境和他人的接受度。随着生理年龄的增长，孤独症患者会对生活环境适应及社会发展需求表现出越来越明显的焦虑。由此可见，如何帮助孤独症患者发展自我从而有效融入社会生活，就成为了一个很值得探讨的课题。

在孤独症患者的学龄阶段，因为每一个孩子都是在集体的环境里进行学习和生活，每一天都要和老师同学平行或交互相处。然而就是在这种集体性的生活环境里，本案例中的妞妞（化名），因为其视听觉信息加工系统都有些特殊，这就造成了周边人和事物的任何活动情况，都有可能被她视之为对自己有伤害的危险因素，并由此而不幸沦为引发妞妞情绪行为问题甚至是攻击性行为的导火索。

课堂聚焦

"妞妞早上好。"我们学校新来的朱老师非常热情，她特别亲切地俯下身来，满面笑容地与正低头小声嘟哝着什么的妞妞打了招呼后，便极有耐心和爱心地等待着对方的回应。朱老师那毫无偏见、平易近人，且视学生如友伴的博爱精神，令站在一边的我不禁想起自己刚参加工作时的情景。

"朱老师您可千万要小心点儿，我这个外孙女她很喜欢抓……"妞妞外婆的话还没有说完呢，小公主却早已经以迅雷不及掩耳之势一把抓住了朱老师的头发。

"啊!"不知是惊吓过度还是疼痛难忍，猝不及防的朱老师在惊叫一声之后，便紧闭双眼、紧咬双唇地弓腰定在那里一动不动了。在场的每个人都被这突如其来的变故惊呆了，就连周围的空气也立时变得紧张燥热了起来。由于妞妞始终紧抓住朱老师的头发不放手，所以她也只能弓腰弯背地就那么等待着事态的缓和。

“哎呀，你怎么可以乱抓人呢？快点放开手啊！”见到此情此景，羞愧难当、尴尬万分的妞妞外婆终于醒过神儿来，她赶紧去用力掰着外孙女的手，嘴里还一个劲儿地念叨着，“朱老师实在对不起，我这外孙女她就是这么不懂事，我们也……”经年的沧桑与日积月累的压力，已经令这位饱经风霜的老人家再也说不下去了，羞愧焦灼又无奈的眼泪也顺着她脸上纵横的皱纹流了下来。

“外婆您不要再掰妞妞的手了，否则她会越抓越紧的。”尽管已经多次亲身经历过妞妞揪扯别人头发的情形，但这一次我们还是过了好一会儿才缓过神来，便赶紧开始进行应急处理工作，“妞妞深呼吸，放松一下。这位是新来的朱老师，来，我们手拉手一起来玩‘丢手绢儿’吧。”

“噢，妞妞，朱老师很喜欢你的，慢慢把手松开好吗？我的头发被你抓得好痛啊。”真是难得，没想到初次接触孤独症儿童的朱老师，居然有这么良好的心理素质和应急处理技能，看来在我们这个孤独症康教领域，因为有像朱老师这样高素质人才的不断加入，前景还是非常令人振奋的。

“嗯——！”和往常一样，妞妞依然只是从喉间发出一串火车进站似的闷吼喘息作为回应。尽管头往下压得很低，但她那双倔犟警惕的眼睛却始终往上斜翻着，密切留意着朱老师及周围每个人的一举一动。

就这么僵持了好一会儿，或许是我们的努力有了一点成效，也或许是妞妞因逐渐适应了身边这位新来的女老师。总之不管是什么原因，她抓住朱老师头发的力度有所减弱，这从她手部肌肉的紧张度和朱老师的侧面表情反应就不难看出来。

“妞妞放松，来，笑一个。”一向对待学生都是和风细雨的陈老师，一边无限温柔地抚摸着妞妞的头，一边给她做着“微笑”的表情动作示范。终于，妞妞慢慢松开了紧抓朱老师头发的手。“哎，妞妞松开手了，真棒！快说‘朱老师对不起’。”可是这一次，妞妞并没有再进一步做出配合陈老师指令的努力，她依旧低着头。只是透过自己凌乱的发隙，用眼睛的余光审视着周边的一切。

其实，通过这一冲突事件的情况，我们已经基本了解了有关妞妞的主要问题行为是什么了。在一开始，我们都以为她之所以经常抓人头发，是因为其不明原因的紧张所造成的，比如对新环境、新人存在适应性障碍或不理解环境及社交规则等。但后来才发现问题可能并没有那么简单，因为尽管妞妞时不时地会抓人头发，但我们从来没有发现她抓过男孩子或男性成人的短发，而只会有选择性地抓女孩子或女性成人的长发，这不就是典型的“欺长怕短”嘛！就像“吃硬不吃软”的昊昊一样，看来妞妞还是挺聪明的嘛，短头发的确不容易抓，而长头发的确可以任她随意揪扯。可话又说回来，这是否也与她的家庭生活影响有一定的关联呢？

猜测毕竟是猜测。为了更为全面客观地了解妞妞喜欢揪扯别人长发背后更为深层次的原因，我们又通过与其家长沟通等方式，了解到了一些更为详实的第一手资料：从小到大，妞妞爸妈都一直非常宠爱着自己的宝贝女儿，尽管三年前（小妞妞当时四岁）女儿被确诊为孤独症，但他们夫妻俩对女儿的爱并没有丝毫改变。相反的，妞妞爸妈比之前还要更加关照、疼爱自己的女儿。每一天忙完生意回家，不管身心上怎么劳累，他们也都会逗小公主玩上一会儿。

就在前两天的周末，妞妞爸妈依然很早就出门做生意去了，只有年迈的外婆在家带着小公主。

“哎呀天呐，你是怎么翻出这些东西来的呀？快点放下来！”就在老人家忙着打扫卫生的空档，妞妞也不知是通过什么方法，就将妈妈收藏好的一些金项链、银戒指之类的贵重物品给搜罗了出来，这会儿正抓在手里把玩着呢。妞妞外婆一见到此情形，马上就慌了神儿，她一边大声嘟哝着，一边就三步并作两步地靠近了外孙女，企图去阻止小公主玩弄这些贵重物品的不靠谱行为。

“嗯——！”正玩在兴头上的妞妞猛然遭到外婆的一声训斥（至少在她听来是如此），不由得一阵情绪激动。她又习惯性地从喉咙间发出一声沉闷长吼，以表达自己的焦躁不安。接着便朝窗外一扬手，那些名贵饰品就如脱笼的小鸟一般飞出了窗外。还没等老人家的第二声惊呼喊出嘴巴，妞妞早就又一伸手揪扯住了外婆的头发。

“哎哟我的小祖宗呀，你快点放开手好不好？我要下去把那上万块钱的东西捡回来呀！”可外婆越是着急上火地催促，妞妞揪扯她头发的手就越发有力量。祖孙俩就这么一来二去地折腾了老半天，老人家总算是摆脱了外孙女的揪扯。等到她颤巍巍地乘坐电梯从十九楼下到一层之后，便赶紧来到外面靠近她家窗户的灌木丛里展开地毯式的搜寻。

紧挨着妞妞家楼下的，是一小片翠绿欲滴的草坪和造型规整的灌木丛，这地方又是小区里比较偏僻一些的所在。因此，妞妞外婆并没有花费太多工夫，就找到了那些金银首饰。不过，被妞妞扬手从十九层楼高的窗口扔出而坠落的过程中，一些翡翠玉石之类的物件还是难以幸免地碎裂了，就连妞妞妈最为珍爱的那条金项链，也已经断成了好几截。但总算非常万幸的是，幸亏此时周围没几个人走动，否则的话，那后果就更加不堪设想啦。

等妞妞爸妈回家了解到情况之后，并没有怎么刻意地去怪罪女儿。由此，我们就不难看出他们一家人对妞妞的疼爱程度。可是，令我们倍感困惑的问题也就自然而然地浮出了水面：既然家庭生活中找不出可导致妞妞大幅度情绪波动的明显客观诱发因素，那么，究竟是什么原因造成了小公主的攻击性行为呢？

"妞妞，早上见到豪仔要说……"这天的社交课上，我们的主要教学目的，就是要引导学生理解并掌握基本社交礼仪中见面打招呼的行为技巧。

"……"妞妞就像是没有听见一样，还是自顾自低着头用手指在桌面上画曲线玩。但是根据长期以来的实际观察，我在向她提出这一问题时，妞妞的外眼角明显往上抬了抬，就表明她已经注意到我在向她提问题了。并且她的嘴巴也蠕动了三两下，表明小公主试图回答我的问题，并且相对于她的能力来说，这问题并不难回答。但由于内在动机不够强烈，她最终还是放弃了回答问题的尝试。当然有一点是毋庸置疑的，那就是根据我们之前对妞妞所做的评估结果来看，与其说是我们在让她回答这一问题，倒不如说是想通过此种手段来强化她与人见面打招呼的意识行为。另外，虽然妞妞在语言理解及表达方面的能力都较好，但她说起话来就像开机关枪一样超快，如果你不集中百分之一百二十的精力来听的话，还真不一定能够听得明白。

"早上见到豪仔要说……"这一次，我干脆走到妞妞身边，为了缓解其不必要的情绪紧张和引发有意注意，我特地一边有节奏地拍着她的手背一边又重复了一遍问题。

"好好好。"这一次听到我的提问，妞妞猛一抬头，以极快的速度扫了我一眼，然后又以更加快的语速回答了我的问题。乍听起来，妞妞好像就是回答了"好好好"三个字，但仔细一回味儿，才能想明白她的确是回答的"豪仔早上好"这个句子，只不过由于其语速太快，而致使我们怀疑她好像只回答了三个字似的。

“妞妞说话慢点好吗？再回答一遍，早上见到豪仔要说……”为了帮助妞妞降低说话时的语速，以提高其语言表达的客观收听效果，我又贪心不足地做出了这一新的要求。

“嗯——！”这一下子可不得了啦，只见小公主低吼一声，噌地一下从座位上一跃而起，紧接着，一个箭步蹿到做辅教的陈老师跟前，并以迅雷不及掩耳之势一把揪住她的头发就是猛力一扯。

“啊，妞妞快放手！”惊讶又疼痛，已经使得陈老师在发出这一简短的惊呼性指令后，就紧咬嘴唇紧闭双眼，再也说不出话来啦。

费尽九牛二虎之力，我们终于诱使妞妞松了手，看来既定的教学活动要因此而暂停一下啦。为了迫使妞妞明白要为自己的伤人行为付出代价，趁着她的情绪稍微有些平复的当口，我们在向其说明原因之后，便毫不犹豫地将她隔离在教室后面的情绪处理区，让她自行“面壁思过”。并且在紧接下来的体育课上继续惩罚她“踩大饼”。这也就意味着，同伴做游戏时她只能站在那里看而不可以参与其中。

大半节体育课下来，尽管同学们都玩得兴高采烈、热火朝天，但妞妞却仿如一直置身在另外的世界里似的，对眼前的热闹场面熟视无睹、充耳不闻。当然，平心而论，大部分孤独症儿童对于外界事物，的确也都是这样的冷漠反应，只不过相对而言，妞妞更加像是《射雕英雄传》里面的梅超风一样，在绝大部分的时间里都是一副长发下垂、低头垂目地拒外界事物于千里之外的冷漠神态。至少从表面看来，她只是靠硕果仅存的一点感觉器官与外界偶尔交流一下而已。

“好，这节课同学们都表现得很棒。下面就奖励你们荡秋千、坐滑滑梯好不好？”醉翁之意不在酒，我知道妞妞是最喜欢荡秋千的，所以在对同学们说这句话时，我特地留意着她的反应。可令人大感失望的是，这个倔女孩儿居然超级淡定，她依然低着头站在那里沉浸在冥思状态之中而不为所动。

“好！”可以自由玩耍了，孩子们自然十分高兴。不过叫得最欢的，当然要数活泼好动的强强和豪仔了。

这可真是应了那句描述孤独症的话：“你过你的神仙日子，我享我的自在生活。”同伴们在家长的陪伴与辅助下，玩得昏天黑地不亦乐乎，而妞妞却始终是站在那里无动于衷。

"噢，唔啪啪，我飞！"强强坐在滑梯高处，拍拍手尖叫着以说唱的形式宣布完自己的雄心壮志之后，便真的像飞一样平展双臂滋溜一下滑了下来。

生活往往就是这么捉弄人，要不怎么会有这么一句话，叫"有心栽花花不开，无心插柳柳成荫"呢。这不，我精心布下的各种"陷阱"始终都没有激起小公主的任何反应，可强强的这一兴奋尖叫，却无意之中捅到了马蜂窝上。只见听觉过敏的妞妞犹如被从梦中惊醒一般，猛地把头发往旁边一甩，就好像是触了电流似地浑身一激灵，喉咙间猛然发出"嗯"的一声汽笛长鸣，紧接着就如离弦之箭一般蹿到强强奶奶跟前，一伸手就揪住了老人家的头发。

"哎哟天呐，妞妞你快放手，疼死我啦！"猝不及防、惊吓过度、疼痛难忍的强强奶奶实在没有别的办法了，只好大叫一声，伸出双手紧紧固定住妞妞揪扯她头发的手，否则这位霹雳小公主再用力往回一扯的话，那自己可就真的吃不消了。

正是在这一次次的危机事件之中，经过缜密的分析总结之后，我们越来越清晰地掌握了妞妞揪扯别人头发的一些规律性特征。比如对于身边出现陌生人，或者熟人在附近大声喧哗，再或者是自己的情绪出现不明原因的波动等情形之下，都会导致妞妞去揪扯别人的头发。当然，这是否就是诱发她出现伤人行为的根本原因呢？这就很难说了。因为对于视觉和听觉信息加工系统都比较特殊的妞妞来说，为了尽量避免外部环境给自己带来的不确定和不安全感，她似乎更愿意沉浸在自己的世界里。而周围的环境却一直都是喧哗的、变动的，妞妞不可能不受到外来刺激信息的影响。换句话说，我们常人身处其中的这个动态性环境，在相当程度上就是导致妞妞情绪行为问题的直接诱因。

课后检视

在本案例中，我们多次提到妞妞的视觉及听觉信息加工系统异常问题。目的就是想传递这样的一种理念：作为孤独症康教人员，我们的确需要多多站在孤独症患者的角度，来思考分析、统筹规划尤其是有针对性地适度调整教学环境，以尽量降低像妞妞这样的孩子融入周围生活的难度。

当孤独症儿童出现攻击别人的问题行为时，不要简单地对其打骂、惩罚，而要对其攻击行为进行预防性疏导，以使其不良行为逐渐消退。当儿童出现固执性或强迫性行为时，不要强制其立即去改正，而应从其实际出发，想方设法减轻孩子内心深处的困惑、紧张和不安，再用其他适合其兴趣的活动来预防或代替孤独症患者自伤、伤人等不良行为。

当然，对于孤独症儿童的自伤、伤人行为，目前业内普遍采用的解决办法大致可归纳为以下几种。一是运用“观察法”进行介入，用“功能分析”来帮助找寻问题行为背后的原因。从理论上来讲，这的确是解决问题的根本之道，然而从工作实践的效果来看，却并不怎么令人满意。因为这一方法所需要的时间周期比较长，并且所观察、记录与分析的基本也都是客观性刺激因素，这就决定了它并不能在孤独症儿童发生攻击性行为的第一时间，提供及时、有力的应对措施。更何况，在同一位孤独症儿童的同一攻击性行为上，其原因又很可能是复杂的、多变的，这些变量因素都给“功能分析法”提出了严峻的挑战；二是通过“任务分解”来合理设计康复教育方案。这种方法的目的是想从降低孩子理解与执行任务的难度入手，来尽量减少其不良情绪产生的刺激因素；三是通过“伙伴支持”来进行“合作训练”。此方法主要意在通过伙伴间的良性情绪行为的感染、带动作用，来降低儿童负面情绪行为的发生频率。四是行为改变技术，对孤独症儿进行“系统脱敏”。此方法是在功能分析的基础上，将孤独症儿不愿做的事或害怕置身于其中的环境，按难易及害怕程度划分等级，然后从最低一级开始脱敏。本案例中的妞妞，就是在经过一段时间的系统脱敏训练之后，才逐步缓解了其对外在环境刺激的不适应感。五是要适当给孤独症儿童提供一个不良情绪宣泄的机会或环境，或帮助其做放松练习，从而实现人性化关怀与疏导。

第28课　我的世界改变了

课前导读

相关的调查统计资料显示，因为家有孤独症儿而导致夫妻关系紧张，甚至最终走向婚姻破裂结局的家庭，几乎占到全部孤独症家庭的六分之一。这种家庭成员关系的剧烈变化，无疑给孤独症患者带来了不可忽视的影响与伤害。而为了保护好这些家庭成员的隐私，在接下来的几个案例中，我们都会采用“只录其事，不露其人”的故事加工手法。相信诸位充满爱心的读者都能够理解。

课堂聚焦

都说“没妈的孩子像颗草”，那没家的娘俩儿又像什么呢？这还真是个麻烦的问题。柳白絮一手搂着儿子，麻木地随车摇晃，不愿再去想那些乌七八糟的事儿。

每逢周末，市区连通郊外的公交车都很挤。按理来说，对于公交车内的这种困境，柳白絮是早就应该适应了的。往常总爱在公交车上昏天黑地地闹腾一番的儿子，今天不知是什么原因，表现得也是出奇地安静、乖巧，以至于车上的其他乘客并没有觉察出小家伙的异常之处而拿古怪的眼光打量她们母子。可就连柳白絮自己也搞不明白，为什么她总感觉胸口发闷、呼吸困难，更为糟糕的是，她越是对此感到困惑，胸口就越是闷得透不过气来。

抬眼所见，车厢走廊里皆是一条条长短粗细各不相同的腿，顶着胖瘦不一的臀部在随车摇摆。就在这些腰腿之间，一个别样的场景吸引了柳白絮的眼球：就在他们母子俩的左前方，一位年龄在五六十岁上下的老大娘，正饶有兴致地逗弄着怀中的孙儿，那小男孩看上去也有五六岁了，比澄澄小不了多少。在柳白絮的眼睛里，那小男孩儿简直是肆无忌惮地扎煞着两只小手在奶奶脸上到处乱抓，柳白絮看不到老人家的脸部表情，但从小男孩儿高兴得咯咯直笑的情形来看，老人家也一定是在卖力地哄逗着小孙子开心。“妈，您别老是宠着他，看他都被您宠成什么样子啦！”坐在一旁的年轻妇女嘴里在责备着老人家，但她那眼神中却分明洋溢着无边的幸福。

“小孩子嘛，只要他开心，那就比啥都好呀。”老人家心不在焉地应付了儿媳妇一句之后，又架着小孙子的两个咯吱窝，陶醉在其乐融融的天伦之乐里。祖孙之间的关系大致就是这样，老人家越是宠惯孙子辈，小孩子就越是玩得疯魔；而小孩子越是疯魔，老人家就会加倍地宠惯他们。这几乎已经成为了当今中国祖孙相处的一条铁律，想打破都难，更何况也没几个人真有那种意愿与精力去破坏它。

目睹此情此景的柳白絮，内心深处的某个地方，不觉被深深触动了一下。就在这一个个晃动的屁股，一条条摇摆的长腿之间，五味杂陈的柳白絮不禁将眼前的这一幅含饴弄孙图，慢慢揉捏成了自己记忆中的图案背景。如果说这背景意味着亲情融融的幸福的话，那么，逐渐凸显在这幅图案中的主角儿，却令柳白絮内心一阵刺痛、一段风干了的甜蜜……

几年前在本地风靡一时的电视剧《外来媳妇本地郎》，曾经令柳白絮为之痴迷陶醉和自豪了许久。因为从很大的程度上来说，这部广受市民们追捧的电视连续剧，简直就是她婚姻生活的艺术再现：柳白絮来自本省西北偏远山区的农村，和许多贫困山区的年轻人一样，在勉勉强强读完中学之后，她便和本村的几个伙伴一起来到了这座充满诱惑的大都市里。也正是这一原本并不复杂的外出打工计划，在冥冥之中，改变了她的人生轨迹。要不人们都说男女之间的这个缘分问题，是永远也说不清道不明的。就在柳白絮工余时间和同工厂的姐妹们一起外出逛街的时候，不期碰上了霍勇。两个人从此就有意无意地经常在同一条街道的同一个地摊前相遇，如此三番五次地你来我去之后，一对情投意合的年轻人就牵起了手、喝起了爱情的小酒。直到踏进家门的那一刻，她才知道自己的这个闷葫芦男朋友竟是个地地道道的本地人。难道这里就是我的家了，我要成为本地人的媳妇了吗？心里紧张得怦怦直跳的柳白絮，在不知所措中，脸红耳热地享受着未来公公婆婆的恭维和热情招待。姑娘们的心思往往都是很细腻的，尤其是第一次踏进准公婆家门槛的姑娘就更是如此。霍老夫妇那满脸泛着的红光，还有他们那合不拢的嘴巴，尤其是霍勇的弟弟在看自己和他哥哥时的羡慕眼神，这些都在明确无误地提醒着心里装着小白兔的柳白絮——她很快就要成为这个家庭里的一员了，这家里的所有人对她都很满意。

平心而论，刚结婚的那段日子，的确应该算作是柳白絮这辈子最为幸福满足的一段美好时光。其中的高潮部分，那就应该是儿子澄澄的降生了。就在柳白絮母子俩被从医院里接回家的那一天，澄澄的爷爷奶奶还特地在村祠堂里大摆宴席款待亲朋以示庆祝。直到今天，柳白絮还清楚地记得公公婆婆是怎么样地抱着他们的小孙子对着亲友们一一展示，又是怎么样心满意足地收获着宾客们奉送上的美好祝福的。就连嘴笨舌拙的霍勇，这一天的笑也要比他二十几年来说过的话还要多出好几倍。说句实在话，就连后来澄澄的叔叔婶婶结婚时，他们这一大家人似乎也没有这么高兴过、喜庆过。

澄澄一天天长大，他那可爱的小脸蛋儿所衬托出的美丽眼睛，令左邻右舍及亲朋好友们羡慕得够呛。但尚不为外人所知的是，小家伙儿对所有人都不理不睬、无缘无故乱发脾气的行为特征也越来越明显。最要命的是，从澄澄被确诊为患有孤独症的那一刻起，柳白絮夫妇的家庭生活一下子就掉进了万丈泥潭，压得人直喘不过气来。往常闲来无事就爱带着小孙子到处转悠的爷爷奶奶，现如今再也没有了那份兴致，就连年节期间家族亲友大聚会的场合，两位老人家似乎也不太情愿再让澄澄出现在酒席上。虽然公公婆婆嘴上说着是怕澄澄在大场合乱发脾气又哭又闹，但柳白絮能够分明感觉出，老人家的深层心理是不想让亲友们知道自己家有个孤独症孙子。

就在澄澄三岁半的时候，结婚三年来肚子一直没有反应的澄澄婶子，却惊喜地发现自己居然怀孕了。长期积压在一家人心头、脸上的愁云一下子全被无比的欢欣鼓舞所替代，霍老太太甚至又开始兴致勃勃地动员起柳白絮夫妇，要他们再生个第二胎。“等我们公婆俩都走了，你们也就老了，到那个时候，自己家的人还能指望谁来照看澄澄？”锣鼓听声，说话听音。柳白絮从婆婆的话语里也分明听出了老人家没有明说的意思——不管怎么样，将来照顾澄澄的责任，还是要澄澄的同胞弟妹才行，别人不可能一辈子负上这么一个牵累——这话的确太残忍太无情，乍听之下内心里真的是难以接受。可这毕竟是一个不争的事实，是想躲也躲不开的劫数。

或许是为了汲取当年给澄澄庆生的教训，霍老夫妇这一次并没有再在村祠堂里大摆酒席庆贺。从表面看，这好像是有些冷落了贝贝（澄澄的堂弟），但随着日子一天天过去，柳白絮越来越感觉情况并不像是表面看上去的那么简单。就拿一日三餐来说吧，自己当初生了澄澄坐满月子之后，就要重新出去打工挣钱了；而自己的这位弟媳，尽管早就坐满了月子，却还一直和儿子贝贝一起养尊处优地享受着全家人的伺候。这倒还不算什么，最令柳白絮感觉难以忍受的是，不论是在饭桌上还是在其他的生活点滴上，贝贝自始至终都是全家人关注和追捧疼爱的焦点。

虽然从总体上来说，生活就是这么平淡乏味，但在很多细节处，总有令人大感意外的事情发生。就在柳白絮母子俩逐渐被淡出家庭主流之外，而自己对此虽心有不甘却也无可奈何的时候，一件意想不到的事情就这么疾风暴雨般地发生了。

这一天中午，当大家正七手八脚地忙着准备午餐时，长期被家人有意无意忽略掉的澄澄，不知道什么时候、出于什么原因，竟然悄无声息地溜到了正在学步车里到处晃荡的贝贝身边，并伸手很快地摸了一下堂弟的头，然后就站在旁边不动了，只是静静地看着贝贝冲自己挥动着双手嘿嘿甜笑。尽管小家伙儿在卖力地冲着堂兄奉献着殷勤，但这位“冷酷”的堂兄看样子却丝毫不为所动，这反倒更加激起了小贝贝对澄澄极大的探索兴趣。在努力地冲着澄澄挥舞双手却没有得到相应回报的情况下，小贝贝便决定付出更大的努力来靠近这位令他倍感兴趣的堂兄。小家伙儿左摇右晃地靠着学步车的扶持，挓挲着双臂瞪着一双好奇清澈的大眼睛、咧着嘴流着哈喇子，非常卖力地往堂兄的身边靠拢。这一次，一直静静地站在那里观看着堂弟的澄澄，终于伸出两手来把住学步车的边沿往自己身边拉了拉。自己费了那么大的力气都没能走多远，如今被堂兄这么一拉就忽地一下子来到堂兄身边了，小贝贝兴奋的心情简直难以用寻常方式来表达。所以便更加开放地裂开小嘴巴、流出更大量的哈喇子，并咿咿呀呀地大声叫唤着只有他自己才能理解的话语，并且还瞪大双眼两手拼命地冲着澄澄嘭嘭拍打着学步车两边的边框，在这强有力的嘭嘭声里，小家伙儿整个身体都兴奋地往上一耸一耸的。小贝贝如此之大的动作幅度，不可能不引起家里人的注意。首先注意到小贝贝异常举动的，当然是贝贝妈。当她刚看到儿子靠近澄澄的时候，顿时紧张得张大了嘴巴，但碍于自己兄嫂的反应，贝贝妈赶紧又把张大的嘴巴用力闭了起来，只是那因担心而瞪大的两眼还鲜活地传达着她内心的紧张与不安。当她正准备过去把儿子拉开的时候，正好是澄澄两手把着堂弟的学步车边沿来回推拉的档口。堂兄弟之间这充满无限友爱之情的一幕，不仅大大缓解了贝贝妈的紧张，而且也使得柳白絮的眼泪差一点儿就流了下来——没想到啊没想到——自己的儿子在孤独了这么多年之后，竟然能这么懂事地逗弄堂弟玩耍。

阳光让整间屋子都变得亮亮堂堂的，澄澄和贝贝兄弟俩正好被罩在这阳光与目光交织而成的圈圈里，大家庭里的每一位成员都沐浴在这份童真之爱里。“老天爷开眼了，是老天爷开眼了呀！”霍老太太一边喋喋地念叨着，一边颤巍巍地抬手擦着皱纹环绕着的双眼，却不料拿在手里的碗竟啪地一声坠地而响，碎作银花片片。

“你个糊里糊涂的老东西，老天爷开眼是让你做好事儿的，可不是让你摔碗……”

“唔，噢——，啊——”还没等霍老先生数落完呢，被这番意外与纷乱惊吓到了的澄澄突然不安地叫唤了起来。还没等其他人有进一步的反应，已经焦躁暴怒起来的澄澄又啊地大吼一声，以惊人的速度和力度将学步车连带着贝贝一起猛地推到了客厅门口处。

“啊老天呀！”惊惧万分的贝贝妈就像是被摘掉了心肝儿般惨叫一声，慌手慌脚地赶紧跑过去救护儿子。可相比起眼前事件发生的速度来，她毕竟还是慢了一些，因为此时贝贝的学步车已经快速撞到了门扇上，小家伙儿的后脑勺也随之在门扇上磕出了一记闷响。就在这一瞬间，连空气都仿佛被惊成了石头，直压得每个人全身的血液都停止了流动。还是小贝贝撕心裂肺的哭叫，才打破了这令人窒息的沉寂。

“哎哟我的心肝儿哟，我的小祖宗哟！”霍老夫妇直到此时才从惊愕中醒来，他们赶紧手抖脚颤地快步跟着贝贝妈往学步车这里赶过来。

“哎呀可心疼死妈妈了，宝贝哟，你没事儿吧？快让妈妈看看！”贝贝妈把儿子从学步车里抱出来后，便忙不迭地捧着小贝贝的头上上下下、里里外外地检查起儿子的伤势来。当她看到贝贝后脑勺处的小包包时，忍不住一边心疼地用手轻拍着儿子的背，一边扭过头来直视着柳白絮。“我说嫂子呀，不是我当小的说你，你说你不知道自己的儿子是什么样儿的吗？还不好好看紧他，让他……”或许是碍于妯娌情面，也或许是因为小贝贝哭得太令人心疼，下面的话她没再说出来，只是低头全心安慰着自己的儿子。即便是这一番话，对于柳白絮来说，也不亚于被人当胸刺了一刀般的疼痛。

“你说这话是什么意思？”本来心里还怀有一些愧疚的柳白絮，如今见弟媳妇这么说话，长期以来积压在心头的委屈禁不住一泻而出。“这家里的活儿，上有老下有小中间还有几个不老不小吃白食儿的主儿，你说哪一个不要我伺候，我有空档腾出手来管教儿子吗？”虽然这话没有说到指名道姓的份儿上，但也足以令听者不悦了。

“哟嫂子，我们可是广州人家，跟小山区里的家可没法儿比。在小山村里，只要有力气出就可以养活一个家；可是在我们这里，光有一身力气没脑子可是混不下去的。”贝贝妈绵里带刺儿的一席话，表面看好像都是些泛泛的大道理，可实际上句句都狠狠地戳在了柳白絮的心窝上。俗话说打人不打脸，骂人不揭短。贝贝妈首先以她大都市本地人的身份来从气势上压制住柳白絮的“外地佬”身份，其次是更为隐晦凶狠地拿患有孤独症的澄澄来说事。所以不论是哪一条儿，都像是条条钢鞭一样狠狠抽打在嫂子的心坎儿上，而柳白絮被气得只有脸色紫红、浑身打颤的份儿。

“哎呀，好啦好啦，一大家子的人都和和气气地本分过日子不好吗？干嘛要这样吵吵闹闹的呢？”还没等悲愤已极的柳白絮向弟媳妇发起最为激烈的反击，就被霍老太太给堵住了口。满腔怒火无处发泄的柳白絮，只感觉在这炎凉莫名的天地间根本就没有自己娘俩儿的容身置喙之处。

“你们……你，这家没法儿过了呀！”柳白絮猛然举起双手疯狂地撕扯起自己的头发来，恨不能三下五除二将这满头的烦恼丝全都拔个干净。“走，咱娘俩儿走！”在家庭其他成员都还处在错愕懵懂状态之中的当口上时，她忽地拉起正蜷缩在门后捶头哭闹的儿子的手直往家门外冲去。

这人要是倒霉了，喝口凉水都能被呛着，如今柳白絮母子俩就碰到了这样的状况。就在她不顾一切地拉起儿子的手往外冲的时候，早已经将自己的两个太阳穴捶打得红肿淤紫的澄澄，啊嗷闷吼一声低头照着妈妈的手背就狠狠地咬了一口。已经被激烈的懊恼情绪冲撞得头昏脑涨的柳白絮，突然又遭到亲骨肉的切齿伤害，只感到万念俱灰心痛难耐。她一转身扬起伤痕累累的右手照着澄澄就是一记脆响的耳光，“走！”澄澄妈决绝地大吼一声，拼尽全身的力气连拖带拽地拉着儿子就冲出了家门。

身后或许有老公霍勇沙哑着嗓子的大骂声、家婆霍老太太的哭诉声、澄澄叔叔婶婶的斥责声，还有霍老先生的高声悲叹……可这伙纷乱的人、这片嘈杂的声音跟自己又有什么关系呢？我们娘俩这就走了，从此跟这个家没有一丁点儿的关系了！柳白絮就这么恨恨地胡思乱想着，儿子的手腕被越抓越紧，脚下的路往后退得也越来越快。本地人又怎么样？不就是爱自高自大看不起人嘛，那又有什么了不起，我们外来人又怎么了？离开你们一家人我们娘俩儿照样活得很好，反正儿子都这样了，再坏又能坏到哪里去呢？

“吃饭，啊，吃饭！”儿子沙哑焦躁又疲惫不堪的声音，终于把疯疯魔魔的柳白絮拉回了毒辣辣的现实。她茫然地停下脚步环顾四周，费了老半天的劲，才辨别出她们娘俩正置身在一个小公园的门口。因为现在正值中午时间，太阳还热辣辣的，所以人们在午饭后也很少来公园玩耍散步。公园对面的几家小卖部、小商店里，此段时间也是门可罗雀，只有几辆搭客的摩托车轰轰驶过，留下一片呛人的烟尘在阳光下散漫不去。经儿子这么一叫唤，柳白絮也感到了肚腹里的空虚难耐——从早晨起床到现在，她一直都在忙活着又是拖地搞卫生又是做饭炒菜的，竟然没顾得上往娘俩肚子里填进点东西。一股愧疚促使柳白絮摸了摸澄澄的头，娘俩儿一起往斜对面的一家小吃部走去。

太阳已经慢慢地往西边越坠越低了，柳白絮还是没有拿定主意要去哪里。娘家还有其他亲戚家都早已经被她统统排除了，从儿子被确诊为孤独症的那一刻开始，她就没想过要给爸妈添麻烦，更不愿意让亲戚朋友们都知道自己有个身患孤独症的儿子……唉，这要是还没放暑假，娘俩怎么都可以在学校以及附近同学家长租住的房子里度过这难熬的白天黑夜。可现在正值假期，就连这最后的一线寄宿希望也没有了。思前想后地折腾得头脑都要炸开了，她也没能为她们娘俩想出一个理想的安身之所来。

太阳已经悄悄躲到枝杈背后去了，柳白絮还是一筹莫展。突然，就像是眼前跳过一道闪光，她猛地精神为之一振——明天是 8 月 18 号，那可是永永爸召集学校里几位关系比较要好的学生家长在一起聚会的日子呀，我怎么差点儿就把这茬儿给忘记了呢！柳白絮顿时兴奋得一拍额头，啪的一声直惊得躺在她大腿上打瞌睡的澄澄浑身一颤。

想起永永爸单意生来，柳白絮又不禁幽幽叹了一口长气：那也是一个可怜的人呀！王小梦的妈妈黎花曾经在一次闲聊中提起过永永爸，说他是一名退伍军人，人又长得英俊潇洒，所以当初单意生回家探亲时，邻村有名的一位年轻姑娘在集市上只看了他一眼，腿就再也迈不动步子了。后来还是这位姑娘家主动托人上门提亲，直搞得单老夫妇高兴得一连好几天都是满脸的红花闪烁。是呀，自己家里穷得可以说是连头猪都养不起，居然还有这么一个黄花大闺女主动托媒人上门提亲，那可真是自家的祖坟上冒出紫烟来了。虽然婚后的日子过得比较清苦，但单意生夫妇还是恩恩爱爱地把小日子过得甜甜蜜蜜、滋滋润润的。后来伴随着儿子永永的出生，小两口的生活就更是让别人家倍感羡慕。

人的命运，有时候可真是难以预料，说不定从哪里刮过来一阵阴风，从此就改变了原本幸福美满的一切。三年之后，当永永被确诊为孤独症的那一刻，这个小家庭的天一下子塌下来了。原本爱说爱笑鲜亮迷人的永永妈，从此再也没有了往日的神采；往日风趣乐观的单意生除了整日闷头工作养家之外，也很少再有开口说话的欲望。一家人的小日子就像是被冻结在冰块里的鱼，虽然表面看上去一样都没少，但实际上却僵死在了沉默中。“真的也是祸不单行，这人要是倒霉了，拉肚子都能把屎喷到脸上去。”当时王小梦的妈妈黎花曾这么粗言粗语地对柳白絮概括描述单意生的不幸。因为就在儿子永永被确诊为孤独症儿童的半年以后，单意生本人也被确诊为肺癌，尽管还没到晚期，但巨额的医疗费用，已经让这个本来就不是很宽裕的家庭一下子陷入了绝境。不过从另一方面来说，不管你再怎么有钱，只要是被癌症给盯上了，那钱所能起到的作用也实在可以忽略不计，所以单意生坚决不愿在自己的病情上多花那一笔没什么希望的冤枉钱。就在万念俱灰的他准备把所有后事都交代给永永妈的时候，后者却在“从医院回家的路上”失踪了、蒸发了，从此再也没有联系上。“唉，现在这社会就是这个样子，久病无孝子，贫贱无夫妻，什么不舒服去医院看病，什么看完病正在回家的路上，那都是骗鬼的把戏，也就永永爸那么老实的人才会相信她，才会相信她可能是被人在路上给劫持了，结果报了案也没什么结果出来。”至今柳白絮还清楚地记得，黎花在评论这件事的时候，那张本来就不太白嫩的脸因为太过兴奋而变成紫红，两片厚厚的嘴唇叽里呱啦地随着挥舞的手势上下翻飞、唾沫四溅。“也就幸亏永永爸当过兵，心理素质好，这要是搁在一般人身上，连续遭受这番的打击之后，早就一病不起了！”虽然黎花这人说话做事总有些夸张招摇，但她对单意生的不幸所表现出的深深同情，就连一向不太喜欢她的柳白絮都不由对其肃然有了几分亲切感，这也就是为什么她在放假前夕能答应和黎花一起参加明天的“家长互助关爱会”的原因之一。

太阳就在柳白絮这么胡思乱想的过程中慢慢失去了燎人的热力，此时正略有疲惫地蹲踞在她们娘俩对面的一栋楼房顶上。泛红的阳光铺在枝头上、地上，铺在树下还在熟睡的澄澄身上。公园外一辆辆汽车疾驰而过的声音，再一次勾起了柳白絮何处是归宿的惆怅。上午那场风波令她气昏了头，所以当时也不可能想到收拾一些日常必备用品随身带出门来，否则也不会如此被动。她轻轻拍了拍儿子的头，深深地叹了口气。或许是中午所发的那通脾气消耗了澄澄大量精力的原因，此时小家伙儿还在沉沉地睡着。公园里的草木以及各种健身娱乐器材都折射着夕阳红色的余晖，显得是那么自然而安详。沐浴在这片静谧里，柳白絮不觉暂时忘掉所有烦恼，贪婪地欣赏起眼前的美景来。

意想不到地，她突然眉头大展——看来娘俩眼下还真得走这条路了——当初诗情的妈妈尤媚曾神秘兮兮又不无夸张地向她说起关于请和尚为孤独症孩子做法的事情，说学校里有很多家长都曾经偷偷地带着孩子去城东北角的那座寺庙里做过法事。庙里的一个老和尚说如果孩子前世跟佛有缘，而今世又慧根尚存的话，应该可以通过几次法事来大大改善他们的病情。当时柳白絮就问尤媚一起去的都有谁，后者不愿意多加透露，说那牵涉到个人隐私的问题，不过为了证明自己所说内容的真实可靠，尤媚还特地说黎花可以作证她没有说大话骗人。当时柳白絮只是点了点头并没有说什么，但心里却是老大地不以为然：假如尤媚拿别的随便什么人来作证的话，她当时兴许就相信了，可这人偏偏拿柳白絮最不喜欢的黎花来做证人，这就令本来对和尚做法这件事将信将疑的柳白絮更是对此事没了继续探讨下去的兴致。可俗话说得好，“人在危难中，只得乱投医”，如今她们娘俩实在是走投无路了，所以也只能先去那里看看再做其他打算了。

课后检视

大量调查研究资料显示：在影响孤独症患者身心发展的诸多刺激因素中，家庭成员之间的相互关系，无疑是最为巨大和根本的。澄澄显然没有那么幸运。父母长辈们之间的隔阂与冷战，母子俩不可避免地被忽视与歧视，自然把澄澄摆在了无人问津的孤单地位，小家伙儿本来就没有多少社交沟通动机与技能，如此一来就更是雪上加霜了。

一个和谐温馨的成长环境、日常生活中成人的关爱与引导沟通，对于诱发孤独症患者的社交动机无疑是有巨大意义的。如果再扩展开来分析的话，父母亲人在与他人互动交往的过程当中，都会在无形之中对孤独症患者起到潜移默化的影响作用。比如乐观开朗和乐于交往的家长，自然也会在一定程度上减少孩子情绪行为问题的爆发频率；而如果家长本身都比较容易焦虑独处的话，自然也就很难为孩子带来积极正面的社交示范与影响。

具体到本案例中的澄澄母子俩，不管柳白絮如何设计她们母子俩下一步的生活归宿，但有一点是可以肯定的，那就是更加孤立和无助的生活处境，对澄澄的顺利康复与健康成长显然是不利的。所以为了孩子，家长有必要在处理家庭成员关系的时候，多些大局观和弹性措施，以便尽可能少地对孩子产生负面影响。

第29课　忧心的双重改变

课前导读

有一句话说得好：高手在民间。的确，那些可歌可涕的事迹未必就一定要发生在战场上。在我们普通人的生活里，在世界上的某个角落中，几乎每时每刻都有令人高兴或令人流泪的事情发生着。

课堂聚焦

"上去，对了儿子，加油，再下来！"单意生擦了擦额头上流下来的汗水，继续和儿子一起投入到征服高椅子矮板凳的战斗之中。曾有一段时期，在孤独症孩子的康复训练项目当中，感觉统合训练是被公认的见效最快、最明显的一种康复手段，尤其是像永永这种大肌肉协调性较差的孩子，单意生就自然而然地会特别注重对儿子进行家庭式的感统训练。这不，和往常一样，吃过早饭之后，他又在客厅里腾出地方来，将自家所有的高椅子和矮凳子都混合搭配成一列，然后让儿子脱掉鞋子站上去一路走过。对于同龄的普通孩子来说，这也许是很简单很有趣的一种游戏，简单到来回走不了几个回合就感到厌倦无聊了。但是对于像永永这样伴有脑瘫症状的孤独症儿童来说，他们的本体感觉、前庭平衡和大肌肉等方面都较差，别说是像普通孩子那样跳上跳下地奔跑追逐了，他们就连高抬脚低落步地走路都做得很吃力。再加上感知觉及信息加工失调等方面的生理因素，自然会令这些孤独症孩子产生出很多在我们旁人看来是莫名其妙的情绪行为问题。

在爸爸不断的加油鼓劲之下，永永终于成功地颤抖着将左脚探到了第三个矮凳子上。也就是说，在此之前，他已经连续两次成功地从高椅子落脚到矮凳子上了——对于永永来说，这可是个巨大的进步呀。尽管捂着嘴巴撑着腰经历了一阵钻心的咳嗽，单意生还是不禁抬手擦着额头上的汗水露出了一丝欣慰的笑容。"加油，就是这样！"为了避免不时冒上来的咳嗽打断自己的指令，单意生尽量将长话缩短再快速表达出来。

因为儿子到现在还没有语言发声的能力，所以单意生只能尽可能地通过自己的观察来确定儿子的情绪变化。比如，同样是出现了焦躁不安的情绪，如果是在一日三餐的时间段发生，就基本可以判断永永是饿了或渴了；假如是在这三个时间段之外的时候发生，则有可能是他想要去厕所或是想暂时放下训练任务休息一下了。今天儿子的表现要比平时都好一些，至少在这将近一个多小时的连续训练中，他没有像往常那样乱发脾气以逃避责任，这让单意生在内心里感到了少有的一点安慰。脑筋一转，永永妈的脸庞身影却又在此时鲜活地出现在眼前。“儿子，加油，上，对，下！”单意生努力地甩了甩头，拼命想把永永妈从脑海里甩到远远的再不能打扰到他们爷俩的地方去。现如今乃至今后，儿子就是自己活下去的依靠，再想那个人还有什么意义?!单意生一边在心里这么想着，一边咬咬牙加强了对儿子的训练力度，他此时只想赶在被病魔夺走自己的生命之前，尽最大力量将儿子训练到最起码能够生活自理的程度，至于更高的目标，他就不敢奢求了。

阳光透过对面的楼群缝隙从窗户挤了进来，照在永永汗津津的脸上。他此时正专心致志地两眼紧盯着前方的高椅子，很吃力地抬起了左脚。“踩上去！”随着爸爸的一声令下，永永卖力地高抬脚后又猛地往下一踩，只听扑通哗啦一片乱响，永永一脚踩偏在椅子边沿上，导致整个人连带椅子一起重重地摔倒在地上。单意生的第一反应是等待着儿子的嚎啕大哭，因为按照往常的经验，永永在摔倒或是碰撞到什么东西上时，往往会通过大哭一场的方式来表达疼痛或宣泄其他的负面情绪。但出乎意料的是，永永这次没有立即哭闹，他只是爬起来坐在地上，两手捂住耳朵眼直勾勾怯生生地看着倒在地上的椅子发呆。就在单意生准备大大夸奖一番儿子今次坚强的表现时，小家伙却突然大嘴巴一咧哇哇地大哭了起来。

“唔妈妈，啊，啊，啊妈妈！”没有语言的儿子在今天居然发声了，他说话啦！单意生手捂嘴巴竟然惊讶地忘记了咳嗽。他那因削瘦而棱角分明的脸，不知是因为惊喜还是痛苦而上下拉长着、左右扭曲着。是呀，儿子终于说话了，尽管发的只是极简单的音节，尽管他说的只是“妈妈”——妈妈！好不容易被自己刚刚赶出心门之外的永永妈，现如今却出其不意地通过儿子的嘴巴又一次闯进了他脆弱不堪的内心世界里。单意生痛苦地蠕动了两下嘴巴，重重地一屁股跌坐在椅子上。夫妻间一幕幕的缠绵恩怨，就如同决堤的洪水一般奔涌而出……

单意生因出身贫寒而始终难踏爱情处女地半步，在认识了永永妈薛婧之后，他生命乐园里的处女地便迅速被开垦得桃红柳绿、鸟语花香了起来。年轻小夫妻的缠绵恩爱，大概是这人世间最为宝贵的人生经历了。情投意合的他们一致认为要在自己的这片穷乡僻壤里脱贫致富、实现人生理想的抱负，基本是不可能的。所以在单意生从部队复员后，两人便在新婚后不久双双告别了家乡，来到了这座遍地流动着理想与渴望的大都市。在当时的那股南漂大潮之中，不知有多少像单意生小夫妻这样怀揣梦想的年轻人，将自己所有的青春激情与梦想都挥洒在了广州、东莞、深圳这些南方大都市里。尽管只是在工厂里熬夜打工，但他们所赚的钱却是令家乡人羡慕不已的，并且还不用受那份风吹雨淋日晒的苦。最为重要的是，在工余时间，他们可以在灯红酒绿的大都市里随便找到尽情玩耍娱乐的地方。对于生活在老家的人，这里简直就是做梦都梦不到的人间天堂。在最初的三四年里，这对小夫妻一直住在工厂所提供的夫妻房里营造他们的爱情小巢，厂子里吃住全包了，并且还定期发给工作服。一句话，他们的衣食住行几乎全都包括在了工厂为职工提供的福利里面，这就为他们积累未来家庭的资本提供了令人满意的基本条件。为了尽可能多地将工资节省下来，小夫妻俩除了每月定期给家里老人寄点生活费用之外，其余的就全部存到了银行里，所以他们几乎很少像其他打工者那样随心所欲地逛街买东西。

小夫妻俩就这么在节俭而幸福的打工生活中，经营着每一天的甜蜜，憧憬着那似乎并非遥不可及的美好生活。不知不觉中，两个人就都跨在了人生三十而立的门槛上。“喂，意生，很多朋友都说女人过了三十生孩子很不好的，你到底是咋打算的?”这一天晚上躺在床上时，薛婧在若有所思地沉默了片刻之后，郑重其事却也不乏探究意味儿地，第一次主动提出了何时生孩子的问题。其实，单意生老早就想当爸爸了，但之前薛婧始终都没有同意，她总是说穷山沟里长大的人来到大城市里最紧要的，就是要像城里人一样多多接受都市物质及文化生活的熏陶改造，就是先要多为家庭准备下比较扎实的物资储备。如果这两条儿做到家了，生孩子才能水到渠成。反过来说，如果要孩子太过仓促的话，那便是对孩子不负责任的自私表现。薛婧这种先变为都市人再要孩子的想法，其实很多进城打工的人都有，细细想来，的确也不无道理。至少就目前的情形来看，在孩子出生后的近半年之内，全家人的生活就要靠单意生一个人来支撑了，更为令人有些头疼的是，薛婧还提出一个要求，那就是孩子必须在这座城市里出生、成长、读书和工作，虽然不能马上从户籍等方面给孩子搞定本地户口，但夫妻俩至少要从事实上让孩子融入到这个大都市里，成为这里的一员。面对妻子这无懈可击的理由，单意生实在也没有反对的理由，从内心里讲，他又何尝不希望自己的孩子也能像这大都市里的本地孩子一样，拥有平等的学习生活条件呢。

就这样，在美好憧憬与艰苦拼搏的交织组合中，小夫妻俩一月月一年年地蜕变到了中年夫妻的行列。这天晚上，当薛婧主动提出要孩子的问题时，不知怎么搞的，单意生鼻子里酸溜溜的只想痛哭一场。“婧婧，你看咱们本本上存的那些钱，够不够你们娘俩儿……”

“哎呀木头，这钱是没个数儿的，你说攒多少才是个够？钱还不都是人挣出来的嘛，你说你……哎呀意生你个笨鬼！”薛婧激动得不知该怎么教育枕边这家伙才好。

当永永哇哇大哭着降临到这人世间的那一刻，单意生也幸福地跟着儿子一起抹起了眼泪。他满心愧疚地想到，假如儿子早出生两年，自己父母就不会在临闭上眼睛时还在念叨着要抱孙子；他还想到，这几年为了这一刻的到来，他不知煎熬过多少个漫漫的无眠之夜！“哎呀意生，你就不能图个吉利别哭，好好哄哄儿子不行吗？”刚刚做过剖宫产手术的薛婧，躺在床上抬起虚弱的手，有气无力地拍着趴在床沿上抹着泪水的丈夫。对于这被她昵称为木头并一起生活过十余年的男人此时五味杂陈的心理，她又何尝没有切身体会呢。同为飘落异乡为梦想而打拼的外来工，在物价不断上涨工资却不停缩水的大都市里生活，每个人活得都不容易。

人到中年而得子，永永在家中的娇宠地位是可想而知的。尽管厂子里为他们提供的夫妻房大小还不足十个平方，但这并不妨碍单意生利用工余时间，将小房间总体规划、立体设计成一个充满童趣与温馨的亲情小巢。永永完全有足够的爬行与玩耍空间，只是这小家伙儿对爸爸的这一番良苦用心有些视而不见。爸妈把个拨浪鼓摇得叮咚乱响欢腾跳跃，也很难赢得永永强烈的兴趣与关注；薛婧专门在超市里为儿子千挑万选了摇摆驴、小火车，还有一捏开关就会发出咯咯咯甜美笑声的小洋娃娃。回到家里后，薛婧想尽办法来引逗儿子开心玩耍。永永对那个憨态可掬的摇摆驴的确是爱不释手，而对那个跟自己一样充满童真童趣的洋娃娃，却像是对待自己的爸妈一样了无兴趣。薛婧只有独自儿抱着个洋娃娃晾在一边，羡慕地看儿子玩摇摆驴的份儿。尽管还陶醉在中年得子的幸福中，但薛婧的内心深处，却已经有了些莫名的不安。

在这熙熙攘攘热闹非凡的世界里，诸事顺意的人意气风发，生活困顿的人愁眉不展，但时间却对此一概无动于衷，它依然按照自己的节奏默然前行。就这样在幸福而又焦虑莫名的期盼中，永永一天天长大。上托儿所期间，老师对永永的印象是，这个孩子不爱跟小伙伴们一起玩耍，总是沉浸在自己的世界里自娱自乐。此外，这小家伙在如厕等自理方面要比同龄孩子差一些，经常会在老师不留意的时候将屎尿涂抹得到处都是。又过了一两个月，情况似乎更严重了些，大概是托儿所的领导都没辙了，便开始找薛婧商量退学的事。在薛婧的再三恳求之下，托儿所总算没有把小家伙请回家。但是上幼儿园之后还不到一个月，小家伙就经常莫名其妙地大哭大闹，并且张嘴狠咬自己的手背。一开始，大家还以为是小家伙还没适应幼儿园的生活的缘故，后来才慢慢意识到事情远没有想象的那么简单。

可怜天下父母心，后来薛婧又带着儿子辗转寻找了好几家幼儿园，但当园方了解到永永的真实情况后，便没有一家再愿意接收他。在亲朋好友的再三劝说下，单意生夫妇终于开始重视起儿子的与众不同了。

自从永永被确诊为孤独症之后，早就因为儿子的入托、上学等问题憔悴透了的薛婧就再也没有了往日的欢声笑语，就连她和单意生之间正常的夫妻生活，也再提不起她的任何情绪。每一个折磨人的白天和熬人的夜晚，薛婧都默默无语又一丝不苟地用双手抚慰着时常情绪发作的儿子，操着机械的动作做着永远也忙不完的家务。尽管已是共同生活作息近十年的夫妻，但单意生始终都不明白现如今的妻子到底在想什么。他只知道，儿子的病彻底改变了这个家，改变了这个家里每一个人的命运。很多次，在好不容易哄着永永入睡之后，他都很想好好安慰一下自己的妻子，可又不知该怎么说、怎么做才好——现在他们夫妻都被一个残酷无情的现实压得喘不过气来——永永所得的这种病症，到目前为止，全世界都还没有找到真正的致病原因，更遑论要去治好这种病了。总之，家里一旦有这样一个孩子，夫妻俩就要做好照顾孩子一辈子的准备，除此之外，其他还真没有什么更好的解决办法。所以不管单意生怎么费尽心机地安慰薛婧，但他们夫妻将要艰难呵护儿子一生的事实，却是怎么也无法改变的。这个事实改变不了，紧扣在薛婧心头的那个结就不会被打开。

这一天晚上，照例是竭尽全力地哄着入睡困难的儿子进入梦乡之后，单意生躺在床上照旧是面对妻子无话可说。或许是不算长也不算短的这半年经历已经明白无误地说明，患难之中的夫妻无需再用言语来交流什么了，只需要相互之间的扶持与抚慰就够了。当然，除了这些，除了努力工作赚钱来养活一家人之外，厚道实在的单意生的确不知道还能再做些什么。可今天晚上，单意生却总感觉有些心慌气闷，有什么足以改变他们命运的事情将要发生的不祥预感，这一段时间似乎越来越明显地在催逼着他要事先做点什么。可是还要做什么呢？他却怎么也想不出来。这令单意生很着急，可越是着急，他就越是搞不明白还需要做些什么。几次三番的折磨，单意生便有了如芒刺在背不知所措的感觉。

黑暗的压抑之中，突然爆发的剧烈咳嗽，不期而至地暂时缓解了他焦急不安的窘境。这一阵咳呀，简直就像是他单意生长期积压在心头那巨大压力的总爆发，非要一泄为快不可。所以不论是剧咳的强度还是持续的时间，都大大超过了之前的几次。为了不至于影响到邻床的儿子睡觉，单意生干脆蜷缩在被窝里用被子包裹着自己，纵情所欲的大咳特咳了起来，直咳得他头昏脑涨、胸腹阵痛，可还没有要停息的意思。

“意生你这是怎么了，感冒也没有这么咳的吧？”长期麻木在悲伤之中的薛婧，显然是被老公这持续而猛烈的咳嗽吓坏了，她欠起身子颤抖着声音问了一句，一边还伸出手来着力均匀地捶着丈夫的背以缓解他的咳嗽。尽管浑身都因为剧烈的咳嗽而酸痛不已，但单意生还是能够异常清晰地感觉到，薛婧捶落在自己后背上的手是颤抖的，他的心也本能地随之激灵了一下，那种不祥之兆就更加有力地紧紧摄住了他的心。

后来好几家医院的诊断证明，都无一例外地给单意生夫妇，给这个本来就脆弱不堪的小家庭重重的一击——肺癌！万幸，还属于早中期！在确定这一结果的一刹那，薛婧就像是疯了一样嘶喊着逼单意生住院做手术，但都遭到了后者的坚决反对，她从此便再也没了同任何人说话交流的心思，整天都是蓬头垢面地疏于家务，疏于打理生活中的一切；单意生每天也只是行尸走肉般挂着青灰色的脸去上班，傍晚再拖着疲惫不堪的身子回到家里来，坐在房间阴暗的角落里一言不发。往常的那种军人特有的坚强乐观，从此似乎也离开了他的身体。幸亏此时的永永在经历了一番有关户籍的波折之后，终于花钱托关系成功入读了一家公办的特殊学校。虽说依然是没有特别的手段能明显改善永永的症状，但儿子毕竟有了一个阶段性的理想归宿。

“谢天谢地，儿子的事总算可以松口气了”。说这话时，单意生的脸上露出了久违的灿烂笑容。不管怎么说，他们夫妻俩至少在让儿子入读公办学校这件事情上，算是较为圆满地达到了他们的预期目标。

“要是永永是个正常孩子，入读的是正常学校，就是让我天天给老天爷磕头我都愿意”。儿子的入学，再加上丈夫的一番话，似乎都没有令薛婧从悲观压抑的泥淖之中暂时解脱出来。不过她的这种态度，并没有影响到单意生刚刚产生的好心情。

“咱们能走到这一步已经很不简单了，大不了再生一个孩子，这样也好让咱有个新的指望”。

“你说的倒轻松。”听了老公的一番话，薛婧立时瞪起了眼睛。“假如是让你有个孤独症的哥哥，你觉得对你公平吗，你愿意照顾他一辈子吗？”

这倒的确是个问题，单意生一下子就被薛婧给逼问了个哑口无言。但除此之外，他并没有留意到妻子不同以往的某些变化。

这一天后半夜，在经受了一阵剧咳所引起的强烈不适后，疲累不堪的单意生头昏脑涨地逐步滑入麻木不仁的睡眠里。对老公的剧咳早已习以为常的薛婧，突然翻过身来伸出胳膊紧紧搂住了单意生的脖子。“木头，你可要保重自己的身子骨呀，这个家……还要靠你呢！”短短的一句捎带哽咽的话，在单意生听来，却有着说不出的滋味——在他的印象里，已经不能准确算出妻子已经有多长时间没这么亲亲密密地叫他“木头”了，尤其是自儿子被确诊为孤独症以来，这还是妻子第一次如此无限温存地称呼他，关心他。两行幸福的清泪不觉顺着单意生的眼角线滴落在枕头边。男儿有泪不轻弹，这个曾经当过兵的钢铁汉子，内心翻腾的滋味就连他自己都说不清楚。“木头，永永要靠你，真的要靠你！”薛婧嘴里喃喃地反复絮叨着这句话，两只胳膊却早已经紧紧地搂住了自己男人的脖子，滚烫的、和着泪水的嘴唇在单意生的唇上、脸颊上、耳朵上还有头发上不断摩挲着，摩挲着……

对于单意生来说，这是一次很特殊的事件。在他的记忆里，薛婧一直是个很理想主义的、很感性的女人；相反的，单意生却是属于特别务实、吃苦耐劳的男子汉。在两人刚刚结识的时候，单意生就被他们俩的这种特具互补意义的结合所深深折服。这自然也就形成了薛婧负责规划他们幸福生活的大好前景，而单意生则每天按指标具体实施的妇唱夫随模式。自从那审判书似的诊断结果出来以后，每一个难熬的白天与黑夜，单意生都要面对永永的康复训练问题，家庭生活各方各面的资金开销等多如牛毛的问题。而每当劳累不堪时，他都会想，大概因为自己的付出，妻子薛婧总应该相对轻松些了吧，儿子永永的康复情况也应该好一点了吧。只要这样的美好想法一冒出头来，宽慰轻松的微笑就会涤荡他满身心的疲惫。的确是这个样子，只要妻儿能够安好，他单意生就百分百的甘愿承受命运与生活给他带来的任何磨难、挫折与打击。

人生的悖论就是如此：越是性格坚强的人，他的生活往往就越是充满挫折与荆棘；而越是苦难密布的生活，往往也容易造就像单意生这样坚强不屈的铁汉子。

但再坚强的人，也会有他脆弱的时候。这一夜在辗转的昏沉里，单意生看见孤零零的自己独坐在一条小船上，桀骜不驯的狂风歇斯底里地掀起层层恶浪，仿佛要将这暗无天日的世界连同自己全都揉搓到永恒的压抑与黑暗里……

“意生，你醒醒，意生？”薛婧这一声声焦急的呼唤和推搡，终于将全身汗湿的单意生从恶梦中唤醒。他用力睁开沉重的眼皮，窗外还是灰暗的天空，似乎还有那么一两颗星星在透过窗子冲着他眨巴着眼睛。“意生，我昨晚一夜都没睡好。”

“嗨，都怨我这不争气的咳嗽，让你连个觉都睡不安稳！”看着妻子红肿憔悴的双眼，一股满满的内疚，令单意生油然而生出对薛婧的无限柔情。

“你这咳嗽又不是一天两天的事儿了，我早就习惯了。只是我这头，疼得厉害……”说着，薛婧又两手捧着头疲惫地垂了下来，全身都透露着久病不愈般的脆弱无力。

“那你一定要去医院看看。”为了强调这句话的分量，单意生特地伸出手来拍了拍妻子的肩头。“儿子上学的事儿，你今天就不用操心了，我提前把他送到学校，然后再回来上班都晚不了的。”说着，单意生披衣下床，开始忙活着帮娘俩儿收拾起必要的物品来——苍天知道，后来的事实证明，他满心满意帮妻子收拾去医院看病的物资之举，却在无形之中加速了薛婧永远地离开这个家、离开他们爷俩儿的进度！

“噢咿呀呀，啊，噢咿呀呀！”儿子越来越大的尖叫哭闹声，把单意生从不堪的往事泥淖里硬拉了回来。臭烘烘的气味儿像一堵厚重的墙，直压得他一阵头晕目眩。

“你个臭小子啊，别动！”终于回过神儿来的单意生，控制住了儿子的双手，此时的永永正把手伸进裤裆里往外抠大便玩呢。幸亏发现得还算及时，否则还不知道这小家伙儿会怎么样地用大便在地板、家具还有衣服上涂抹他的“杰作”呢！侥幸之余，单意生那颗本就沉痛不堪的心，免不了又重重往下沉了沉。

课后检视

资料显示，永永三四岁的时候，他是已经学会了大便要脱一下裤子来提醒父母或是直接去厕所的。可是就在近段时间里，这小家伙儿隔三差五地就会把屎拉在裤子里，并且还从裤脚处抓取从屁股上掉下来的粪便到处涂抹，直搞得整间屋子都臭烘烘的，十分不堪。更令人担忧惧怕的是，随着时间的推移，永永将大便拉在裤子里的次数越来越多，哭闹的频率和强度似乎也有稳步增长的趋势。作为一名孤独症儿的家长，单意生早就听说很多孤独症儿随着年龄的增长，各方面的能力也会随之逐步退化的传闻。单单这一条，如果属实的话，那就足以令其感到绝望了！

不论是之前提到的澄澄，还是本案例中的永永，他们都共同面对着家庭成员结构乃至生活模式的改变问题。简而言之，这两个孤独症孩子的亲子互动模式发生了变化，会直接导致其在情绪行为、专注力、常规乃至认知理解水平的波动，从而造成在一段时间里，孤独症孩子身心发展的各维度出现此消彼长现象。最为令人担忧的是，大量的观察研究资料都显示出孤独症患者群体负面能力增长要远胜过正面能力，比如本案例中的永永，就是增长了常规性较差的运动能力而专注力和认知理解水平有所下降。

由此可见，尽量从客观上保障孤独症患者学习生活环境的相对稳定具有多么重大的意义。

第30课　阴晴难定的家庭关系

课前导读

如果说前面两个案例都是孤独症患者家庭成员结构发生变化的话，那么本案例中就是另外一种比较特殊的环境变化：时好时坏、时亲时疏的亲人与亲子互动模式。

课堂聚焦

“滴滴滴滴……”一阵急促的手机铃声，促使陈老太太慌忙按下了接听键。“怎么样，找到诗情了吗？”

“还没有，你那边一点影子都没有吗？”手机里，陈老先生的呼吸和老伴儿一样急促，他们两位老人都在为小诗情的安全担着心，现如今的治安形势这么严峻，万一……

“哎呀好啦好啦，我也在找呢，你那边找到了再打电话给我吧，挂了！”没个影子，连个影子都找不到，啊呀呀这眼看着就要天黑了，诗情奶奶急得直想哭，她一遍一遍地在心里祈求小孙女平安回家。

大约半个小时前，老两口正在家里一边摘着菜，一边还在激烈地议论着儿子儿媳的关系问题呢。诗情爸就突然打电话让他们二老到楼下接小诗情回家，当两位老人下得楼来看见儿子陈志金那张阴沉着的脸，就知道他肯定又和尤媚吵架了。由于这种事情经常发生，两老自然也了解自己的儿子和那个似是而非的儿媳妇各自的脾性，所以老两口当时也就没再说什么，就那么默默地接过小诗情，然后又眼巴巴地看着儿子闷闷不乐地钻进小汽车离开了小区。

唉，这可真是“无戏剧就不成生活”呀！就在今天早上，那时刚刚吃过早饭不久，八九点钟的样子。陈老太太正在收拾餐桌，小诗情哈哈大笑着爬到沙发靠背顶上，然后得意地、颇带挑衅性地冲着爷爷直咧嘴。“下来，小心别摔着，快下来！”见到小孙女这么调皮捣蛋，陈老先生是又开心，又担心得要命，老人家一边这么大声制止着，一边脱掉鞋子爬到沙发上去想把小孙女拉下来。见爷爷过来抓自己，小诗情开心得要命，她哈哈笑得更欢了，小家伙儿哧溜快速地一转身，又从长沙发蹿到了另一头的短沙发顶上。老人家的行动毕竟要迟缓得多，所以只好又动作吃力地跟随着小孙女从这个沙发转移到另一个沙发，然后再转回来，再转回去。就这么折腾了几个回合之后，陈老先生累得直喘粗气，最后他实在是挪不动地方了，只好一屁股陷进了沙发里。“诗情啊，诗情，听爷爷话，你快……快下来!”见到爷爷对自己无计可施了，小诗情坐在沙发顶上手抠着嘴角乐得哈哈直笑，从嘴巴里流出来的口水也兴奋地一个劲儿地往下流成两条线。

恰恰就在这个时候，诗情妈尤媚敲门进来了。每逢周末，她都会准时回家里来“和家人团聚”；每次进门，她也都是首先甜甜蜜蜜地叫一声爸爸妈妈，然后才抱起女儿宝贝长宝贝短地亲个没够。唉，你要是经常这样，也不至于搞成现在这么个生不生熟不熟的局面！目睹这种被儿媳妇的热情给烘托出来的融融天伦之乐，陈老太太不禁感慨万千，不由得在心里长长地叹了一口气……

两年多前，大约是中秋节前后，陈志金全家人难得团团圆圆地聚在一起过周末。除了小诗情和奶奶坐在沙发里看着电视动画片外，其余几个人都围坐在饭桌前擀皮的擀皮、剁馅的剁馅，为了晚上的这顿饺子，几个人忙得不亦乐乎。小诗情眼睛盯着电视屏幕，两手却在忙着将一段纸巾缠来缠去、撕来撕去地到处抛洒着碎纸屑。见孙女坐在身边还算乖巧，陈老太太也就慢慢放松了警惕，注意力也随之逐渐沉迷到电视里去了。

突然，啪啦一声刺耳的爆响吓得陈老太太一哆嗦，她赶紧扭脸一看。“哎哟我的小祖宗嘢，你又做‘好事儿’了，快给我滚到沙发上去!”之前诗情就摔碎过一只茶杯，为了防止此类事情再次发生，陈老先生还特地将茶壶茶杯全都藏在了柜顶上。真搞不明白，这小家伙今天是怎么找得着、够得到这些茶杯的，居然又让她拿下来摔碎了一只。“我的小祖宗呀，你说你一天到晚净给我惹事儿，看我不……”这下可把老人家气坏了，按照处理类似问题的老习惯，陈老太太嘴里一边唠唠叨叨地数落着小孙女，一边就将手举到半空中划了个弧儿，但马上又轻柔地放了下来，因为她猛然想起来儿媳妇就在这个家里。果然，尤媚这时已经放下手里的活儿，拿着扫把垃圾铲走了过来。

“藏在柜顶上的东西她都能找到，这说明我们小诗情将来可能是做警察的好材料呢，听说好多科学巨匠都是像小诗情这样有些孤独症倾向的呢。妈，您老就别再骂她了，岁岁平安嘛。”尤媚一边说着，还特地腾出手来无比怜爱地摸了摸女儿的头，这才拿起工具清扫起玻璃碎片来。

“你可不能把小诗情给惯坏了！”陈老太太对儿媳妇这样宠惯女儿的方式显然有些不满，并且站在她老人家的立场来看，这种不满自然也有它的合理性。有时候，尤媚太娇宠自己的女儿，比如小诗情在公共场所突然去抓某位素不相识的阿姨的头发，或是去抢夺某位小朋友手里的物品时，她总是在向人家道歉时也不忘记为女儿的行为进行合理性辩护，什么女儿是位孤独症患者，发生这种很难令旁人接受的行为实属正常，也在所难免，但是作为小诗情的妈妈，她内心也为此充满愧疚等；可有时候，尤媚对女儿的行为又特别不能容忍。比如有一次她带女儿去超市购物，在柜台交钱时，小诗情突然伸手抓起一包饼干塞进嘴巴拼命用牙撕咬。见到女儿在这个地方如此丢人现眼，尤媚不禁勃然大怒，她扬起手来照着小诗情就是狠狠的一个大嘴巴子，直打得女儿整个头脸都猛地往一边甩了一百九十度，嘴巴里的饼干袋也随之飞了出去。诗情的哭叫声、尤媚的斥骂声搅混在一起，令超市收银台这一带着实大乱了一阵子。为了这件事儿，陈志金和尤媚又大吵大闹了一场，并拒绝尤媚再来探望女儿，也拒绝再和她讨论复婚的问题。在经历了这场风波之后，陈老夫妇就更认为儿子当初选择和她离婚是正确的，因为尤媚这个人性格太过古怪，好的时候对你好得要命、热情得要命；坏的时候又会莫名其妙地对你大发脾气，把整个家吵得鸡犬不宁。陈老太太每次提起自己的这个阴阳不定的儿媳妇，都会心有余悸地摇着头大大感慨一番。

“哎哟妈，您看您这是说的什么话？”面对这个让她又恨又怕的婆婆的责备，个性强悍的尤媚当然会坚持自己不同的看法。“那正常的小孩子都玩得疯起来不要命，像小诗情这样的孤独症孩子，就算是玩得有点过火也是可以理解的嘛。”陈老太太听尤媚这么说，尽管心里又想起了超市柜台前的那类事，但表面上也没好再说什么，只是无奈地摇头作罢。见婆婆不再出声，尤媚感觉一下子清静了许多。哼，老东西，假如不是您从中作梗的话，当初诗情爸也不会那么坚决地和我离婚，像您这样的人不遭报应才怪呢！尤媚一边躬身低头打扫着垃圾，一边在心里暗暗发泄着对婆婆的不满。

突然，她耳轮中听到婆婆惊讶地嘿了一声，还没等搞明白到底是怎么一回事儿呢，就感觉随着啪的一声响亮，自己的头皮上立时传来一阵热辣辣的钻心疼痛。“哎哟你个小畜生，看我不打死你！”等尤媚终于明白过来是怎么一回事后，不由勃然大怒。她再也顾不得地板上已经扫成堆的玻璃碎片了，不由分说地抡起扫把就朝女儿的身上猛抽过去。要不是及时赶过来的陈志金强力阻止，那后果还真不堪设想。接下来，一家人由此又引发了新一轮的争吵是在所难免的，并且因为这场纷争，脾气倔强的陈志金此后有大半年的时间都没再允许尤媚踏进这个家门来探望女儿。

在后来的这一年多时间里，陈志金尤媚夫妇也还是和两年前一样分分合合、合合分分地交往着。就复婚的问题，两人也多次触及过，但直到今天，也还没有复合成功。这其中的原因，按照陈老太太的说法，当然都是因为尤媚的脾性太过捉摸不定有关。所以今天早上看到儿媳妇如此过火地亲热女儿，老人家的心里可真是有说不出的滋味。是呀，要是说儿子和这个前妻之间没有一些感情的话，他们也不会在离婚之后这几年的时间里都还单身一人，隔三差五地还在商讨着复婚的可能性；可如果说他们还有感情的话，那干嘛最不起眼的一点小事都能把他们给闹腾得昏天黑地，甚至几周几个月都互相不来往呢？唉，现在的这些年轻人呀，真搞不明白他们究竟是怎么想的，怎么就不知道踏踏实实地过日子呢！诗情奶奶越想越觉得丧气，干脆就把这些烦恼问题暂时抛在一边，专心祈祷去了。尤媚在和女儿逗弄亲热了一阵之后，又将其抛在一边，敲开前夫卧室的门，两人在里面唧唧咕咕声音时高时低的，也不知道又在商量些什么问题。过了老半天，两个人终于出房来到了客厅，诗情奶奶留意到自己的儿子心情明显比吃早餐时好了很多。果然，没过多久，两位年轻的父母就带着小诗情出门玩耍去了。“唉，保佑他们可千万别在外边闹什么矛盾出来了，诗情妈脾气不好已经搞得小诗情经常发脾气了，再这样下去还怎么得了哟！”他们一家三口走后，陈老太太忍不住念念叨叨地又对老伴儿倾诉起了自己的忧心事。

“哎呀快闭嘴吧你！”陈老先生对老伴儿的这番话显然有些不满，老头子不愿凡事先往坏处想，所以便忍不住训斥起老伴儿来。“你看他们出门的时候不都是有说有笑的吗，怎么就会又吵架了呢？”老头子说着说着就有点小激动，他语重心长地对老伴儿展开了思想政治教育。“人家当老的都盼着子孙后代和和睦睦的，哪有像你这么长着个乌鸦嘴老嘀咕着儿子儿媳瞎吵……”

“天可怜见呀，你个死老头子，谁希望他们吵架啦？”陈老太太显然为老伴儿严重曲解了自己的讲话精神而大感委屈，她拍着膝盖打断了老伴儿的激动发言。“我是怕呀，这几年来经历了这么多大大小小起起伏伏的事儿，难道你还没摸清楚他们刚和好没多长时间就又……”还没等她老人家把话说完呢，客厅角落里的电话就叮铃铃急促地响了起来，吓得两位老人都不觉哆嗦了一下，不约而同地瞅向了那部正在大呼小叫的红色话机，他们那眼神就仿佛是在盯着一个随时都会被引爆的炸弹。果然，两位老人接了儿子疲惫无力的电话后，就这么战战兢兢地下得楼来接了小孙女，看着儿子开车拐过小区右前方的街口消失不见了，便也只好叹口气摇摇头拉着小诗情的手就往回走。

西沉的太阳此时已经跨过楼顶，它所抛下的众多奇形怪状的阴影在小区里扩展着各自的地盘，越来越多的行人热闹了小区的生活。草坪上，一个被踢来滚去的足球，在五六个小孩子中间制造着嘻嘻哈哈的欢乐。突然，一个年龄较大一点的小男孩儿猛地一脚飞射，只见那足球嗖的一声腾地而起，在暗色的天幕下划了一道潇洒的抛物线后，又砰地一声从小诗情她们祖孙三人旁边的墙壁上弹跳到一边去了。小诗情显然是被这欢快的气氛和飞跳的足球给感染了，小家伙猛地挣开爷爷奶奶的手，哈哈大笑着就要加入这快乐的队伍，可还没玩上几下子呢，她就明显地因为与其他小朋友在沟通、行动方面不合拍而被晾在了一边。一个脸上被汗水冲刷得灰一道白一道的小男孩，见诗情没能为他们这个活蹦乱跳的小团体带来任何新的快乐，便很不耐烦地伸手猛推了一下她的肩膀。诗情的身体动作协调性本来就差，跑起步来也都还是一摇一摆地站立不稳，如今被小男孩这么用力一推，便一个屁股蹲儿跌坐在了地上。见此情形，陈老夫妇心疼得哎哟叫了一声，赶紧上前把小孙女扶了起来。可出人意料的一幕又发生了，痛觉迟钝的小诗情就像是什么事情也没发生过一样，她仰起脸来若无其事地看着满脸焦虑与担忧的爷爷奶奶，突然咧开嘴哈哈大笑着转身撒腿就跑。小诗情的这一招可是完全出乎两位老人的意料之外，他们一边大声叫着小孙女的名字，一边跟在后边就追。无奈人老了腿脚不便，两位老人家还没跑出几步路呢，小诗情就早已经在前边一转身消失在地下车库的入口处。见此情形，二老立马紧张得冒出汗来。“诗情你快给我回来！”诗情奶奶几乎是带着哭腔叫喊着，可回应她的，却只有黑乎乎寂静无声的车库大嘴巴。“她爷爷我进车库，你快上二楼电梯口截住，可别让她又坐电梯到处跑啊！”早就积累了相关作战经验的陈老夫妇，马上分头进入了紧张的搜寻工作。

俗话说“福无双至，祸不单行”，这话用在陈老夫妇身上可真是恰当得太过残酷。因为年龄的原因，两老身体都不太好，陈老先生的高血压和老伴儿的关节炎，简直就是老天爷故意帮助小诗情来折磨他们二老的残酷武器。天渐渐黑了，小区里的人与车也骤然多了起来。这也就是说，随着诗情脱离二老监护的时间越长，她被人家带走或发生其他意外的可能性也就越大。万一小诗情出点什么闪失……哎呀，陈老夫妇简直连想都不敢多想。

地下车库里，灯光照到的地方少，被黑影吞没的地方就很多。密密麻麻令人眼花缭乱的各式汽车，在灯光的照耀下反射出各色刺眼的光芒，同时也在身子底下和车与车之间，制造出了一片片高矮大小不一的、奇形怪状得令陈老太太更加心慌烦乱的阴影。她张开嘴巴刚要大声呼唤小诗情，但一想到以前几次在听到呼唤之后，小诗情都会更加兴奋地到处乱跑、东躲西藏的情景，老太太赶紧闭上了嘴巴，只是一边在心里虔诚祈求着上帝能保佑小孙女，一边紧张而又警惕地搜寻着每一处可能的藏身之地。“情情啊，小祖宗，你急死我啦！上帝保佑你快出来吧，快出来吧……”

与此同时，陈老先生也并不轻松，他们所居住的这栋楼每层各个拐角都是理想的藏身之地。假如小诗情没有老老实实地呆在地下车库里，而是在里面乘电梯随心所欲地到各个楼层、各处拐角到处瞎逛的话，那寻找的难度可真好比是大海捞针。所以在连续寻找了三个楼层，又打电话给老伴儿依然无果之后，他只好打电话向儿子求援，但无人接听——每次和尤媚闹了矛盾分开后，为了不愿再听到那个“对女儿心狠手辣的坏女人”的声音，为了不再被任何人打扰自己烦乱的心境，陈志金已经养成了适时关机的行事风格。万般无奈，陈老先生只好打电话给尤媚了，只要能早点找到小孙女，不管给什么人打电话求助也都是必须的，更何况人家还是小诗情的妈妈，她就有这个权利和义务参与到这件事情中来。

夜幕下，各处林立的楼群，次第亮起的小窗户组合成了一根根擎天的水晶冰柱；坚定不移的时间脚步，按照它那亘古不变的节奏，又把万家灯火一步步带进夜的静谧。

一直找到接近凌晨的时候，尤媚才在第十三层半的楼梯拐角处，找到了头脸涂抹得脏兮兮的小诗情。小家伙坐靠在墙角处香甜地熟睡着，从嘴角挂下来一串晶莹剔透的哈喇子，无声表达着小家伙的无忧无虑，父母亲人的焦虑不安，在小诗情这里，统统显得太过苍白。回想到自己白天刚和诗情爸闹了个不欢而散，如今又见到女儿如此形单影只得就像个流浪儿一样借宿在楼道里，尤媚不禁鼻子一酸，泪水也模糊了视线。

“你说你们俩呀，这到底是为了啥呀，刚刚带着孩子出门高兴了还没两分钟，这又……”

“哎呀你快闭嘴吧，三更半夜的你说你净提这茬儿干什么!”陈老先生不愿再在这个时候多生不愉快，所以赶紧截断了老伴儿的话，省得本来就不太和睦的婆媳关系更加糟糕。此时疲惫不堪又颇为失魂落魄的尤媚，心思好像已经飘离了这个家，远离了身边的一切，这倒让老爷子心里长长地舒了一口气。经老伴儿这么一训斥，陈老太太虽然嘴巴上不再说什么，但心里对这个儿媳妇还是一肚子的意见：你要是打心眼儿里不喜欢我儿子的寡言少语，那就干干净净地彻底分开好了，反正你们都离婚这么多年了，干嘛还要这么藕断丝连地搅合着搞得大家都不得安生呢？你要是真对我儿子还有感情的话，那就不要再动不动地和他吵架了，这对你又有什么好处呢？

小诗情已经在床上呼呼大睡了，此时也已是凌晨一点半多了，尤媚还没有要走的意思，她依然守在女儿的床边低头默想着什么。因为这是陈老太太和小诗情共同的卧室，尤媚不走，老太太就没法上床睡觉，可此时的她早就已经感觉到眼皮发沉头脑发昏了。其实老太太这么埋怨尤媚，也有赶她尽早离开的意思。当然，老人家的这种做法也不能说是不近人情，因为在离婚之后，尤媚并没有远离这个家，她就在这同一个小区的另一栋居民楼里买了个小单元，这就极大地方便了她随时来探望女儿，或是接女儿去自己那边，即使半夜才回去也不会有什么不安全因素。每次想起这个太过任性的儿媳妇就住在同一个小区，却又不愿尽到一个母亲应尽的责任，陈老太太都忍不住要嘟囔上两句。

尤其是陈志金，经常出差在外，一年三百六十五天，真正能回来和家人共享一段天伦之乐的机会并不是太多；诗情又是个爱跑爱闹爱抓人的小霸王，平素里都是由爷爷奶奶看护着，其中的辛苦自不必说。所以尽管是好不容易才有几天休息，但身为孩子的爸爸和两位老人的儿子，陈志金都会尽己所能地将空闲时间都花在陪伴女儿上，两位老人也可趁此机会喘口气好好休息一下。相比之下，一直处在藕断丝连状态的陈志金和尤媚，能够单独相处的时间可谓是少之又少。尤媚是一个特别看重两人生活质量的人，她见老公一回家就围着女儿爸妈转，简直就把她这个结发妻子当成了个透明人，心里少不了要一阵阵地犯堵。小诗情见爸爸回家了，就更加肆无忌惮地哇哇啊啊地又跳又叫，简直搞不清她到底是特别兴奋还是特别紧张。因为很多时候，小诗情都是表面看起来手舞足蹈兴高采烈的，可一转眼她就咬牙切齿地对着旁人又抓又咬。尤媚和陈老太太的头发都相对比较长，自然也就经常成为被小诗情拉来拽去的对象。心性很强的尤媚哪里能容忍女儿如此放肆过火的举动，有一次在被小诗情抓住头发不肯松手的时候，满心窝火的她弓腰低头忍住剧痛，咬牙切齿地照着女儿的肚子就是狠狠的一记重拳。小诗情只是嗯了一声，就躺在地上瞪大眼睛张着嘴巴一动不动了。如此暴烈骇人的场面，一下子就把陈志金及两位老人家给吓傻了，他们赶紧上前大呼小叫地扶起小诗情，又是揉腹又是掐人中地忙活了老半天，才终于将脸色煞白的小诗情给弄到床上去。

正是尤媚这一行为，直接导致了她与婆婆之间激烈的争吵。在这场婆媳冲突中，身兼三重身份的陈志金，毫不犹豫地担负起作为一个儿子、一位父亲应有的责任，义正词严地和妈妈一起谴责起尤媚的“没人性”来。一心只想着家庭和睦的陈老先生，被夹在争吵双方的中间，劝了这个又劝那个。但不论老人家怎么努力，最终也没能挽回儿子儿媳走向分裂的局面。

离婚后的这三四年里，尤媚并没有像她曾经指天立誓的那样，立马嫁个比陈志金强上一百倍的白马王子，更没有像她赌咒发誓的那样从此远离这个家，让公公婆婆悔断肠子也不会再找到像她这么好的儿媳妇，让陈志金肝肠寸断也不会再找到像她这么贤淑的好媳妇。与此相反地，她却又在本小区的另一栋楼里买了个小单元安居下来，“时刻都在关心着女儿的成长”。

今晚这尤媚不知是怎么回事，又开始无微不至地母爱大发了起来。一幕差点就被忽略掉的情景，不觉一下子又在此时浮上了陈老太太的脑海：那还是在楼道里刚刚找到小诗情的时候，尤媚不禁哗哗地流下了欣慰的眼泪，她轻轻抱起熟睡中的女儿，又小心翼翼地一路将她抱回家里来轻轻放在床上，再小心周到地给女儿盖好被子、掖好被角。唉，你这个人呀，真让人猜不透你是哪路材料做出来的！陈老太太在心里感叹着，困乏至极的她还是希望这个曾经的儿媳妇快点离开。“时候不早了，该回去歇着啦。”

听到婆婆给自己下了逐客令，尤媚用力地一笑，她低下头去又看了熟睡中的女儿一眼，这才两手撑着床沿站了起来。当在客厅里婆媳俩四目相对的一刹，尤媚又灿烂地冲婆婆笑了一下。看着这个不伦不类的儿媳妇已经走向门口准备离开，陈老太太在心里长长地舒了一口气。就在她闭上眼睛准备深呼吸的空当，就感觉眼前黑影一闪，裹挟着一阵风直冲着自己扑过来。还没等老太太弄明白是怎么一回事儿呢，尤媚早已经伸出双臂抱住了婆婆的肩膀，头埋在老太太的胸前大叫了一声“妈”，接着便是一阵嚎啕大哭。陈老太太完全被这突如其来的状况给弄懵了，她直挺挺地站在那里，感受着尤媚颤动着身子趴在自己怀里伤心地哭泣，一时却不知该怎么反应才好。自从儿子娶了这个媳妇进家门，到他们二人吵架离婚，再一直到今晚的这么多年里，陈老太太也经历了不少类似的场面，应该说是有一定经验的了。可今晚却是尤媚在自己怀里哭得最为动情的一次，再加上老太太事前已经被困乏和疲累折磨得晕头转向，这都严重影响了老人家处理此事的机敏度。

“妈，妈妈呀，您，您老人家可，可一定要帮我呀！”经尤媚这么悲凉无助地一诉说，陈老太太才终于明白过来——这是要自己劝儿子重新娶她过门儿呢，或者更为确切地说，是要求自己重新接纳这个儿媳妇呀！于是，今天下午儿子那个令人不安的电话，小孙女风一样冲进黑乎乎的地下停车场，老两口火急火燎地四处寻找孙女的那一幕幕，就像是演电影一样地在老人家眼前一一飘过。一阵难以言说也无法抗拒的疲惫感，使得陈老太太头重脚轻浑身发软，她一下子瘫在了沙发上。

“你们这又是闹的哪一出啊？”问出这么一个前不着村后不着店的问题，就连老太太自己都感觉太过多余。但除此之外，她还真不知道自己还能再说些什么。

“没，没有了。”被婆婆这么一问，尤媚汹涌澎湃的哭泣一下子减缓了好多，她坐在婆婆的身边，低头擦着眼泪，话也说得吞吞吐吐。“我当时只顾着开车，她爸跟我聊着聊着，我们就，就吵起来了……”尤媚还支支吾吾地说了些什么，陈老太太根本就没那份精力和心思再听她解释下去了。她只是在心里又重重地叹了口气：没啥用处，实在是没啥好说的啦！这么多年来，两个人几乎是聚一次就要闹一次，过不了多久两人好了，然后又闹，翻来覆去地就这么折腾着。而夹在他们两人中间最受折磨的，还是不幸的小诗情。不谙世事的她，根本就无法理解父母为什么总要那么面目可怕地争来吵去，妈妈有时还会凶狠狠地把自己痛打一顿，这一切都是因为什么？每当父母争吵的时刻，小诗情除了两手捂住耳朵尖声大哭大叫，或是拼命地到处撕扯、到处乱抓之外，她不知道还能通过什么方式才能摆脱这可怕的一切。至于是抓咬自己，还是伤害到了别人，这些根本就不属于小诗情的思考范围。她只知道，在经过这一番哭闹之后，自己也会被妈妈狠狠揍上一顿，然后他们再乱糟糟地大吵一架，然后就一切又恢复了平静！对于小孙女时不时爆发的这种疯狂举动，陈老太太认为完全是尤媚太过冰火不定的脾性造成的。这是已经被很多事实证明了的：本来小诗情脾气还算稳定，在客厅里到处乱扔着玩具寻开心。可尤媚带她出去玩上半天回来之后，小家伙儿要么就在外面抓咬过别人了，要么回家里来再见人就抓，大哭大闹一场。“你说她带出去一次就闹一次。情情跟她妈妈出去玩能开开心心回来比猴子长角还稀罕，那还不能说是她妈妈的问题吗？”有一次陈老太太实在气不过，便开始摆事实讲道理地驳斥老伴儿对尤媚的袒护。

今天下午儿子垂头丧气的神态，一下子又在陈老太太的眼前鲜活了起来，她不禁又在心里念了一遍上帝：一个本不应该被做母亲的给忽视掉的细节，如今一下子变得那么鲜明了起来——不用说，诗情爸手背上那道深深的血口子，很有可能就是这个尤媚给抓出来的，要不然眼下这个尤媚干嘛要在这里哭得这么投入呢？肯定是心里有愧，过意不去了！陈老太太心里这么一推想，便立马对尤媚哼哼唧唧的哭泣产生了大大的反感。

“这人呐，谁都有个脾气。可做人妻为人母的，你说为了老公也好，为了子女也罢，那不管怎么样也都要学会管住自己的心性吧，要不这日子还怎么过！”尽管这些话全都是说给尤媚听的，可陈老太太自始至终都没有看她，就好像在这看不见的虚空里还另有一个人在听着她的教诲似的。

“哎呀你个死老婆子，这都到什么时候啦，你就少说两句行不行?!”对于儿媳伤心的哭泣，一旁的陈老先生早已心有恻隐，只是他这个做家公的一时不知该怎么安慰她而已。如今见老伴儿这么对待尤媚，他实在看不下去了，这才决定从中解围。“这两个人年轻气盛地在一块儿过日子，少不了铲子碰锅沿的事儿。只要两个人都忍一忍就过去了，没啥大不了的。”

“爸，这事儿，都怨我。”听了家公的一席安慰话，尤媚反而不好意思起来，她这才断断续续地说出了事情的原委。今天上午，她们开车带女儿去市动物园玩儿。由于是周末，再加上小朋友们又都喜欢看新奇的动物，所以动物园里的人就特别多。那些笼中之兽们，或许是对这种纷乱嘈杂的场面早已见怪不怪、麻木不仁了吧，不管是凶猛的老虎还是活泼好动的大猩猩，今天全都显得懒洋洋的，不愿意多动弹。不顾父母的劝阻，看这些熊孩子手和脸紧贴着铁丝网格拼命往里挤的架势，就好像一定要钻进去跟这些好玩的动物们来个亲密拥抱才过瘾似的。他们有的手里拿着根香蕉，极尽所能地引诱大猩猩们上钩。对方越是对之置之不理，熊孩子们就越是像被打了兴奋剂一样穷追不舍，他们摇晃着手里的糖果、面包和香蕉等自己喜欢的零食，一厢情愿地引诱着那些人类的好朋友们。真让人搞不清楚是熊孩子在引逗大猩猩，还是大猩猩们故意在吊这些孩子的胃口。就这样，护网内外斗智斗勇的精彩游戏，令这些小家伙儿们简直嗨翻了天。尤其是一个戴橘黄色太阳帽的胖男孩儿，他一手拿着一根剥了皮的香蕉，汗流满面地拼命对着大猩猩们“摇蕉呐喊”；而相形之下，护网内的人类朋友却要安分淡定得多。

被这种热烈的气氛所感染，小诗情也咿咿啊啊手舞足蹈地挥着自己的小帽子又跳又笑，就连嘴角挂下长长的一串哈喇子她都没有意识到。见女儿玩得这么开心，陈志金自然也特感欣慰，他掏出纸巾来上前给女儿擦干净嘴巴，然后静静地退到一边暗自分享着女儿的快乐。但在尤媚眼里看来，其他孩子都是玩着自己的所爱，可小诗情就完全不同了，她只是毫无目标地在这群与她年龄相仿的小伙伴旁边瞎转悠，手舞足蹈地看着这个小朋友傻笑一会儿，又看着那个小朋友傻笑一会儿，再面对着蓝蓝的天空哈哈傻笑一阵子。如此周而复始地瞎折腾，想对别人隐瞒她的异常举动都很难，而特别注重这些细节问题的尤媚又想努力让女儿看起来尽可能正常一些，这简直是极难遂愿的奢望！眼里看着这对比鲜明的一幕，心里沉痛地忍受着莫名的羞辱折磨，女儿疯玩无忌的快乐自然就变成了母亲痛苦羞恼的缘由。

一天之中最为酷烈的阳光照射着汗津津的小诗情，令她灿烂的笑脸像是一把燃烧的火，直烧得尤媚恼怒难当。

“好啦，别疯玩了，肚子饿了，咱们该去吃中餐啦！”气呼呼地下完这道指令，也不管女儿能否接受，尤媚上前拉起小诗情的手扭头就走。这一下小公主可不干了，她飞快地将手一缩、身子往后一顿，轻而易举地摆脱了妈妈的束缚，嘿嘿大笑着就往水族馆的方向跑去。是可忍孰不可忍！尤媚憋了老半天的怒火一下子就爆发了。“你快给我回来！”她厉声呵斥一声，几个箭步就赶到了女儿身后，狠劲儿扭住了诗情的胳膊拉回来就走。

“小孩子高兴就让她在这里多玩一会儿嘛，你这样搞法怕她又会……”

“你还嫌不够丢人吗？别瞎管！”女儿在这大庭广众之下如此丢人现眼地疯玩疯笑，老公不但对此麻木不仁，并且连自己的感受都不能顾及于丝毫，尤媚一肚子的憋屈与恼怒全都化作了咬牙切齿的疾步前冲。

愤怒是一股风，大步前冲就更会形成一股风。眼下怒气冲冲的尤媚就是如此，她以为只要自己就像老鹰抓小鸡似地这么拧住女儿的手臂，就一定能将她拉出动物园，离开这人前现眼的尴尬之地。可就在她觉得自己正两耳生风地拉着女儿快速往前冲刺的时候，一股钻心的剧痛突然从手背处传来，疼得尤媚不觉浑身一颤，她随即就明白了这是怎么一回事儿。“好哇你个小畜生，居然敢抓我的手？!”眼瞅着女儿在自己手背上抓出的这三道殷红的血口子，尤媚在众目睽睽之下压抑太多的怒火终于爆发了。她猛地用力把小诗情拉过来拦腰抱住，拼命将女儿紧紧夹在腋下，抡起胳膊就是一番猛力地抽打，直疼得小诗情哑着嗓子啊啊大哭大叫。逃避疼痛的本能，促使无力挣脱的她一边哭嚎一边抬脸望向爸爸求援。女儿这声嘶力竭的哭喊，两只泪眼中所投射出来的无助、痛苦与恐惧，无不如根根钢针般直扎得陈志金心口阵阵发痛。“好啦，别再打了，你不嫌丢人吗？!”忍无可忍之下，他上前一手攥住尤媚抡在半空中、还要抽打在女儿屁股上的手腕子，另一只手趁机轻轻把女儿架到了自己这边来。

“这小畜生越来越不像话了，今天不好好教训教……”尤媚气咻咻地对前夫控诉着女儿的不是，可还没等她把话都发泄完呢，小诗情早已经噌地一下蹿到她跟前，又以惊人的速度拽住妈妈的头发，咬牙切齿地狠命往下撕扯。尤媚疼得鼻子一扭嘴一咧，还没说完的话被迫溜到了肚子里，她本能地往上伸手抓住女儿的手腕，母女二人一下就陷入了争抢头发的大战之中。尽管尤媚用尽全力抓住女儿的手想努力控制住她，可毕竟是小诗情处在更加有利的争抢角度，所以她的头发与头皮还是免不了经受撕心裂肺的剧痛。“你个小孽种儿，快给我松手。你还发什么愣？快帮我一把呀！”几个回合的拉锯战失败之后，羞臊痛苦的尤媚又气愤地向前夫求援。在这个激烈时刻，陈志金当然也没闲着，他嘴里一直劝着女儿松手，并且试图掰开诗情的手指，但效果一直不够明显，小诗情就那么一下比一下更加用力地猛拽着妈妈的头发不放。

幸亏他们一家三口此时已经绞拧着退到了两个木栅栏之间比较偏一些的角落处，陈志金也尽量用自己的身体隔开小路上游人的视线，这才勉强将他们一家人的尴尬降到了最低限度。但不管怎样，母女间这久拖不决的拉锯战，很快就让汗流浃背的尤媚失去了耐性，她咬了咬牙，趁着女儿被爸爸的干预分散了注意力的空档，腾出一只手来照着女儿的腹部就是猛地一记直冲拳。尤媚痛苦不堪的头发解放了，小诗情也“呃”的一声蜷缩在地上。这孩子两手捂着肚子动了两下，似乎想翻身站起来，但最终还是卧在那里一动不动了。陈志金抱着女儿急切地呼唤着，感觉整个天都要塌下来了，他不知道自己的女儿这会儿究竟伤得多重，只是胆战心惊地看到小诗情两眼紧闭、嘴巴紧咬，就好像这人世间的一切是与非都和她一块儿凝结冷却了一样。

被嗔恨之心烧昏了头脑的尤媚，此时也被惊呆在了那里。两眼直愣愣地看着前夫抱着女儿在呼叫，一片空白的脑子里好像还不知道这一切是怎么发生的，也不知道往下还会怎么发展下去。就连前夫抱着女儿站起身来，跌跌撞撞地一边往前跑着一边还说了些什么甚至是骂了些什么，她轰轰直响的脑袋和耳朵里完全也没搞明白。直到父女俩从自己的视野里消失了很久之后，尤媚麻木不仁的脑袋才慢慢梳理清楚这一切发生的前因后果——完了，天塌了，天塌了！她孤零零地站在事发现场，尤媚感觉自己就是旁边栅栏里那只羽毛凋零的孔雀，赤裸裸凄凉凉地暴晒在这阳光下，暴晒在世人异样的目光里。

“是我这当妈的不对，心里再有气也不应该对诗情下手那么狠。”如果是不了解尤媚的为人，一定会被她诚恳的认错态度和深深的悔意所感染。可在陈老太太眼里，尤媚今晚所表现出来的这一切，都无异于逢场作戏。

“唉，咱们可都是做母亲的人，你说你心里的火气再大，对亲生闺女也不能下手那么重啊，就好像她不是你身上掉下来的一块肉、你跟她有什么深仇大恨似的。”

“妈，我也知道我的脾气不好，一来到事儿上就……”

“这不是脾气好不好的事儿，我的儿子我了解，你跟他在一起那么久了应该也知道，诗情她爸要是来了气比你还拗。你看他跟诗情在一块儿玩的时候，都是怎么让着她的。今下午我还看到他的手背被抓了这么两道血口子，可他知道女儿小，又患了这病不懂事，所以他从来就没舍得动小诗情一个手指头。”老太太说着说着，不禁嗓音有些颤抖起来。唉，这孩子的命可也真够苦的！

“妈您快别说了，我知道千错万错都是我的错，求您跟她爸说说，让他复我个电话都好，我打她爸的手机他一直都不接，后来不知怎么就关机了。”尤媚越说音量越低，眼泪都要掉出来了。“求求您了妈，您就再帮我个忙，打个电话给诗情爸啦，我知道他还有另外的手机号就是不告诉我。”

“唉，你们的事情还是你们自己解决去吧，我们都老了，管不了那么多啦!”

“我知道您也一直想着咱们一家人和和睦睦的，都是我脾气不好，您看您……”毕竟是冰冻三尺非一日之寒，尤媚和婆婆之间的误会也不是一天两天就形成的。自从她踏进这个家门到现在，婆媳俩就是这么磕磕碰碰地相处了一年又一年。甚至也可以毫不夸张地这么说，当初陈志金坚持要和她离婚，别别扭扭的婆媳关系也是其中的一个主要因素。所以眼下面对陈老太太如此的态度，尤媚真不知道该怎么应对下来才好，坐在那里低着头只有干着急的份儿。

“好啦好啦，天儿都这么晚了，你看孩子又急成这个样儿你还忍心难为她。”陈老先生对人一向是比较宽厚的，尤其是在对待这个儿媳妇上，他与老伴儿的态度完全不同。在他老人家看来，儿媳妇就是儿媳妇，虽然这孩子脾气跟人家有些不一样，可谁又没有个脾气呢？更何况她也给咱们赵家生了个女儿，为了这个不幸患有孤独症的孩子，尤媚离婚之后这么多年来也一直是单身，尽管离婚时孩子也判给了我们，她尤媚完全有理由也有那个条件另外组建一个家庭。可是人家没有，并且也还是和离婚前一样，有空就来看望小诗情，假如人家不是为了这个不幸的娃儿，还不早就另外找了个人组建新家庭了？这人心都是肉长的，所以于情于理，咱们都应该还像以前一样，把尤媚看成咱们的儿媳妇或是闺女，要不就太对不住这个苦命的孩子了，也对不住咱们做人最起码的良心。这样的道理，陈老先生在跟老伴儿聊天的时候也多次讲过，可老伴儿却总嫌尤媚脾气太古怪太暴躁，对家里人总是时冷时热的，折磨得诗情爸都有些神经衰弱了，还说小诗情之所以会得这种病，也完全是与继承了尤媚这种喜怒无常的基因有关。对于老伴儿这么荒诞不经的说法，陈老先生也只有摇头叹息的份儿，老夫妻就是这样，在某些思想观念上，每个人都坚持着自己的想法，谁也改变不了谁，老夫妻间的生活情调，也恰恰就在这种和而不同的夫妻辩论中搅和着、磨合着。只是老伴儿今晚对尤媚太过生硬的态度，令陈老先生实在有些看不过去。“孩子你别急，我给她爸打个电话试试，难不成他连自己老爹的电话也不接?!”说着，陈老先生气哼哼地走到电话桌前，拿起话筒就拨起了一个尤媚一直想知道，但陈志金千叮咛万嘱咐不让两位老人家告诉尤媚的电话号码。可没过一会儿，老爷子就又气哼哼地把话筒拍回了原位。“这个没心没肺的小兔崽子，居然关机了！”

“哎呀你这个昏头昏脑的老头子呀，这三更半夜的儿子不关手机好好睡觉休息，那还单等着你打电话过去发牢骚不成吗？”嘴里骂着老伴儿，陈老太太的心里还是挺为儿子的关机感到欣慰的，母子连心这句话说得一点都不假，她这边不愿意尤媚和老伴儿联系到儿子，结果儿子那边就关机了。

“你个老糊涂东西，怎么就不能动动脑子好好想一想呢！”听了老伴儿指桑骂槐的数落，老爷子也是老大的不高兴。“儿子这个号码平时都是不关机的，可现在却关机联系不上了，你不感觉很奇怪吗？”这话犹如一块扔进水里的石头一般，一下子就把诗情奶奶欣慰平静的心给搅和乱了——可不是吗，为了女儿或父母双亲万一有什么急事儿要联系到自己来解决，陈志金专门儿搞了一个应急用的家庭私号。他同时也跟父母交代过，这个私号一天二十四小时都是开机的，万一家里有什么事，随时都可以打电话联系到他，只是千万不要把这个号码告诉尤媚，以免她不分时候打电话来进行无理骚扰。今晚这手机关得还真让人有些不放心呀！陈老太太心里无力地呻吟了这么一句。可她又转念一想，会不会是前几次他们两个人闹矛盾后，尤媚也是这么求着陈老先生给儿子打了电话后，这一次儿子吸取了教训，干脆就先把手机关掉了呢？有这可能，很有这个可能，她尤媚能想到求我们给儿子打电话求情劝和，难道我儿子还想不到关手机拒接的应对招法儿？陈老太太这么想着，不由长长出了一口气。

“哎唷这个挨千刀的，半夜三更关手机……”因失望而气愤难当的尤媚，禁不住破口大骂起来。但当她意识到眼前的形势时，便马上知趣地闭上了嘴巴。

尤媚走后，就只留下两位疲惫不堪的老人，他们互相对望了一眼，都无奈地摇摇头叹了口气，怀着复杂莫名的心绪，扛着满身心的疲惫，老两口瘫坐在了沙发里。

课后检视

先天因素也好，后天熏染也罢。总之，父母家人之间反复无常的情感纠葛，无疑都会严重影响到孩子们的健康成长。尤其是有一定的认知理解水平，且感知觉方面特别敏感的孤独症儿童，家庭生活中强烈的不确定因素对他们心灵的伤害，从其情绪行为问题方面的表现就可见一斑了。在外人很难干预的家庭生活问题上真切希望为人父母者多为孩子们着想，尽量求同存异、克制自己，以便为孩子们提供一个健康的良好家庭生活环境。

所以在分析对待孤独症患者自身的情绪行为问题时，应当也必须系统考虑到其亲子、家庭、社区、机构（学校）和社会等诸多方面的影响因素，并在制定和实施干预措施的过程中，将这些系统因素纳入其中共同发力。唯有此，才能收到较为理想的效果。

第31课 无辜的受伤者

课前导读

这夫妻之间，永远都会有一笔或大或小、说不清也道不明的糊涂账。脾性差异较大，并且还有一个孤独症儿子的黎花和王梦夫妇，就更是如此。尽管已经放暑假了，但王梦还是坚持让黎花母子俩住在学校附近的出租屋里，不到周末不准回来。他的理由很简单，那就是黎花经常在学校里陪读，对康复训练肯定会有所了解，暑假期间就应该呆在出租屋里多给儿子进行康复训练，这是专职母亲应尽的责任和义不容辞的义务；黎花当然也明白老公这么坚持己见的原因，绝不会是口头上说出来的这么简单，所以一开始她并不同意一家三口分居两地。夫妻关系本来就不和谐，如今又加上在这件事情上的严重分歧，两人感情就更是因此而经常闹腾得一塌糊涂。思虑再三之后，黎花觉得一家三口就这样别别扭扭地绑在一起过日子实在也没多大意思，便只好领着儿子住到了学校附近。

课堂聚焦

今天又是好不容易熬到了周五，西斜的太阳还没有往下坠去的打算呢，黎花就领着儿子去搭公交往家赶。说起从学校到家的距离，的确也是有些远，他们母子俩要转两趟公交，然后再搭乘一趟地铁才能到家，历时近三个小时。说实在话，光是坐车转来转去的就够累人的了，儿子王小梦又老是在车上胡吼乱叫地做一些怪异动作出来，有时还会不明原因地乱发一通脾气，这就难免会招来周围人稀奇古怪的眼神，还有那令人难以忍受的刁钻表情。黎花最受不了的就是这个，可作为一个孤独症儿童的母亲，你再受不了又能怎么样呢?!

“噢哈哈，欸嘿嘿!”一家人再次团聚，儿子王小梦两眼放射出发自内心的喜悦，还有神情举止间所透露出来的兴奋，犹如六月骄阳一般，轻而易举地就将老爸王梦习惯性的板状面孔给融化开了。

“哎呀，小梦儿啊！”满脸玫瑰怒放的王梦忍不住一下子就将八岁的儿子揽入了怀中。“来，宝贝儿让爸爸亲一个。”话还没说完呢，他的嘴巴已经在儿子红扑扑的小脸蛋儿上响亮地制造了好几串爆米花。是呀，这父子分离毕竟有一个星期之久了，如果说他一点都不想儿子，那就未免太冤枉天下做爸爸的人了。更何况，他王梦也是“非常在乎家庭、非常在乎情感的好男人”呢，哪能不时刻牵挂着自己的儿子呀。唉！想起这些，他不禁长长叹了一口气，一手更用力地搂紧了小梦，另一只手不禁充满无限怜爱地轻轻抚摸着小梦的头。

“来，宝贝儿，快叫爸爸。”见父子关系如此地融洽，为了让老公更开心些，也为了能顺利引导出儿子说出最具亲情的情境性语言来，黎花一只胳膊非常自然地搂住老公的肩膀，另一只手轻轻扳着小梦的肩头，甜甜蜜蜜地冲着儿子又做了一次拖音提示：“爸——爸”。说完之后，夫妻俩四只满含期待与鼓励的眼睛犹如久旱的花儿一般，不约而同地努力想从儿子嘴巴里汲取出温情的雨露来。

“嘿嘿爸爸，嘿嘿嘿。”果然是不负父母重望，孤独症儿子王小梦快快活活地喊出了“爸爸”这个最有亲情分量的称呼来。

“哎呀我滴宝贝儿子唻，你真是太棒啦。嗯啊，嗯啊！”小梦这一声甜甜蜜蜜的亲热呼唤，不啻为一剂使人心醉神迷的兴奋剂，使得黎花兴奋得连蹦了好几个高儿，然后又夸张地先后在老公和儿子脸上狠狠啄出了一连串的爆米花。她这一忘乎所以得显然有些过头的举动，令王梦脸上的笑容重又快速僵硬了起来，犹如花遇寒冰，就连他那两条粗硬的眉毛也拧成了好几个疙瘩，身子也不自觉地往旁边挪了挪，跟自己的结发妻子拉远了距离。不知是习以为常还是没有察觉，黎花对老公的这一反应并未显露出明显的不愉快，因而行为上也就不可能出现什么合乎老公胃口的严肃改变；恰恰相反，余兴未消的她紧接着又把嘻哈大笑着的儿子抱在怀里原地转了好几个圈。

“我们爷俩儿肚子饿啦，快准备饭菜去！”王梦毫不留情地把这句冷冰冰的话语像鞭子一样甩向黎花兴奋欢快的脸，“都多大的人啦，还跟不懂事儿的孩子似的没个深浅！”原本就大大咧咧开朗乐观的黎花，平日里又久经王梦责骂的训练，如今对老公兜头泼来的这一瓢冷水也已经具备了很强的免疫力。所以，她照旧可以按快乐的节奏先亲了一下儿子，再把他放到地上，这才快乐地哼着欢愉的小调儿，再扭着秧歌一样的舞步进厨房准备一家人的晚餐去了。冷眼望着妻子消失在厨房里的背影，王梦无可奈何地摇摇头深深叹了口长气，又机械性地抬手扶了扶眼镜，最后软弱无力地一屁股瘫在了沙发里。说句心里话，自从硬让黎花带着儿子住到学校附近后，王梦对儿子进行康复训练的关心程度可以说是有增无减。这倒不是因为儿子王小梦自身有什么令人更为挂心的问题，而是因为王梦太了解“那个坏女人”了。他知道黎花绝非那种安分守己的人，她根本就不可能老老实实地呆在学校里陪儿子上学。据他所知，平时黎花将儿子送上校车后，不是去找那些在家里呆得无聊的女人搓麻将打牌，就是一起琢磨着怎么买码发大财。这两三年下来，王梦下班回家后，黎花也经常兴奋难抑地向他“汇报重大喜讯，今天买码又中了”，不过中的都不多，基本都是五块、十块，至多三五十块的小钱儿。总之一句话，黎花中的那些小钱远不如赔进去的多，这一点王梦是很清楚的。他每个月都会给黎花一两千块钱作为零花及家庭日常开销（儿子中午在学校吃饭，王梦一日三餐也都很少在家里吃，所以每个月实在也花不了几个钱），但经常是离月底还有十多天呢，黎花就又要向王梦索要“家庭劳务费”了。就因为这事儿，夫妻俩不知吵过多少次架了，直到万般无奈、忍无可忍的王梦提出离婚的要求来逼着老婆进行协商时，黎花才明显有所收敛。但好景不长，仅仅过了还不到一个月的样子，实在煎熬不住的黎花又染上了抽烟喝酒的坏毛病，这令王梦万分恼火，两个人为此大吵大闹直至拳脚相向了一通之后，离婚的攻守战又几次摆上了台面，也都是以不了了之的方式结束了。夫妻俩就这么疙疙瘩瘩地又凑合着过了这么几年。王梦早已不再称呼黎花为“小梦娘”，而是改称为“那个坏女人”，除此之外，两个人的婚姻生活再无别的显著变化。

在陪伴着儿子玩积木和等待晚餐上桌的这段时间里，王梦就这么百无聊赖地时不时望着窗外。在那外面，大街小巷的万家灯火，犹如数不尽的闪烁星斗，共同托举起了大都市的五彩梦幻之夜，和平常日子里的每一个夜晚并没有什么不同。只不过就在这一束束灯火近旁，不知有多少幸福的家人在享受着天伦之乐；又不知还有多少含藏难念之经的家人，在酝酿着既伤害到亲人、又不可避免地伤害到自己的冷战与纷争，就像王梦夫妻俩一样。

“我滴宝贝儿子呀，你看看外边儿天早就黑了，都快十二点了，该上床去睡觉啦。”黎花一边小心翼翼地想把电脑鼠标从儿子的手中解放出来，一边留心观察着儿子的可能反应。为了诱哄王小梦离开电脑上床休息，两口子早在两个多小时前就开始了坚持不解的动员工作。无奈电子游戏的吸引力太大，王小梦沉迷其中的程度又太深。根据历来的实践经验，他们是很难顺利将儿子哄上床的。这不，今天晚上，尽管他们夫妻想尽了各种办法，使出了浑身解数，可王小梦却依然无动于衷地痴迷在电子游戏里，继续尽情玩着他唯一钟情的丛林探险游戏。

当然，对于像王小梦这样的重度孤独症孩子，你是不能采取强制措施将他带离其正迷恋着的活动当中的。否则，这些本来就情绪不太稳定的孤独症儿，肯定会暴跳如雷大吵大闹地折腾个没完没了，令你头痛不已却又无可奈何。对于这一点，屡次深深领教过儿子天王脾性的王梦、黎花夫妇是深有体验的。因此，尽管历时两个多小时还没有搞定儿子乖乖上床睡觉，尽管他们两人早就累得筋疲力尽口干舌燥，眼皮也早就疲乏干涩得抬不起来了，但还得耐着性子慢慢来，这毕竟不是能急得来的活儿。唉，要是有程老师在这里就好了，他办法多，儿子就听他使唤。黎花在心里深深地叹了口气，又摇了摇头，接着又不自觉地笑了一下——她奇怪自己怎么会在这个时候，冒出这么一个不切实际的荒唐念头。人呀，可真是一种偏爱奇思怪想的动物。

“嗯!”当黎花小心试探着，战战兢兢地好不容易将儿子的右手示指搬离鼠标时，王小梦就像美梦惊醒一般大声哼哼着浑身一震。直吓得黎花也胳膊一抖，赶紧放弃了继续扳开儿子手指的努力。

“哎呀，看你猥猥琐琐的那个没出息样儿，这怎么能管好儿子呢!”终于再也没法克制自己不满情绪的王梦，不禁对妻子大光其火。“像你这样搞法，什么时候才能把儿子弄到床上去啊?”这么痛快淋漓地训完黎花后，也不等对方有什么样的感受，就伸手直接将其拨拉到一边，自己亲自上阵来解劝儿子。“好啦小梦儿，时候不早啦，明天还要去‘小学霸’训练呢，快关电脑睡觉去!”一边说着，他握住儿子的右手半强迫半辅助式地帮助小梦关起电脑来。

“嗯，啊，啊——!”还沉浸于游戏世界里的小梦，被爸爸这强盗般的武力干预行为所惊扰，立马就表现出了强烈的不满和抗议。只见他歪鼻子咧嘴地嚎声大哭着，整个身体也像弹簧一样猛然一挺，脑袋咚地一声狠狠撞在身后爸爸的胸口上（后者当时只顾弯腰帮其关电脑，对儿子这突如其来的猛烈反应丝毫没有什么心理防备，被撞后不由得呲牙咧嘴满脸痛苦地捂着胸口噔噔往后退了两步)，双手又用力朝电脑桌沿上一推，整个人连带屁股下的椅子就通通重重地摔倒在了地板上。就借着这摔倒在地的剧痛和气势，王小梦声嘶力竭地尖声哭叫着，在地上一边打滚儿一边对靠上前来试图将其拉起的父亲又踢又抓又咬。眨眼之间，王梦的手背乃至整个上臂、脸颊和脖子等处，都已经被抓得血迹斑斑。

“你他妈没用的东西！还不快过来帮我一把，是不是又想出去野混呀，啊?!”一下子无计可施、气急败坏的王梦，忍不住扭头就给了袖手旁观的黎花一顿疾风暴雨般的臭骂。本来打算去关闭客厅窗户，以防儿子半夜三更的哭闹影响到左邻右舍休息的黎花，在困乏至极的情况下，接连结结实实地挨了老公这两顿不分青红皂白的臭骂，无边的委屈也如洪水决堤般一下子冲垮了努力克制的理智堤坝。

“我没用?”她霍地一下抻长了脖子瞪大了眼，横眉立目地指着老公悲愤地厉声质问。“你竟然说我没用!”黎花显然也是悲从中来，她含泪扬脸朝天地哽咽了一声，接着便加入了儿子的哭闹伤悲里，更衬托出了这一家人的绝望与不幸。“我没用，那你怎么也搞不定你播下来的种子呀!”她两眼烁烁闪光地直逼着王梦。“你这么大的本事，为什么每一次你搞不定儿子就冲我出气，啊?”这一句话说出口，长期以来所承受的委屈、疲累就再也不愿安安分分地积压在心底了。“每一次你都说这不省心的儿子是我生的，跟我一样不讨人喜欢。可你……”剧烈的哽咽一时令她语不成声，胸脯也剧烈地起伏不定，她的一举一动都在共同倾诉着自己长期以来所遭遇的冤屈。“你就不想想，当初要不是你那么没出息地硬是把这天杀的种子种给我，我平白无故地就能给你生出这么一个跟你一样孤独的儿子来了吗，啊?!”

“我没出息?”王梦一听这个女人竟然如此罔顾事实地乱讲歪理，也不由得火上加火。“你就不想想当初是谁在死皮赖脸地追谁，啊?!”到此为止，夫妻俩的相互攻击、泄愤与怒骂已经完全偏离了劝解儿子的轨道而不能自拔。“是谁赖在我的宿舍里赶也赶不走，啊? 你说话呀你!”一提起当年那段埋下如今这不幸之根的经历，上当受骗的懊悔就铺满了王梦的脸，怒火也烧红了他的双眼。“我倒是想把自己的种种到其他贤淑良媛的肚子里，可你一下班就拉着我的手不放，硬是往我宿舍里钻，你给我选择的机会了没有，啊? 你再平白无故地血口喷人呀你!”每当王梦如此指责老婆的时候，黎花都不由因理屈词穷而更加表露出外表的强硬来。

“啊哦，嗯嗯呜呜，啊哦!”在夫妻纷争正陷入尴尬僵局的时刻，儿子王小梦迷茫焦虑的呻吟，就像锉刀一样通过耳道撕扯着夫妻俩的心。身心俱疲的两口子，这才无奈又悲凉地意识到，刚才还大哭大闹的儿子就在他们身边，就躲在卧室门后攥着拳头轻一次重一次地锤击着自己的头部。当黎花和王梦都心痛不已、懊悔万分地拥抱住儿子时，泪水也如断线的珠子一样扑簌簌滴落在王小梦的头发里。可怜孩子的两个太阳穴，由反复无情的捶打所造成的红肿，蓄满了无限的悲凉，儿子如此的境况直扎入王梦的心，就像被锉刀来回拉割着一样剧痛入髓。

电脑桌上方的白色墙壁上，圆形挂钟的时针已经指向了凌晨一点钟。窗外大都市静谧的夜色，早就淹没了万家灯火，唯有几处霓虹灯的广告牌，还在梦呓般地重复着无声的视觉语言，那是暗夜的凄凉。

课后检视

不论何种情况下，只要父母双方经常性地发生摩擦，受伤害的永远是孩子。尽管表面看起来，绝大部分孤独症孩子都是一副遗世独立的样子，但大量的观察研究资料都已经证明：孤独症儿童对外界的反应是相当敏感的。因为特殊的感知觉信息加工系统异常，所以他们在感知信息和输出信息（即情绪行为等的外在表现）方面都与我们普通人不同。正因为如此，我们才不应该总是站在自己的角度上去评估外部环境能够对孤独症孩子造成何种影响。

在无形之中接受环境的影响甚至改变方面，孤独症患者和普通人群在本质上并没有什么不同，只是表现方式和程度上有所差异而已。有鉴于此，我们才反复强调和孤独症患者密切相关的人们，要勤于和善于以平等的心态和专业的方法，来与孤独症患者相处。唯有如此，我们才能为其带来正面的影响和引导，从而真正帮助他们健康快乐地康复与成长。

第32课 巨压之下的彷徨

课前导读

“儿女双全”“丁财两旺”“多子多福”……不论是人们日常的口头禅，还是春联或祝福内容，我们都很容易听到类似的内容。由此可见，传承香火并充分享受其乐融融的天伦之乐，是很多家长的梦想。

尤其是随着计划生育政策的放宽，这个二宝，要还是不要？对于星儿家庭来说，除了与普通家庭同样纠结的经济压力、抚养精力等共性问题，更多了几层顾虑：二宝会是 NT（非孤独症儿童）吗？二宝与大宝的关系？大宝对二宝的影响？因此，就有了今天的话题。

课堂聚焦

明媚的阳光透过窗户，播撒在全神贯注地做着各自任务的孩子们身上。看着他们那埋头工作的专注劲儿，我们都打从心底里感到欣慰。或许是心情大好的缘故吧，我突然来了要和在场做辅助的两位学生家长聊上两句的冲动，便随口说出了一个较为轻松的话题。“网上有资料说，随着年龄的增长，他们这些孩子的很多不适当行为也都会随之减轻或消失，也就是说他们会不断朝着比较理想的方向发展。不知道你们有没有看过这方面的资料？”

出乎我意料之外的是，洁洁妈脸上居然笼罩上了一层颇为不屑的表情：“唉，郁老师，不管他们的行为再怎么往好的方面改善，但始终都不可能像正常人那个样子适应社会参与工作啦。所以再怎么‘改变’都不会‘改变’到哪里去的啦！”没想到洁洁妈居然会如此回应我的话题，这倒令我颇感意外，一时还真不知道该再说些什么才好。

惊异之余，我还是尽量想深入调和一下彼此对这一话题的看法：“可我们如果能从孩子的实际情况和会保障方面来考虑问题的话，或许就不会那么悲观了。”听了我的这番似乎无关痛痒的话，她反而更加跟我较上了劲儿。

“可是没办法呀，郁老师，你看我们娘俩儿（她指了指正埋头工作的洁洁，又指指自己）周一到周五天天都是天没亮就起床，匆匆煮点饭吃了出来挤公交，连等车带转车，这一个来回就四五个小时。”洁洁妈这话匣子一打开，满肚子的苦水便一发不可收拾。“下午赶回家还要做饭煮菜打扫卫生，中午午休儿子又不好好睡觉，晚上也是差不多。你说我哪有半点时间休息？”说到这里，她一摊双手，满脸的憔悴又罩上了一层愁容。旁边囡囡妈也深为这句话所触动，同病相怜式地深深叹了一口气。“周末还要再陪着这个小皇帝（她又指了一下洁洁）去其他机构做培训，这一天下来，整个人都快要累散架了，可又有谁能帮我一把呢？没办法只能自己受喽！”洁洁妈在说完这最后一句话后，脸上所流露出的那种无奈、丧气又心有义愤的复杂神情，直让人看着心疼。

“周末他爸不是不用上班吗？”在我的观念里，既然夫妻一方负担过重的话，那另一方就理所当然地应该为其分担一些，这是再正常不过的事情。

“唉，你就别提他爸了。每天下班回来就知道跟少爷似地往客厅沙发上一躺，二郎腿一跷，拿张报纸看着要多潇洒有多潇洒，哪还顾得上我的死活呀！”没想到这一提起洁洁爸，反而更触及了她的伤心处。“好不容易熬到周末啦，我本指望他能在家帮着带带洁洁都好啊，可谁知他不是去朋友家里搓麻将，就是躺在床上睡懒觉，天天就是我伺候着他们爷俩儿……唉，自己的苦只有自己知道就是了。”说到这最后一句时，她的声音明显有些哽咽，眼眶里早就蓄满了泪水，实在令人不忍心再看下去。正在埋头抄写词句的洁洁好像是感觉到了什么似的，他抬起头来看了一眼坐在身边的妈妈，随即又埋头写字了。

看来还的确是“家家都有本难念的经”，这令我再一次感受到了孤独症患者支持系统本身的复杂性。可这毕竟不是我们力所能及的范围，所以也不好多评论一些什么，只得避重就轻地继续安慰她两句。“那就尽量注意一下劳逸结合就是了，太累的话就给你们自己放个假，给洁洁换一种轻松快乐的生活方式，这样对他的身心健康也有好处。”我一边说着，一边尽量在脑子里拼命搜索着更多可以稍许安慰到洁洁妈的话。“说句实在话，像洁洁他们这样一天七节课，下午放学你还要带他去其他机构进行训练，已经够辛苦的了。别说是他们这些孩子了，就是我们这些成人也吃不消啊，更何况他们周末也还要加班加点式地进行训练，就是铁人也受不了啊。”的确，这些都是很现实，也很需要加以调整的问题。这是一个很普遍的现象，那就是为了尽可能地令到自己的孩子接受尽可能多的康复训练，和所谓的“潜能开发”的机会，我们学校有很多家长一放学就带着他们的孩子赶赴外面的各种培训机构参加训练学习，周末更是拼命地去给孩子报各种训练班、学习班。总之一天到晚，天天在忙，月月在忙，年年在忙。在深深同情他们和他们的孩子的同时，我内心里面也有对这些孤独症家长的深深敬意；然而另一方面，我更多的还是在时时为他们，为他们的孩子紧捏一把汗。俗话说“欲速则不达”，还有句话叫“物极必反”。长期承受着如此高频率、高强度的康复训练，这些孤独症孩子能吃得消吗？一个明显的征兆就是，我们班包括洁洁、囡囡、豪仔和翔翔在内的那几个参加课外训练的同学，现在都出现了不同程度的焦躁与精神恍惚状况。

“唉，这些道理我心里也明白，可那又有什么办法呢？反正孩子在家不是吵就是闹，整天搞得家里鸡犬不宁，乱糟糟的一团；再说趁着他们年龄还不是太大，能提早训练一些就会好一些啦。辛苦点就辛苦点喽，谁让他们是孤独症孩子，又谁让自己不知哪辈子做的孽生出了这样的孩子呢！”洁洁妈在说这最后一句时，那语气里的无奈与辛酸，如果不是对此深有了解的人，是很难体会得到的。也或许正是这句话，才使得身有同感的囡囡妈也打开了话匣子。

“郁老师，说句心里话，我们这些做家长的，辛苦一下倒无所谓，只要孩子能够稍稍接近正常人的水平……唉，想跟正常人一样反正是不可能的了，这我们也认了。可咱还是得尽自己的能力让他多进步一点是一点的呀，你说对不对？”囡囡妈说得如此深明大义，我赶紧点头表示同意。“不过这些都不是我们最担心的，真正头疼的是假如我们都老了死了，那他们谁来照顾？”说到这里，她也和洁洁妈一样眼泪在眼眶里直打转，声音也已哽咽。

本来是想调和一下这些家长们的灰色观念的我，反而被她们这沉重异常的话题所感染。但作为一名有一定经验的特教老师，我还是想努力站在自己的原有立场上继续阐发一下自以为是的“专业理念”。“相信到他们都长大了的时候（我随手指了指近在身边却又似远隔两个世界的，正在埋头写写画画的孩子们），各项残疾人保障制度会比现在更健全的。你看咱们市残联下边的很多兄弟单位现在也都开设了残疾人工厂。尽管工资不是很高，可至少也能保障他们自食其力呀。”这句话我说得很有底气——随着咱们综合国力的不断增强，各项社会保障制度的不断完善，以及社会弱势群体的被关注度与社会地位的不断提升，我的确相信包括孤独症患者在内的残疾人士会在越来越好的社会保障制度下工作和生活。

“这么远的社会上的东西就不好说啦。如果你再看看各种媒体上报导的那些恶性事件，亲兄弟之间都为了能多继承一点父母留下的财产打破头，更何况是亲戚朋友。人人都在为自己的工作生活忙活，哪还有时间精力顾及到我们家的事情？所以就更不敢指望人家能帮到你什么忙啦！”尽管有些不情不愿，可我不得不在心底承认一个事实，那就是：这些孤独症孩子家长们的一些灰色理念，因为是日久天长地积累而成的，因此，我们的确很难在短期内帮助其实现比较阳光性的转变。

“所以你看隔壁班的那个学生家长对此早就看开了，他们公婆俩就打算在自己快不行的时候，赶紧想办法多弄一些安眠药之类的好带上孩子一家三口全都上路，家里余下的钱全部捐给社会上那些需要帮助的人。你看这多好。”囡囡妈在说这句话时一脸的轻松，就好像是在讨论假期要去哪里旅游一样。然而我的心却重重地往下一沉，忍不住往身边这些孩子身上多看了几眼。幸亏他们都听不懂也不关注我们在说些什么，否则真不知这些孩子的心里将会是什么滋味，又会作何感想！

根据平时与学生家长们聊天的经验，我沉重地发现，有很多很多的家长们都自觉不自觉地会聊到有关生命终结的话题。从表情看来，他们似乎都觉得那是个很不错的解脱，只是看到孩子太小，还不忍心离去而已。因此，我深切地认识到：这些孤独症孩子固然需要专业以及非专业的帮助，但作为长期承受着巨大心理与生活压力的孤独症儿童家长们来说，他们又何尝不需要我们的支持与帮助呢。当然，如果有心理咨询界的人士对他们伸出援助之手的话，那会更好。

静下心来仔细琢磨琢磨，“夫哀莫过于心死，而人死亦次之”。这个话题所触及的深度以至于此，我们就不能不对孤独症患者家人长期以来所承受者的巨大压力与痛苦，给予更多的关注。“对了，隔壁班里的大部分学生家长都生了第二个孩子，并且也都非常健康（为了尽量避免再次刺痛孤独症儿家长那敏感的神经，我们都特别注意不用“正常”与“不正常”之类的字眼）呀，你们也可以考虑要第二胎的问题的。”

“可是你不觉得这样做太自私了吗？再生一个正常的让他长大了照看这个不正常的，你认为这对第二个孩子公平吗，他们会愿意照看自己这种不正常的哥哥姐姐一辈子吗？”真没想到，洁洁妈负面思维的力度有增无减。

“是啊，我们这样也就是这一个孩子受罪，可要是再生第二胎的话，那就是两个孩子都受罪呀。郁老师你想想看，假如你是个大姑娘，会愿意嫁给一个有孤独症哥哥或姐姐的小伙子吗？噢对了，你是男的。那假如你还没结婚的话，会愿意娶一个有孤独症哥哥或姐姐的姑娘并和她一起照看这种不正常的人过一辈子吗？”囡囡妈与洁洁妈同病相怜、心有灵犀的生育观，在相当一部分孤独症家长群体中的确很具有代表性，这让我在无能为力之余却也无话可说。冰冻三尺非一日之寒，而这种将伴随孤独症患者及家人终生的疾病，在找到比较理想的解决方案之前，的确很难令她们转变思想。

由此，我不禁想起了网络上流行的，由周勇作词作曲并演唱的一首歌，叫《我走了，你怎么办》。歌词大致是这样的：

一张可爱的脸和别人　没有区别
可怎想这样一个你　却遭受歧视的眼
我苦恼的问苍天　我犯了什么罪
你可以任意惩罚我　别来伤害我的宝贝

这么多年把我累　这一切都无所谓
如果有一天我倒下　谁愿走进你的世界
当我消失的一瞬间　放不下的事只有一件
那就是谁来代替我　给孩子一片天
我走了　你怎么办　我走了谁和你作伴
会不会有人像我　有人像我一样把你当人看
我走了　你怎么办　你会不会是别人的负担
被丢到一边　扔在大街成了流浪的小孩　我不愿含痛离开

是呀，对景思情，作为孤独症儿的家长，他们无时无刻不在担忧着：“孩子，假如有一天我走了，你怎么办？”沉重的话题讨论到这里，也就这么暂时告一段落了，我们在场的所有人都陷入了沉默。看着这些近在眼前却又宛隔天涯的孩子们那不理世事冷暖，也不知人间疾苦的纯真表情，不知怎么的，我突然从内心深处对他们顿生羡慕之情：相比起他们，我们这些所谓的正常人或许是幸运的。可也正是我们这所谓的“正常”的心智思维，“正常”的理解感知，令我们不是身处争名逐利的辛苦奔波，就是深陷患得患失的深渊而不能自拔，完全没有这群孤独症孩子的超然与淡定。从某种意义上，我们很难说清楚到底哪种人生才是理想的。

想到这里，我不由得记起了一句比较流行的话，“上帝在对你关上一扇门的同时，生活也在悄然为你打开了另一扇窗”。现在，我想将这句话改编一下来形容我们这些所谓的常态人群，或许会更为贴切：“生活在为我们打开一扇门的时候，上帝却悄然对我们关上了一扇窗”——一扇因简单而快乐的“窗”。因此，面对孤独症孩子，我们的确没有资格对他们投去轻蔑的眼神，更没有权利剥夺他们应有的快乐。

但愿，孤独症孩子们都有一个健康快乐的生活；但愿，日益健全的社会保障制度能够尽量多地分担孤独症患者家长们的重负，抚慰他们那颗流泪哭泣的心。

课后检视

对于孤独症孩子，我们的确已经给了他们越来越多的关注与帮助。然而对于深陷经济、心理等多重压力之下的孤独症儿家长们，我们的确做得还不够。如果不赶紧补上这一课，并积极为孤独症儿家长提供必要的技术与精神方面的支持的话，那对孤独症儿的康复教育与支持系统也会是不完整的。

总而言之，亲子互动仍是大部分学前及学龄孤独症患者的主要支持力量，所以孤独症家长身心健康指标，将直接关系到孤独症患者的学习生活及康复质量，甚至直接决定了患者的人生命运。所以不论从哪个角度来讲，我们都极有必要在辅助患者健康成长的同时，尽最大努力为孤独症家长提供力所能及的心理疏解与技术支持。

第33课　不堪对比的境遇

课前导读

康复教育教学，无疑是我们师生互动的中心环节。而对孤独症儿童的了解与影响程度，又直接决定了康复教学的成败。同样的，家长能否真正了解与影响孤独症儿童的心理行为，也直接决定了亲子互动的成败。

课堂聚焦

“我说兄弟，你也忒不够意思啦”。金招财呷了一口酒下肚，本来就红润的脸上便更加红光焕发起来。他端着酒杯朝对面坐着闷声不语的王梦招了招，又继续数落着。“你看咱们哥俩想当初，可一直都是无话不谈的好兄弟呀。”说到这里，金招财的脸上充满了无比的豪情，不过他紧接着又似霜打的红花般仰天长叹了一口气，假装没有留意到王梦脸上尴尬的表情变化，借着酒劲儿往下说道。“可你看看咱们俩自从结婚成家以后，都变成啥模样了吧。你大哥我就不用说啦，天天下班后……”咚！隔壁房间的一声闷响打断了他的话，这使老金很不愉快，他不由皱着眉头狠狠地往噪音传来的房间瞪了一眼，这才把没说完的话接起来。“下班后就要忙里忙外地打理自己的这个家，买菜做饭，还要辅导儿子的作业，整天就是为了这个……”咚！又是一声闷响传来，金招财咬牙切齿地用怒脸谴责着那间房屋的豪华木门，就好像这一切都是它的过错似的。“为了这个家瞎忙活。”一边就这么不知是炫耀还是抱怨地嘟囔着，金招财先是瞅了瞅那扇令他讨厌的门，见没再有噪音传来后，他才又用眼角瞅了瞅低头抽闷烟的王梦，又不无责备地叹了口长气。“再说说老弟你，嗯，不是大哥我说你，我知道你家侄子有些跟别的孩子不一样，你跟弟妹的关系也不怎么好，但咱们男子汉难道还要被这个坎儿给绊倒不成？”就像是要兴师问罪一般，金招财坐在沙发上激动地使劲儿往上拔了拔腰板儿，居高临下地直视着烟雾缭绕中王梦低头缩腹的形象。“你看你下班就垂头丧气地瞎转悠，每个人都爱搭不理的。就连我都很难跟你说上几句哥们儿之间的话了，到现在这都有六七年了吧？你大哥我就再也没见过弟妹跟……”咚！这一声比先前两次都要大得多的巨响把金招财吓得一哆嗦，端在手里的酒杯差点儿就掉到地上去了。自己跟铁哥们儿的聊天兴头儿被屡次打断不说，这也太给自己本来就不太好的心脏制造压力了。所以他不由得怒从心头起，扯着脖子叉着腰越过王梦的头顶就朝着噪音传来的方向怒吼起来。“你个捣蛋的混小子快给我滚出来，滚慢了小心我把你的屁股打开花！”

坐在金招财对面，深埋在沉闷的烟雾里的王梦，在金老兄威猛的话语及姿态之下，已经自卑压抑得喘不过气来了。幸亏这儿声噪音替他解了围，否则他真不知该如何应对金老兄必然要穷追猛打的一个核心问题——问他王梦为什么在这六七年来都推销出种种借口来不再让任何同事，尤其是不让“甘苦与共”的金老兄见到他的妻儿？其实在金招财软磨硬泡地把他拉到自己家里的客厅沙发里，又是劝酒敬烟地折腾了这老半天的时间里，王梦就一直在为如何回答这个问题而绞尽脑汁——儿子身患孤独症，妻子整天整夜地陪着儿子读书、治疗、训练等这些家庭私事问题，是无论如何也不能让外人知道的。因为不管从哪个角度来说，这都是他王梦最为敏感、最为刻骨铭心的痛。无疑，成功地劫持了金招财三次讲话的咚咚声，简直就成了救王梦于万劫不复之深渊的天兵天将，这怎能不让他王梦感恩戴德地把脸从香烟头上移开而擎着崇敬的目光往房门开启处张望一番呢。

“你小子给我站过来，跟王叔叔问好！”金招财端着酒杯的手搁在大腿上，夹着香烟的手指着儿子下达了作为父亲的最高指示精神。“并且还要向王叔叔道歉，快点儿！”

“王叔叔好！”对于这一项在小家伙儿看来颇有些走过场的光荣任务，胖得两眼眯成两条缝儿的金进宝轻而易举、驾轻就熟地就完成了。“可是……”这小家伙儿打量一下王梦，再盯着自己吹胡子瞪眼的父亲瞧了两瞧，丰满而不乏调皮的脸上堆出一摊困惑不解的表情。“可是爸爸，您让我向王叔叔道歉，这是要道个哪门子的歉呀？”

“嘿哟喂，小子啊，你是真不知道呢，还是跟我装糊涂啊，嗯？！”满脸嗔怒的金招财对于儿子的这种不无几分耍赖的行为感到大为不满，并摆出一副兴师问罪的架势。“你王叔叔来我们家做客，嗯，这你是知道的。我们两个人坐在这客厅里正聊得起劲儿，老弟兄俩的感情也都是处在蓬勃发展的大好阶段，嗯？”一层层一堆堆十分可惜、百分失望千分难过万分不平的表情，随着金招财的声声控诉而轮番在他的双唇间登场。“你说你在自个儿卧室里瞎折腾什么，嗯？做完作业玩一会儿电子游戏也不是不可以，这个咱们也是达成过一致意见的对不对？”此时，宽厚大量、慈父严爹的光辉形象又浮现在了金招财的脸上。“你说你玩电子游戏就在那块儿玩吧，还搞出来那么些怪声音来干嘛，嗯？儿子，你都快要十二岁了，该知道家里有客人凡事就要谨慎礼貌一点了对不对？”

“老爸我错啦，我读书一入迷就忍不住磕凳子、拍桌子，我……”

“行行行行啦，你小子就别给我瞎吹牛啦，糊弄谁呢你，嗯？”尽管金招财嘴里打断了儿子的话，并当着自己的面再三数落着儿子的过错，但在王梦眼里，金老兄脸上所流露出的，依然是无限的怜爱与骄傲。唉，有个正常儿子真好！可自己哪辈子做了什么孽，老天爷怎么就偏偏给了我个孤独儿呢?!目睹着面前这对活宝父子的唇枪舌战，再想想自己那个沉默无语且脾气无常又暴躁的儿子，王梦在心里无限悲凉地长叹了一口气。“天天就你钻进电脑里玩电子游戏的熊样儿，还‘读书一入迷’呢，恐怕你连半点儿‘迷’都没‘入’进去吧？就知道在我面前瞎掰！你说你要是把迷电子游戏的劲头用一半到读书学习上去该多好，嗯？”

“老爸你真厉害，我干什么都逃不过您的火眼金睛。”见老爹这批评自己、揭发自己“罪状”的话匣子一打开就没有收住的意思，金进宝赶紧适时地讨好起自己的老爸来。“您批评我的这些话我都记在心里了，就像是做课堂笔记似的那么认真呢。我一定要像应付，啊不对，要像对待考试一样地对您批评我的意见，严格遵守，争取期末考试给老爸拿回个一百分儿。您说怎么样，老爸？”一口气朗诵完这么一长串溜须拍马的话，倒也真算是难为了这个才十岁出头的小家伙儿了。金进宝小嘴儿顶着个讨好的大肥脸，眯细着他那双机灵顽皮的小眼睛，萌态可掬地盯着自己的老爸，一副很难不令人喜爱的样子，等着老爹下一步的指示精神。

“哼哼，就你小子，”尽管儿子所说的这些恭维话很有水分，但金招财仍不免流露出满心的怡然自得。“我看着你从小长到大的，就你肚子里那些花花肠子，我还不了解你?!”一边说着，他嗔怒地用不无威严的眼睛找这儿子的脸来回狠狠扫了几圈，继续传达着自己作为一名严父应有的训示。“你要是能记下老师课堂上讲的哪怕是半句话，你爹我管你叫老师！你小子也不知跟谁学得这么油嘴滑舌的，你说你啥时候能给我干点儿正经事儿出来，少让你爹我操点儿心呀，嗯？”金招财训斥到这里之后，痛彻心扉地摇了摇头，然后又冲儿子指了指坐在对面的王梦，后者此时正入神地沉浸在这对父子唇枪舌剑的愉悦当中，金老兄却突然又把话题转移到自己和儿子身上，这立马令王梦如坐针毡般地紧张不安了起来。“你看你王叔叔，他家的小弟弟也就比你小个一两岁吧？你王叔叔可就从来没在我们单位抱怨过自己儿子的调皮捣蛋。你说你怎么就不能跟你弟弟似地让父母少操点儿心呢？”

“好的老爸，我一定要向我王叔叔家的弟弟学……”金进宝信誓旦旦地举手背诵着誓词，但他随即好像突然又想到了什么问题似的，满脸难为情的神色非常讨巧地笼罩在了他那张虽很天真但却也不失几分世故的脸上。“可是老爸，王叔叔家的弟弟长什么样儿？我还不知道呢。”提出这个很有建设性的问题之后，小家伙就仰起一张很是惹人怜爱的小脸蛋儿来瞧着老爸，等待着他进一步的回应。

“哎呀，跟你小子倒腾了这老半天，总算是让你说着了一点正题儿啦。”金招财如梦方醒似地一拍大腿，他一转脸，又以无比深厚的兄弟友谊转向了王梦。“我说兄弟，这可就是你的不对啦。你看咱哥俩关系这么铁，再怎么着也得让……”

“嘀嘀嘀嘀……”一阵急促的手机铃声横空切断了金招财的话。已经对这种父子亲情无比羡慕的王梦，突然被这刺耳的手机铃声拉回到现实，顿时便有了一种不祥之感。他忐忑不安地赶紧掏出手机来一看，竟是妻子黎花打来的，这就更加令他感觉到了情势的凶多吉少：除了向他索要“母子生存所必需的生活费”之外，就是儿子出现了什么黎花本人难以独立应对的状况。否则，夫妻之间是极少有相互打电话的经历的。

“老公你快回来，儿子……儿子他不见啦！”黎花从手机里传过来的这一噩耗，不啻一声闷雷，直击得王梦脑袋嗡的一声响，两眼一黑手一抖，手机差点就掉到了地板上去。快去找儿子！

“我，我跟卖菜老板讨价还价的那会儿，小梦还在我屁股后边拉着我的衣服呢，这怎么就掏钱付钱的工夫人就不见了呢？”这句话已经在黎花的嘴里不知重复了多少遍，究竟是在自责还是在替自己开脱，王梦根本就没那心思去听、去想，他只是凭着感觉自顾自地沿着儿子可能会走的路线眼睛一眨不眨地左右到处找寻着，遇见稍微认识一点的人便急着询问对方有没有见到自己的儿子，但每一次询问所得到的结果，也都是预料之中的令人失望。是呀，在这地方居住了这么多年，从自家楼下到整个小区再到附近菜市场、超市之间的大街小巷，尽管很多人都经常见到王梦父子或一家三口走来走去的，有时也会互相打个招呼。但由于儿子的性情行为极不稳定，说不上什么时候就又会在大庭广众之下无缘无故地大哭大闹，甚至还会对附近路人发起突然袭击。所以王梦从来就不敢跟附近的熟人多说一些话；再加上他也不想让外人知道自己的儿子是个孤独症。所以，对于同外界的交往，他始终都是能少则少，能不应酬的就尽量不去应酬。这样的处世之道的确也曾一度令王梦感觉到身心的一些平静，感觉与世无争、独来独往的生活也是挺好的，尽管有时会感到有些冷清寂寞甚至是被社会大众人群所遗弃的感觉，但凡事有得必有失，相对于因让别人知道自己有个孤独症儿子而被人看笑话来要好多了——只是眼下，王梦才刻骨铭心地真正体会到了不与人多来往的悲哀——凡是被询问到的人，几乎都在用茫然、困惑甚至还有些不理解的表情来回应着王梦的焦虑、紧张与渴望，毕竟，大家对小梦并不熟悉。

儿子在哪里？儿子你在哪里？两眼冒火、汗流满面的王梦一遍一遍在心里反复询问着苍天，可是没有得到任何回答。黎花还跟在自己身后吗？她还在啰嗦着各种她所能够想到的借口以便为自己的失职进行开脱吗？此时王梦根本就无暇顾及这些了。这个为人母的女人！他在心里狠狠地谴责着自己的结发妻。你平时就知道背着我买码、搓麻将赌博，要么就想着法子从我这里扣钱买衣服买化妆品，还背地里偷偷抽烟喝酒。你什么时候真心为儿子操过心？这样没有责任心的女人还能算是个女人吗?！什么天天陪着儿子读书训练压力很大，什么一想到自己百年之后儿子就成了没人管、没人问的孤儿就悲痛欲绝？这都是随口乱扯，统统都是你达到自己目的的借口！

愤怒地在心里谴责着妻子，王梦几乎是抽泣着悲凉地抬眼凝望着夜幕下这个熟悉又陌生的城市。不知怎么的，一股难以名状的恐惧和寒意使得他禁不住打了一个冷战。纵横交错的大街小巷里，一个个来来往往的路人都带着一张事不关己的冷漠而又高傲的都市面具，没有人留意到心急如焚的王梦，更没有人关心他的儿子现在在哪里、怎么样了。人人都全身心地闭锁在自己所关切的小天地里，个个都毫无知觉地、麻木着他人的喜怒哀乐！王梦无助又无奈地面对着这个奇怪的世界，一边麻木机械地往前迈动着自己的双腿。

“哎呀儿子，你这个不听话的，怎么这么快就跑到这里来了呢？”黎花惊喜难抑的尖声喊叫声如一道闪电，一下子把王梦从昏暗压抑的万丈深渊里给拯救了出来。他惊喜地赶紧凝目一望——就在他的左前方，一家杂货店的门口围拢了差不多二十几个人。不用说，根据以往的经验，王梦也能猜到——儿子肯定又溜到人家店铺里去闯祸了。但不管怎么说，终于知道了儿子的下落，就已经足以令他高悬着的心平安落地了。既然妻子已经叫喊着挤进人群里去照看儿子了，王梦也就知趣地止步站立在原地张望着儿子所在方向的情况。其实说句心里话，不管他怎么对妻子不满甚至是厌烦，有一点他是不得不承认的，那就是黎花很善于跟人家打交道。不管是跟什么人，只要她愿意，就总能和人家说上话、聊上天，在这方面王梦的确是远远地不如他的妻子。按照王梦对她一贯的评价，想当初黎花就是仗着自己装憨耍赖厚脸皮的超强本领才追上他王梦，从而才导致了他这一辈子不幸婚姻生活的开始。不过话又得说回来，自己有这么一个孤独症儿子，经常不是掐这个就是拧那个的，他们夫妻因此没少挨人家的白眼、受人家的骂。要不是黎花有这样得天独厚的耐打击、善于周旋的特质，他们夫妻俩或许早已经崩溃掉了。类似眼下的这种场面，每一次也只有她黎花能够应付自如，他王梦只有甘拜下风的份儿。或许也正是这个原因，尽管在他眼里黎花还存在着这样那样令人不堪忍受的毛病，但每一次激烈的夫妻争吵以致闹离婚的时候，王梦始终都没能真正狠下心来结束“这段不幸的婚姻”。在潜意识里，他知道儿子离不了妈妈，自己也割舍不了她——不管在意识层面王梦是否愿意承认这一点，但现实就是如此。

“别动！”头发已经略显花白的杂货店老板及时制止了黎花要拉起儿子的手，并示意她留意一下王小梦正在忙碌着的事情。门口靠着墙壁摆放的广告灯箱，此时正把红蓝交错的光线射在小家伙拿着一盒香烟的手背上。在他面前的地板之上、货架脚下，散乱地堆着各色的香烟、饮料、饼干和方便面之类的日常消费品。只见王小梦正低着头不紧不慢地在这堆物品上空画一个圈，然后再拿起一盒香烟，眼皮都不抬一下地就把它放在了近旁的货架上，不过不管怎么说，被摆上货架的这盒香烟的确是不偏不倚地正对着相应的标价牌，然后他又把一包方便面同样准确地摆上了货架。大家目不转睛地看到这里，又带着征询的神情看看杂货店老板，后者慈祥睿智的眼睛始终没有离开王小梦不断往货架上摆放物品的整套动作程式，并不是表露出惊奇、肯定和赞赏的神情。这当然也就明白无误地告诉了大家：这孩子摆到货架上对应标价牌上方的物品都是正确无误的，根本不需要怀疑。当王小梦面前地板上的物品逐渐减少到无，而近旁货架上的相应物品逐渐各归原位之后，杂货店老板又悄悄把货架上的几件物品打乱次序，并使它们在货架上呈现出凌乱不堪的摆放状态。

“唔，嗯——！”收拾完地板上的物品后，王小梦抬头看到货架竟如此地凌乱，便略带焦虑地发出了这一声闷吼。直吓得围观人群有了一点小骚动，以为他又要过来抓人了，直到没有看出有此危险存在的时候，他们重又把注意力集中在了小家伙儿的身上。而后者此时正旁若无人地走到货架前，很有耐心地将各色物品重新放回到对应的标价牌上方，并逐一地全部码放整齐。

“哎呀，这也真是奇了！”目睹眼前这个行为举止有些特别的小男孩，在貌似漫不经心的行动中所创造出的“奇迹”，不仅杂货店老板不时发出啧啧的赞叹声，就连围观的这些人也感觉有些不可思议，他不无赞佩地轻轻拍了拍王小梦的肩头，又摸了摸小家伙的后脑勺。“真的是奇啦！”杂货店老板把脸转向已经成功地拉住了儿子的手的黎花，带着不无赞赏的语气继续发表着自己的感慨。“我早就看出来了，你家这孩子不一般。”说着，他扭头顺手从货架上拿过一瓶饮料来递给了王小梦。“你儿子刚进来的时候，趁我一个不注意，就把这一货架的商品差不多都给摆弄到地上去了，我当时可真的是大为光火。”一边述说着，老板又看了看正手舞足蹈地张着嘴对着货架顶端呵呵笑的王小梦，方才小家伙弄乱物品的情景还清晰地浮现在他的眼前。“我抄起一条香烟当棍子使，正咋呼着要把他给轰出去呢，结果这小家伙儿就蹲在地上给我重新往货架上理货了呢。”说到这里，他很慈祥地笑了笑。“这要是搁在年轻那会儿，就冲我这个火爆的脾气，是根本不会留出时间给这小家伙表现的机会的。可现如今年龄大了，见的世面也多了，脾气就收敛了不少。这才能发现你这儿子别看样子很一般，可他整理货物的绝活儿可不是咱们一般人都够做到的。”为了更加明确地阐明观点，老板伸手亲自示范了起来。“你比如说这同种牌子的两包香烟，软硬不同，它们的价码当然也就大不一样；还有这一瓶一瓶的饮料，每种饮料的价码也都是不一样的，您看这标价就知道了。如果要我们对此不熟悉的人来往上加货，肯定是要先熟悉一下它们的价码是多少，然后再对着每类货品的不同区域往上加的。可是这小家伙就是不一般，可能也就是在弄乱东西之前他才看过一眼这货架上的商品吧，你看他在搞乱之后居然就凭着那一眼的印象，竟然把这些货品丝毫不差地重新摆回到原位去了，而且还给我码得这么齐整，你说这不是奇了吗？”

年迈的杂货店老板往下还说了些什么，已经大致了解了情况的黎花已经无心再听下去，一股因儿子的神奇表现而感到无比骄傲的豪情油然充盈了她的心胸。老板啧啧的称奇声，围观人群惊奇的目光，都成功地把黎花寻子时的紧张焦虑一扫而空。她拉着儿子的手，向老板道了谢，抬起豪迈的步伐离开了杂货店。

真的是马路两边两重天呀。站在原地未动的王梦，看见妻子挤进人群后就传来一声老年男人粗声粗气，在王梦听来甚至是有些横行霸道的断喝声，惊得他禁不住为妻儿捏了把汗。直到妻儿已经走近眼前，他才深深舒了一口长气，一滴辛酸的眼泪顺着王梦的脸颊流了下来。

课后检视

孤独症患者与外界“格格不入的冷漠”言行特点，以及众多原因不明的情绪波动状态，无疑都令其很难为普通社会人群所理解和接纳，并很容易引起外人对孤独症患者的误解甚至是排斥。与此同时，作为孤独症患者的父母家人们，因为家里有个“孤独儿”，所以不论是在经济生活方面，还是在羞于或难以携子共同融入到周围社会人群方面，他们都承受着外人难以想象的巨大压力。

作为孤独症患者家长的典型缩影，本课例中王梦所遭遇的冰火两重天，恰恰就能通过普通父子关系和孤独症亲子关系之间所存在着的强烈对比，不能不令我们切身感受到孤独症家长们每时每日都在承受着的巨大压力与煎熬。那么，接下来的问题就是，作为社会普通大众，我们能够为孤独症患者及家庭做些什么，以尽可能地帮助他们减轻些许压力？这的确是值得我们每一位爱心人士来探讨和研究的重大课题。

下篇

社会篇

孤独症患者的核心障碍是社交障碍，相应的，帮助孤独症孩子能够由参加一些简单社会性活动开始，以逐步培养与提高他们的社会适应与社交技能，并最终使得这些孤独症患者在未来的某个成长阶段，能够较为独立地在这个社会上生存、发展——这，也是我们进行孤独症康复教育教学训练的终极目的。

不过，即便是认知理解水平比较高的高功能孤独症儿童，在踏入社会进行适应性训练的初、中级阶段，也还是需要家长或其他专业人士的陪伴与引导。作为大多数的中重度孤独症儿童，其参加社会活动就更需要父母家人的陪伴与帮助。

随家长走亲访友，是孤独症孩子参加社会活动最为经常的方式之一。对于许多重度孤独症儿童来说，在这一活动中的重点和难点还不完全局限在做客环节中的基本礼仪和行为规范上，更重要的还有来回路途上的跟从问题。孤独症家长如果是自驾车还好一些，而如果是领着孩子搭公交地铁等公共交通工具的话，那就要时刻留意或随时应急处理孩子由于难以适应喧闹拥挤的环境，而特别容易产生的情绪行为问题。由于孤独症患者自身在言行举止上的特殊性，在公共场所，就难免会引起周围人群一些或好奇或探寻等含义不同的目光注视，这也容易引起一些孤独症患者的不适应而出现烦躁情绪。更有甚者，有些情绪波动比较大的孤独症患者会在烦躁不安的情况下对附近的人发起攻击性行为……由此可见，对于普通孩子来说，随父母家人外出走亲访友这样令人无比高兴和惬意的活动，却令同龄孤独症儿童感到很多的不适应甚至是痛苦。

参加由社会互助组织或其他爱心团体所组织的各种社会实践活动，也是孤独症孩子进行社会融合的一个主要方式。因为这类活动的组织者都是对孤独症儿童的身心特点有所了解的相对比较专业的爱心人士，所以他们所组织设计的活动本身就比较贴近孤独症身心发展现状及需要，孤独症孩子出现烦躁不安等不适应情况的概率也会大大降低。在这种活动中，陪护的家长只要照顾好孤独症孩子自身的安全，一般就不会有太大问题出现。

在此需要特别注意的，是部分孤独症儿童家长自身的心理调适问题相当重要。尤其是部分重度孤独症儿童家长，因为必须长期面对自己孩子的各种情绪行为问题，还有令人倍感压力与困惑的康复发展等问题，再加上有些家长会在有意无意之中拿自己的孩子（及家庭生活状况）与那些同龄普通孩子进行对比，从而难免会产生巨大的痛苦甚至是绝望感——由此产生的负面情绪都会最终反映在孤独症家庭生活的方方面面，并直接影响到孤独症孩子自身的康复与发展。

尽管帮助孤独症孩子最终成功融入社会是康教工作的重大目标，但因其离我国现阶段的孤独症康教工作还有较远的距离，再加上孤独症孩子目前的康复重点还是在学校和家庭里，所以本书就没有把本篇作为重点进行展开，而只是点到为止地令广大读者了解到一些孤独症患者在社会生活中的表现即可。

第34课 都是撞车惹的祸

课前导读

生活中的每件事情，都是由许多因素而合成的。在我们普通人的眼里，一些“凑巧”的事情往往会因特殊情境而变得复杂和令人困惑，这也就使得由“事情”所引发的一系列问题，变得远超过“事情”本身。

课堂聚焦

洁洁（化名）又请病假了，而且自上学期期末发生的“那件事”之后，他请病假的次数越来越多。而洁洁妈平时和我们聊起儿子的学习生活时，几乎每一次在不经意间都会触及到“那件事”的雷区。而每当此时，无奈与自认倒霉的灰色神情都会又一次地将她牢牢笼罩住。

那一天天气难得的晴朗。和往常的周末一样，在经历了密集学习培训的一周紧张鏖战之后，洁洁妈紧拉住儿子的手（防止儿子在人多拥挤的地方突然乱跑乱抓）一起逛街散心。南方的天气，只要是艳阳当空，就会酷热难当，无论冬夏皆是如此。就在她们娘俩儿差不多已经要走过喧闹的主街道拐入去公园的小巷子时，洁洁突然挣脱妈妈的手转身就往回跑，还没等洁洁妈反应过来，他已经冲入附近正在等公交车的人堆里。

“啊，你这孩子有毛病啊？父母是怎么调教你的！”一听到这斥责声，洁洁妈的头就嗡的一声响，不用说她也知道自己的儿子又抓人了。

“噢，对不起对不起，实在是对不起。”洁洁妈一边紧紧抓住此时呆呆站在那里对着半空痴笑的儿子，一边忙不迭地道着歉，“您说对了，我儿子他的确是有毛病，还是孤独症。我是他妈妈，我代他向您道个歉。”洁洁妈也顾不得周围越聚越多的看热闹的人，因家有孤独症儿而长年累月地积累起来的灰色情绪又一次从心底爆发了出来，她眼泪汪汪、语带哽咽地一边解释着一边就给那位被抓的年轻女士鞠躬道歉。

“什么这病那病的？只要是抓人杀人的精神病人就得送精神病院里边好

好呆着，要么就锁在家里别放出来伤人！”那位乘客平素面容姣好而今被愤怒扭曲得有点变形，气哼哼地跑到刚驶进站的一辆公交车上一溜烟地消失了，只留下这刀子般的一句话深深嵌进洁洁妈本已不堪重负的脆弱心灵里。

“你这个净知道惹事生非的小孽障，哪一天才让我安生啊，唵？！”万种辛酸无处发泄，伤痛至极的洁洁妈只能将所有委屈都撒在儿子身上。她一边痛骂着一边抬起手来照着洁洁的屁股就雨点般地狠劲儿打了起来，本来站在那里专心致志地盯着来往车辆的轮子直发呆的洁洁，冷不丁地挨老妈这一顿暴打，立时边挣扎着边哇哇大哭起来。有几个好心人似乎从中看出了洁洁的异常及洁洁妈的不易，因此赶紧将其劝解开。

直到娘俩来到相对清静些的公园里，洁洁的情绪还是没有稳定下来。树枝间清脆的鸟鸣，草地上盛开的鲜花，还有纵贯树林草地的弯曲河流，再加上球场上喧闹玩耍的孩子们。眼前这令人心生怡然恬静的温馨景色，倒令洁洁妈清醒了好多，她为自己刚才因一时难以自控而暴打儿子的行为倍感愧疚，于是便更加温存地安慰起儿子来。平素就对妈妈的情绪反应特别敏感的洁洁，此时也像是在反过来安慰妈妈一样，很温顺地将头紧贴在妈妈的脸颊上轻轻摩挲着。

为了更好地让儿子的情绪尽快平复下来，更为了抚慰自己心头深深的内疚之情，洁洁妈牵着儿子的手很随意地漫步在弯曲于花草树木间的小道儿上。突然，洁洁妈握住儿子的手就感到猛然一震，耳边也传来砰的一声闷响。等她醒过神儿来才发现，儿子已经被从后面猛冲过来的一辆自行车刮倒在地，骑自行车的那个满头大汗的小朋友正惊魂未定地从地上爬起来，满脸通红地呆站在那里直盯着躺在地上的洁洁。“哎呀小朋友你骑车要看着路啊！”她冲着踩单车的小朋友喊了这一句之后便把心思都集中在了儿子的身上。“儿子你没事儿吧？可千万别吓唬妈妈呀！”可洁洁只是躺在那里翻眼直盯着天空上的什么地方，对于母亲关切的询问，他跟往常的反应一样，就好像是根本没听到似的。这倒令洁洁妈放心了不少。“来，儿子，快起来。”说着，她便伸手扶住儿子的双肩，想把洁洁从地上扶起来。

“唔，唔，啊！”可是这一次，洁洁并没有顺着妈妈的力气从地上站起身来，而是浑身突然一震，脑袋猛地往后一挺，两个眼珠子也狠命地往后上方一阵猛似一阵地翻转着，嘴里一阵阵发出像是在闷声挣扎一样的声音，口水也顺着嘴角流了下来。

“你这到底是怎么啦，儿子？”之前从未见过儿子这种反应的洁洁妈被眼前的情况惊呆了，他不知道儿子怎么会突然之间变成这个样子，而这又究竟会给她们带来什么后果。但凭直觉她感到了事情前所未有的严重性。这个时候她才猛然想起给儿子带来惊吓的那个踩单车的小朋友，可当洁洁妈从儿子身上转移视线抬起头来找寻那个小男孩儿时，却早已不见了踪影。令人窒息的空气里，只有她们母子俩像是被整个人世间抛弃了一般。此时的她，真正体验到了呼天天不应叫地地不灵的深深绝望感。

此后，洁洁妈每次回想起公园里发生的那一幕，都忍不住潸然泪下。那种雪上加霜式的突然增添的厄运，已经在她的心底里留下了浓重的阴影。有一次我收到了洁洁妈连发的几条短信息，现在把大致内容整理如下（因为种种原因，我不可能将原信息完全照搬到这里来）：

“我也不知道自己和老公上辈子做了什么孽，为什么老天也会对我们如此不公?! 本来家里有一个孤独症的孩子就够倒霉、够我们受一辈子的了，如今儿子又这个样儿!

郁老师，不瞒您说，我一直都有想死的念头。前段时间我还专门去看了几次心理医生，希望能找到解救自己的良方，可现在算是想通了：儿子的孤独症治不好（我知道治好是不可能的啦），只要儿子还时不时地添加癫痫之类的症状，我再怎么样都是生不如死。可是有时候转念又一想，我死了，儿子怎么办呢？难道真的要他和我们一起走？有时候觉得这可能是最好的办法，我们解脱了，他也解脱了。可更多的时候却又下不了那个狠心，总觉得自己没有剥夺儿子生命的权力，除非他能亲自开口央求我带他一起走。可儿子如果真能这么央求我的话，他不就不孤独了吗？

唉，不说那么多啦。总之能死就死，不能死就这么盼着吧!”

她这最后一句“不能死就这么盼着吧”读来令我不寒而栗：她在盼什么？儿子的孤独症能被治愈（显然不可能）还是她所说的“能死就死”这句不祥之语？我不敢多想，更不敢再去深入洁洁妈脆弱心灵的深处去一探究竟，因为心理咨询与治疗并不是我的专长。

真的是“屋漏偏逢连阴雨”，在洁洁因突然受到惊吓而罹患癫痫（至少他妈妈是这么说的，我们也没必要一定要跟她辩论孤独症与癫痫患病概率的医学统计问题。因为洁洁的情况已经如此，再纠正患病原因的确也没多大必要，更何况我们在坚持专业精神的同时，也要考虑人文关怀）的同时，又新添了轻微的小便失禁、易紧张兴奋、多动与间歇性抽搐等多种问题征候。由此而引发的另一个令我们头大不已的问题就是，因为洁洁经常会在课堂上难以自制地嘶声闷吼或是摔凳跺脚，已经严重影响了课堂教学秩序，可我们又不好过于严厉地制止他的这种行为问题，就怕万一再由此给洁仔带来什么新问题的话，都不好交代。可如果放任他在课堂上为所欲为的话，那我们正常的教学秩序又怎么顺利开展？难道我们能让班里其他孩子都来为照顾洁仔而牺牲自己的康复发展权吗？思来想去，我们的确很难找到安全有效地控制洁洁问题行为的可靠方法，更难找寻出在洁洁兴奋发作之下还能基本维持课堂正常教学秩序的有效途径（事实上，这种鱼和熊掌都想兼得的努力本身，就是不可能的徒劳，可我们又能有什么办法呢）。尤其是洁洁妈，自从儿子罹患癫痫以来，便更加对儿子形影不离地实施全天候侍候与呵护，严防其他情绪不稳定或有一定攻击性行为的孩子对洁洁造成"伤害"（在这一点上，她和囡囡妈都是一样的属于"过度呵护型"父母）这就更为我们的教学思路及教学活动的正常开展带来了很大的困惑与不便。

总之，通过我们多次与囡囡妈、洁洁妈等学生家长的交流情况来看，我们要想和家长在有关教育教学理念与学生问题行为的应对方法上取得一致并共同努力，的确还存在着很大的困难。因为她们要么是因对孩子过于保护而不愿坚持对子女的规则性教育，要么就是不舍得（也不放心）真正放手让自己的孩子独立应对学习生活中的各种困难。所以，我觉得要想破除笼罩在彼此心灵之上的观念桎梏，以便更高效更科学地为孤独症儿服务，的确还有很长很长的一段路要走。因为这不单单是老师与学生之间的问题，它还牵涉到亲子、家校等一系列复杂难解的综合性支持系统性问题。

"噢，噢，噢！"在一次个人工作课上，洁洁又忍不住闷声嘶吼着边磕板凳边猛跺双脚。巨大的声响直搅得全班同学不得安宁，哪还有心思做作业呀。

"好儿子，安静啦。"洁洁妈一边抚摸着儿子的头安抚着，一边继续握着洁洁的手辅助他做功课（因为洁洁的自我控制能力很差，如果不控制住他猛摇猛晃的胳膊到处乱甩的话，就很难令他完成诸如"在 $3cm^2$ 的方格内仿写简单的汉字"或"在简单图案边框内填涂颜色而不出界"的任务）。

"安静啦。"洁洁频繁地眨着两眼直盯住妈妈的脸，很机械地重复了妈妈的后半句话。可刚重复完，他反而更加大声、更加剧烈地嘶吼扭动了起来，直吓得囡囡低声哭泣着把脸深深埋进了妈妈的怀里。

“我跟你说过多少次啦？安静！”很明显，看到儿子难以平息的兴奋状态，洁洁妈的温柔和顺也慢慢地被焦虑懊恼所取代。

“安静，噢，噢，噢！”或许是因为洁洁已经感觉到了气氛有些不对劲而开始紧张了吧，他一边机械地重复着妈妈的话，那脖子与整个身体都一抻一抻地更加猛烈频繁了起来，由此所产生的声响也更加巨大。就连一向对此情景比较“淡定”的坤仔，也开始变得哼哼唧唧地烦躁不安了起来。

“你到底想怎么样？找死啊！”终于忍无可忍（站在她的立场去感受，应该说是因绝望而懊恼至极或许更为恰当些）的洁洁妈，啪的一声拍得桌子震天响，然后豁然起身顺手不知从哪里“淘”出一个废旧衣架来，照着儿子的腿就是一阵猛抽暴打，直吓得所有在场的人都瞪直了眼。

这种场面几乎每一两个月都会发生一次。和昊昊妈一样，我们每次劝解洁洁妈时，她也会催促我们“拿出更好的解决办法”来。至于我们所提倡的对孩子要有耐心，逐步引导之类的，她根本就没心情也没兴趣听。

由此，我们也就不难得出这么一个结论：孤独症儿童康复教育教学工作，是一个多层次、全方位共同作用相互影响的系统工程。这就从客观上要求我们特教老师不仅要有过硬的专业技能，而更应该具备与学生家长沟通协调的能力。总之一句话，我们是特教老师，更是“压力山大”。

课后检视

洁洁母子俩的这个案例很有代表性。的确，很多孤独症儿童的很多情绪行为问题都比较复杂，再加上他们本身所固有的社交沟通障碍，致使这群特殊的孩子不能有效表达自己内心的想法与感受，这就令我们很难判断，究竟是生理方面的原因还是心理因素导致了他们的情绪行为问题，还是两者兼而有之？

还有一个更为令人困惑和头疼的问题就是，很多孤独症患者都会在成长过程中出现一些并发症，孤独症兼癫痫就是较为常见的病发类型，接下来就是孤独症兼脑瘫。而洁洁显然属于前者。正是因为孤独症患者在成长过程中，不一定在什么时候或在何种情境中，就会突然出现癫痫之类的并发症，所以很多孤独症家长在受到强烈精神打击的同时，往往就会把孩子出现并发症的那个客观环境或事件作为致病因素，从而顺理成章地将内心巨大的懊丧之情发泄其上。这种外归因的方式的确也会产生自我安慰的效果，但毕竟不是问题的真正有效解决之道。不管怎么样，像洁洁这种情况，是很有必要结合医学治疗的。

第35课　重病下的坚守

课前导读

在之前的课例中，如果说洁洁和囡囡妈她们长期承受着巨大精神压力的话，那么，永永爸所长期承受着的，除了精神压力之外，还有病魔痛苦的折磨，以及生活的两难。虽然说“危难之处方显英雄本色”，可又有谁能真正承受得住这英雄之难、英雄之苦呢？

课堂聚焦

“你个作孽的臭小子，快给我把屁股擦干净！”单意生一边擦着发际不断流下来的汗水，一边有气无力地骂着儿子。但他心里有数，不管自己怎么说、怎么骂儿子，效果都是一样的。就像是一遍遍下指令让永永把屁股擦干净一样，都是没用的。就在刚才，单意生正窝在床沿上忍受着剧咳带给自己难忍的疼痛，一股子令人作呕的臭气就气势汹汹地钻进了鼻孔里，不用说，儿子肯定又把屎拉到裤裆里了。根据以往的经验，他马上就痛苦地做出了判断。和很多重度孤独症儿童一样，永永直到现在，还不能完全照顾自己的大小便，隔三差五地就会满屁股满腿都糊满大便。所以在前几天的那次聚会上，单意生就想趁着和程老师一起吃饭的场合正式提出这个问题来，看大家有没有什么好的方法来解决这个问题。其实在此之前，单意生也曾多次和学校及其他工作的机构里的老师家长们讨论过，大家的看法基本也都是一致的，那就是首先要尽量摸清孩子每日大小便的次数、时间，尤其是大小便前孩子们都有些什么不同寻常的反应，然后再根据观察所得的经验来照顾好孩子的大小便。说句实在话，就孤独症康复训练目前的研究成果而言，这的确也算是比较通用和有效的方法了。可对单意生来说，问题也恰恰就在这里。其中最大的一个困难就是，作为孤独症儿童单亲爸爸的他，不可能像其他家长那样一天二十四小时地全程照顾儿子。现实对他就是这么残酷：要全程照顾儿子，就没法出去工作，不工作就没有了生活来源，没了生活来源，就直接意味着他们爷俩儿的衣食住行都没了保障；而要出去工作来挣钱养活他们爷俩儿的话，那就不能在学校里照顾儿子。当然这两年也的确多亏了黎花、柳白絮和诗情奶奶等家长们热心的帮忙，否则这个问题还真是没办法解决。只是儿子毕竟是自己的，人家也不可能长时间地帮这个忙呀，毕竟每位家长也都有自己的孩子，更何况这些孩子在情绪行为问题及生活自理能力等方面，也并不比永永好多少，其实每个人的生活都不容易，每个人的心情都不轻松。正是因为考虑到了这一层问题，单意生才觉得有必要和大家来商量出一个更为有效的方法来，以便最大限度地训练孩子的生活自理能力。但那天的聚会，人人都玩得很疯狂，包括他自己在内，也一时豪情难抑地喝了两瓶啤酒。

或许就是这两瓶啤酒惹下的祸根吧，单意生的病情从此就迅速恶化了起来。跟公办学校不同的是，民营康复机构几乎是没有暑假的，但很多老师又都想尽可能地多赚两天休息的时间，哪怕是请假会被扣掉一些钱也在所不惜。也正是在这种背景之下，机构里师资方面的人手在这段时间里就会比较紧缺。作为一名“替补队员”，单意生自然会被经常性地安排来做孩子们的康复训练工作。尽管很是辛苦，但他还是感到特别的充实和幸福。因为在他看来，这至少在本机构里证明了自身的价值；另一方面，单意生由此所挣得的工资补贴也多了不少。而更为重要的是，儿子暑假期间在这里的康复训练也都是免费的。所以不管从哪方面来讲，这无疑都是有百利而无一害的美差。可老天爷似乎并不总是那么地善解人意、成人之美，恰恰就是在这段时间，可能是由于工作太辛苦、太累吧，单意生咳嗽的频率和强度也越来越高，气闷剧痛所造成的窒息感也越来越强烈。

这天上午的第三节感统课上，单意生按照既定的康复训练计划，正在感统室里带着两个孩子做转圆筒的训练，出乎意料的情况就在这个时候发生了。正当他把两个孩子捆在架子上刚旋转了两三圈的时候，一阵难以抑制的剧烈咳嗽犹如摧枯拉朽的飓风一般，整个儿将这位老兵击倒在地上差点窒息过去。两个被捆在圆筒上的孩子，被这突如其来的变故吓得哇哇大哭，他们声嘶力竭地挣扎着，其中一个的裤子已经尿湿。咳嗽声、哭叫声，伴随着热烘烘的尿骚味儿，立时填满了宽敞的感统室，直冲到外面的楼道里。众家长们闻声慌慌张张地匆匆赶来，当他们看到蜷曲在地板上的单意生那痛苦狼狈的状态，以及孩子们可怜的哭叫挣扎时，无不被这种场面给震得目瞪口呆。

他们赶紧上前把孩子解了下来抱离现场，有反应快的家长赶紧掏出手机来就拨打了急救电话……

经过一番波折，单意生的病情得到了专业的应急性处理，但工作也一块儿被“处理”掉了——办公室里，同样是孤独症单亲家长的女老板一脸的憔悴。很显然，来自学生家长方面的压力，也不是这位一贯雷厉风行的中年女强人所能够承受的。“你是我们这里最好最敬业的员工，本来，我……你，短期内应该不会有什么经济压力。”说到这里，女老板疲惫地靠在办公桌后强支着额头闭了一会儿眼睛。“我能帮你的，也就这么多了，实在对不起。”

还有什么好说的呢，那女老板绝对是个好人。直到现在，单意生每想起在机构里的这最后一幕，心里还是深深怀着无尽的感激。他就这么在心里无限感慨着，一边忍受着窒息的剧痛，气喘吁吁、汗流浃背地用湿抹布清理着儿子凌乱的粪便。唉，真不甘心呀，薛婧你怎么就这么狠心抛下儿子不管了呢？我走以后，儿子谁来抚养照看？都说天无绝人之路，可我们爷俩儿，我儿子又怎么独立在这个世界上存活下去?！想到这个对他来说已经是迫在眉睫的严酷问题，这位老兵不觉急火攻心，眼窝里也蓄满了潮湿。

“呜啊哟，呜啊哟！”真不知道这永永到底是焦虑还是兴奋（很多时候，孤独症孩子外在的情绪行为表现，都是有异于其内心真实体验的），只见刚刚被洗好下身换穿上新裤子的他，突然高亢地大声吼叫着两腿一绷身子一跃，一屁股坐在了爸爸还没来得及清理掉的沾有粪便的衣服上。

“看我不打断你的腿！”见儿子还如此不省心，沮丧至极、痛苦至极的单意生不由怒火中烧，他抡起巴掌来照着儿子的脸就是狠狠的一下子。可怜的小家伙突遭如此出乎意料的重重一击，竟呆愣在原地两眼直勾勾地看着爸爸再无其他任何动作——恰恰就是儿子的这一令人心碎的无辜眼神，就像是两把刀子捅在了单意生的心窝上。这位意志坚强的老兵，这个铁打的汉子，再也抑制不住那两行冲动的泪水，他扔掉手里的抹布抱起儿子来就是一阵痛快淋漓地低声大哭。被拥在爸爸悲伤的怀抱里，疼痛、惊恐、不解以及慌乱等等情绪搅成一团糟，小永永唯一的反应，就是拼命挣扎着陪爸爸一起嚎啕大哭。这对相依为命的父子俩，尽管痛哭的动机相距天壤，但却共同倾泄出绝望的悲伤。

“……门啊，永永他爸你在不在家呀，这是怎么啦这是，嗯？这是怎么啦这是……”父子俩也不知道抱头痛哭了多久、痛哭的声音有多高。直到现在，单意生才注意到隔壁张奶奶焦急关切的敲门问候声。说起这张奶奶，也真的是不容易。她的一双儿女尽管就住在这座城市里，也都对老人家很孝顺，但毕竟因为平时工作比较忙，所以除逢年过节之外，平时都很少有时间来陪伴老太太过上几天。老伴儿又在五六年前去世了，抛下她一个人独守着两室一厅的家清冷度日。但老人家的确是个热心人，平时几乎每一次听到永永哭闹，她都会过来安慰一番，甚至还时常带小永永去她家玩儿。说来也奇怪，本来还大哭大闹着的永永，在张奶奶慈爱地安慰哄劝之下，情绪很快就能平复下来。尤其是最近这段时间，已经有好几次了，只要张奶奶一出现，闹得特别凶的小永永，很快就能在老太太的怀抱里爆发出格格的笑声。为此，不光是单意生，就连张奶奶也感到了很大的安慰。老人家还经常说，“这人呐，只要是能够相遇，那就是缘分。远亲不如近邻，远亲不如近邻呀，咱们就这么安安心心地互相帮衬着挺好。”张奶奶一边说着，那骄傲满足的神情，就填满了她满脸的皱纹。

张奶奶的无私与热情，很快就使得他们彼此都体验到了家人般的温暖。只要是家里的力气活儿或必须要出远门才能办的事情，基本都被单意生给包了，这让老人家心里感到暖融融的舒服。这不，张奶奶听到好像是不止永永一个人的哭声，马上就又慌里慌张地前来敲门探个究竟了。

“阿姨真不好意思，小孩子家又闹脾气影响您休息啦。”对于时不时地就会惊动张奶奶过来这边探视，单意生的确打内心里感觉过意不去。待张奶奶在沙发上坐定之后，他赶紧低头忙活着给老人家沏上了茶，尽量不让老人家看到自己发红的双眼。

“唉，人活一辈子碰上的这些大大小小的事儿呀，很多时候就仗着你怎么看。咱的心就这么丁点儿大，可不能啥都往里装呀。”张奶奶一边揽过永永轻轻拍着、摇晃着，一边意有所指地劝解着。为了照顾到面子问题，老人家并没有去看单意生明显有些红肿的双眼。“就说咱们的小永永吧，我就觉得家里有这么一个爱哭闹的孩子闹腾着就是热闹，这一下子就不冷清了。人活这一辈子，不就图个骨肉团聚、热热闹闹的吗？什么上学呀，读书呀，还有工作赚钱呀的，说到底还不是为了不让自己的这颗心闲着空落落地难受嘛。”这番话，说得单意生一个劲儿地直点头，他是从内心里佩服和感激着张奶奶。如果没有她老人家热心的开导和帮助，他们父子的人生轨道或许早就走进死胡同里去了。

“张阿姨，我们爷俩儿的情况，您是早就知道的了，所以我有什么想法也不瞒您。”说到这里，单意生深深地叹了口气。“您看我这病情，怕是没几天活头儿的啦……我已经没有什么了，可永永还这么小，真不知道……”

“你这会儿不是活得好好的嘛，快别说那些丧气话！”见单意生这个样子，张奶奶赶紧摆摆手进行制止。“这俗话说车到山前必有路，这人真到了那个时候，总会有好心人帮忙的。实在不行啊，我相信政府也会为咱想办法的，更何况眼下咱们还没走到这一步呢！”张奶奶很是斩钉截铁地说完这番话，便径自逗小永永玩去了。单意生当然明白，像张奶奶这样还需要别人来照顾的老人家，能够为他们父子俩做到这些已经很不容易了。

和通常的情况一样，张奶奶在单意生家里和他们父子俩开开心心地吃了晚饭后，又陪着永永一起看了会儿电视。直到小家伙儿上床睡下了，老人家这才放心地离开单意生的家。

课后检视

和永永爸单意生一样，绝大部分孤独症家长们都长期承受着巨大的精神、生活、经济或疾病等无比巨大的压力与痛苦。

从本章内容中我们不难看出：在单意生父子俩寸步难行的生活征程上，如果没有张奶奶雪里送炭般的热心相助，则很难想象单意生会如何独力支撑下去。从另一方面来说，人毕竟是具有社会性的，这就决定了我们需要有亲戚朋友的密切交往，尤其是在工作或生活的低谷期，就更加需要彼此间的相互帮助与安慰。由此可见，独自支撑的问题解决模式的确是不可取的，具体到孤独症家长们，更是需要在相互帮助与支撑方面，为孩子们做出实际的示范作用。从而在潜移默化之中，让孩子们慢慢受到社交互助的有益影响与支持。

大量观察研究资料显示，出于各种原因，有相当一部分孤独症儿家长也都和单意生一样，独自承受着照顾孤独症孩子的全部经济及精神压力。这样既不利于自身的健康，更不利于孩子的康复，可以说是有百弊而无一利的。衷心希望广大孤独症家长都能首先走出“独力支撑的”单挑模式，然后才能给自己的孩子带来有希望的“社会性融合教育”。

第36课 曲折的境遇

课前导读

对于孤独症患者的康复来说，所谓的“综合支持系统”，绝不仅仅是指家、校、机构、社区和社会等外部组织体系，而更是强调父母亲人在日常生活中的言行举止给孤独症患者所带来的潜移默化的影响。而由此所引起的一系列境遇及问题，也就具有了较大的研究和探讨价值。

课堂聚焦

“嘿嘿，嗨嗨……，嘿嘿，嗨嗨……”站在这么多花花绿绿、萌态各异的儿童玩具货架前，王小梦兴奋得一边胡乱拍着巴掌一边嘿嘿哈哈地笑个没停。他就这样自得其乐地一会儿拿起这个摆弄摆弄，一会儿又摸起另一个放在耳边仔细聆听一番。就仿佛这些金属、木料与塑料共同搭配起来的玩具还真能同他耳语一番似的。小梦这一连串奇特的举动，已经吸引了很多店员及顾客意味颇为复杂的注视。

“小朋友，你喜欢这个机器人吗?”一个右眼角有颗黑痣的年轻瘦高挑女店员，见小梦拿着个能放音乐的陀螺爱不释手，便亲切地弯下腰来询问着。但等了老半天也没见这小男孩给自己一个最起码的反应，于是她又将这同一个问题一连问了好几遍，结果都还是一样的。直到女店员被窘得脸红脖子粗却又无计可施的时候，站在一边抱着胳膊看得心满意足的黎花，这才替儿子回答了姑娘的问题。

“我儿子他是个孤独症你知道吗?”就像是老师在给学生上课一样，黎花一本正经地给这位女店员讲起相关专业知识来，而完全没有窘迫尴尬的意思。“美女你就是问他一千遍他都不会搭理你的，反正他是不会买这些玩具的，只是在这里胡乱拿着玩玩而已。”这一番话简直就如一瓶辣椒水泼到了瘦高个儿女店员的脸上，令姑娘心里极不舒服，可又不好表露出来，因此也只好咬着嘴唇红着脸低头不语。

“不买就早点儿说嘛，你儿子在这里玩了那么久，人家姑娘又都问了那么多次了，当娘的在一边也不早说一声，真是的！”旁边一位头发斑白的肥胖老大妈看不过去了，她右臂弯里挎着个购物篮，左手牵着扎羊角辫的小孙女，有意慢吞吞地从近旁走过，一边还目不斜视地盯着琳琅满目的货架，指桑骂槐地抱怨着，就好象她是在给这家超市的所有货物上思想品德课，而不是数落黎花一样。

“哦，这超市又不是你家的，我儿子在这里玩一会儿关你啥事啊?!”强压着内心的不满，瞪眼瞅着老大妈的身影消失在货架另一头的拐弯处，黎花这才恶狠狠地在嘴巴里低声回敬了一句。既然已经有人替自己出了口恶气，瘦高个儿女店员怀着特别的好感目送着老大妈离去后，便也心平气和地弯腰整理起被王小梦弄乱的玩具来，眼角当然也不会忘记偷偷欣赏黎花那张愠怒的脸。“快点儿走啦我的傻儿子，难道你就忍心看着你老娘我在这里被人家看笑话吗?!”意有所指地把无辜的儿子臭骂一顿之后，黎花顿时觉得心中升起一股难以名状的豪气，她不由分说地抓起儿子的手，连看都不看女店员一眼，义无反顾地在好几双异样眼神的注视下走出了这家超市。

哎呀我的傻儿子，算我上辈子欠下你的吧，这辈子也就只有你娘我陪你过啦。拉着儿子的手，就这么在夕阳的余辉里漫无目的地溜达着，黎花就这样通过自言自语地抱怨儿子的方式，来打发掉自己内心的压抑与幽怨。只不过这一次，她的语气里更加充满凄楚悲凉，眼窝里也润湿了好多，含泪的眼睛折射着优美的夕阳光线，反倒更增添了几分说不出的惆怅与凄美。儿子！仰天长长地吐出一口闷气之后，黎花突然把脸甩向了数着手指自娱自乐的儿子。“快跟妈妈说生日快乐！”见儿子对此并没有什么响应，早就有了心理准备的黎花双手稍一用力，就把王小梦这张与世无争、随心任性的脸给扳到了自己眼前，娘俩儿的四道目光终于算是接上了头。“说，‘妈妈生日快乐’。”在黎花缓慢而又坚定的示范之下，王小梦终于重复了一遍妈妈所教的祝福语。听着这句从儿子的嘴巴里说出的生日祝福（从某种意义上来说，尽管这只是机械的模仿）黎花不禁百感交集。儿子呀，这世界上最亲最亲的就是咱们娘俩啦，生日快乐，儿子，你知道吗？今天是你娘我的生日，你爹他却连声最起码的问候都没有，刚才我打电话回家啦，没人接；打手机，也是一样！你说他天天哪有那么多的班要加呀，啊？你爹老说要跟我离婚，儿子你想想，假如我们真离了，你怎么办？还不是没人疼的孤儿一个！为了你，就是挨他再多的冷眼、受再多的委屈，我也不能跟那个没心没肺的离！他天天说是加班，还不是为了躲着咱们娘俩，你说对不对？你看今天是我的生日，他竟然，竟然连个电话都不打给我一个！夫妻这么多年了，他再怎么怨恨我，也不应该在我生日这天连个人影子都找不到吧……唉，老娘的苦楚你是体会不到的，也不会明白，因为你是个孤独症。最后这一句话从黎花嘴里说出来，显得是那么地孤兀，那么地苍然无力，就像流淌在她憔悴面庞上的那两道泪痕。

唉，要是能和澄澄他们娘俩一起来做个伴儿就好啦！这个念头一冒出来，黎花就不由长长地叹了一口气。自从澄澄妈带着儿子和黎花母子俩在学校附近合租了个两房一厅以来，他们经常是一起出来散步玩耍逛超市的。但由于今天是黎花的生日，为了图个一家欢聚热热闹闹，她在昨天下午就迫不及待地赶回家里来了，但还是没能实现一家人在一起过生日的最基本愿望。

“喂，儿子你要干什么?”吃过妈妈的生日蛋糕之后，一直都很安静乖顺的王小梦，方才还迷蒙着两眼像是要睡觉的样子，这会儿不知怎么竟然精力充沛了起来。这不，就在黎花独自黯然神伤的时候，小梦突然挣开妈妈的手就往左边菜地里跑。

“嗯，嗯，噢嘿哈哈!”回答妈妈问题的，是小家伙儿一连串说不清是兴奋还是紧张的哼叫声。他踢过菜叶尖快速往前迈开脚步，令黎花提心吊胆地疾速横跨过了他们娘俩所停留的柏油小路左侧第一块菜地。而等她追到儿子身后伸手快要抓住其后衣领时，王小梦抬起的左脚也已经踏到了地头一个淋菜用的小水塘边沿，右脚则往前抬起悬空在水面上。吓得黎花赶紧一探身抓住他的衣服就往后拉。儿子算是脱险了，可这风险却狡猾地以另一种方式转移到了她的肚子上——前进的力道受阻，王小梦快速转过身来，弯腰低头就往妈妈的肚子上猛撞。成功抓住儿子刚想松口气的黎花还没反应过来呢，儿子的脑袋已经咚的一声又撞在了自己的小腹上，直疼得她满眼都是金星乱闪，往后倒的惯性又紧拉着她噔噔噔后退几步噗通一屁股坐烂了一滩青菜。

“哎哟妈呀，臭儿子你这是要你老娘的命啊!”幽光飘摇的夜幕下，黎花也顾不得青菜汁水沁透裤子泡着她难受，只捂着个肚子厉声骂着儿子。“你发个脾气就对老娘乱抓乱撞的，是不是嫌你娘我死慢啦？老娘真的一命呜呼了，看你个没人疼的臭小子还能神气个啥!”黎花见儿子正拍着个屁股在原地转圈，还以为他在兴奋地抒发感情呢，便低头忍痛蜷缩在菜泥之上继续骂着。“今晚要是把老娘逼急了，我就把你扔……啊呸！”突然袭来的一股臭气，直逼得她差点儿噎过去。“臭死啦，你拉屎怎么也不……”

“幸亏就你们娘俩儿，要不就吵死啦。”凭空里一句陌生人的突兀问候，吓得黎花倒抽一口凉气，剩下的那半截话也惊得掉到肚子里去再也翻不上来了。她赶紧抬头来看，只见浓重的夜幕已经不知何时把眼前这位身材修长的中年妇女带到了自己面前。“儿子急着拉屎，老娘还不知道，你说这当娘的是不是也太那个一点儿啦？”还没等黎花缓过神儿来开口询问来者是何方神圣呢，这位中年妇女却已经指着黎花和还蹲在一边大便的儿子，先提出了自己并不受欢迎的问题。

“我又不认识你，干嘛要先回答你的问题呢?!”尽管方才一连串打击与惊吓的效果还没有完全消失，但黎花还是硬撑着表现出了她一贯大胆泼辣的性格特质。方才把她吓了一大跳的那声怒斥，重又回旋在她的耳际，这一下子就更加勾起了她凡事想一探究竟的强烈好奇。“你要为你的鬼叫负……啊哟，知道啦儿子！”本来想好好在这位陌生人面前要一要威风的黎花，却突然感受到了来自儿子拉自己头发的剧痛。人只有在不紧张也不兴奋的平常状态下，才能最有效地调动起全部智慧来迅速对事态发展做出判断。现在惊吓的负面效果既然已经消失，黎花当然马上醒悟过来了儿子撞自己的肚子是要去厕所大小便了，而拉自己的头发则是要她给他纸巾擦屁股。她赶紧低头去包里找纸巾给儿子，因此也就没有注意到眼前这位中年妇女面部的表情变化。不过也幸亏王小梦的无意之举才没让黎花点到对方的敏感之处，否则这中年妇女是否还能这么友善宽容地对待这母子俩，就很难说了。

“你儿子他，不会说话?”眼前这女人，尽管身材苗条外形优雅，但却并不能掩饰她那双闪烁其光的敏锐双眼，在上上下下左左右右地打量着黎花母子俩。

“你儿子才不会说话呢！”听到这句问话，黎花条件反射般地大声反驳了起来，并灵机一动产生了要报复一下眼前这位令她颇有些不舒服的女人。“儿子，快过来叫奶奶。”她故意把最后两个字说得很慢很重，以期收到预想的效果。儿子的确也按妈妈的要求这么叫了。可令黎花感到很不满意甚至还有些失望的是，这位漂亮女人不但没有生气，反而还高兴地伸出手来表示出要抱一下王小梦的意思。可男孩子嘿嘿笑着、嗯嗯哼着，还是挣开这位“奶奶”的手躲到妈妈身后去了。对于儿子的这一表现，黎花倒是挺满意的，她忍不住兴奋得在孩子脸上重重地啄了一口以示奖励。

“你能告诉我，这小男孩儿几岁了吗?”在问这话的时候，中年女人始终观察着王小梦的一举一动，她那凝眉思索的神态，令黎花感到好奇和不安。“说不定，我们还能成为很要好的朋友呢。”

“哎哟别开玩笑了，你还真以为你是他的奶奶了呢!”黎花的语气与表情都是一副十足的不以为然，只是陌生人瞅着小梦的关切目光也的确令她心里一动，但为人处事的惯性，还是让她不自觉地与这妇女拉开了距离。“你喜欢我儿子是一回事，可你了解孤独症吗?实话告诉你吧，我儿子是个孤独症，不是你们平常人喜欢的那种小可爱!”因为有了这么一个身患孤独症的儿子，很多人都曾对他们娘俩尤其是对王小梦发生过令人难以接受的兴趣，只是在真正领教了这小家伙油盐不浸、喜怒无常的行为特点后，就没有几个人再愿意对这样的孩子进一步发生兴趣了。于是黎花使劲甩了甩脑袋，把那个遭遇和悲伤暂时甩摔到脑后去了。“等你跟我儿子接触一段时间之后，等被他抓破了皮，被他的反复无常乱发脾气给吓住了，还不是和其他人一样嫌弃他，一样鄙视我们娘俩?!”说到这里，他们娘俩平时所遭受的白眼歧视与厌恶谩骂，不觉化作委屈的泪水一下子又涌满了黎花的眼窝，她的声音哽咽了，情绪也激动了好多。“所以你少在我这里玩弄你的好奇心，得了，时候不早了，我们要回自己甜蜜的小家了。过来儿子，咱们回家喽。”说着，她拉起儿子的手就准备离开这块菜地，逃离这个陌生的女人。可是对方的一句话，还是令她咯噔停住了脚步，并且决定要跟这位言行举止有些不寻常的女人好好交流一番。

“这人活一世的，谁能不碰到几个坎儿呀?人家都是坎儿越高就越是咬着牙找几个知心的互相帮衬，像您这样儿一个人硬挺着的倒还真不多见呢。”说完这些话，那女人长叹一口气惋惜地摇了摇头。这话、这神情，再加上这一声叹息，顿时令黎花感觉自己和眼前这位神秘的中年女人拉近了距离，但她又不想轻易表露出自己心理上的柔弱处。更何况黎花又猛然感觉眼前这位中年妇女的言行举止很熟悉，很像她认识的一个人，但具体像谁却又一时想不起来。

“对呀，像我这种人是不多见，我儿子是孤独症，我也是很孤独，我们娘俩儿都是一个毛病的。所以就讨人厌没人喜欢，这回你总该满意了吧?!”说完这句颇带宣泄和示威性质的话，黎花干脆抱着胳膊扬起了高贵的脸，嘴巴撇向有几颗寒星的夜空。“我说我已经叽里咕噜地回答了你这么多的古怪问题了，你是不是也该交代一下你的事情啦？”

“孤独……症？”不知这中年妇女是否真正理解了黎花所说的这种病症，她若有所思地重复了一下关键词，而没有再多说些什么。

“哎呀反正都是同一回事儿，就是不正常、不讨人喜欢、不愿跟别人打交道的病呗。”没想到黎花这一通粗声粗气的回答，不但没有令对方感到难堪或生气，反而还使得眼前这位看起来还颇有些修养的端庄女人兴致更加高涨了起来，也更有了同他们娘俩打交道的意向。

“不愿意跟人打交道？”中年女人两眼闪烁着亮光，她的这一异乎寻常的表现，反倒使得黎花感觉弥漫在周身的夜气格外寒冷起来，她不禁缩了缩脖子。“那也就是说你儿子不管是看到还是听到别人的什么事儿，他都不会感兴趣，都不会跟别人说喽？”

“哎呀，你说的这些都是废话。”尽管感觉有些不自在，黎花的泼辣可是一点儿都没有收敛的意思，幸亏对方对此倒也没怎么放在心上，或者说她尽管是在跟黎花说话，但她的全部心思似乎只停留在王小梦一个人的身上。“他要是对你的那些破事儿有一星半点儿兴趣的话，那还叫孤独吗，我们还会平白无故地遭别人那么多白眼吗？”说着说着，黎花又要激动起来，声音自然也就有些颤抖。

“对不起，光是让您回答我的问题的确对您也不太公道。”对于黎花这一连串的冒犯之举，中年女人不但没有在意，反而还更急于对黎花推心置腹了似的。“姐妹们都喜欢叫我‘美芙姐’，以后你也就这样叫我好了。”

“哎哟哟，我见过做广告的可还从来没见过像您这么会见缝插针的。”黎花一脸嘲弄地发表着自己的见解，似乎眼前这个女人的一番自我介绍已经触动了她的某根敏感神经似的。“啧啧啧，这人呐，尤其是咱们女人，顶着一个漂亮的脸蛋儿是要你好好自尊自重的，可不是让你随便拿来卖弄的呀。你还‘美肤姐’呢，你老姐我，黎花，就是皮肤黑了一点儿而已，要不可并不比你差呀！”说完这句话，她抱着胳膊脸一仰嘴一撇，那副神气样儿可不是一般人能比得了的。

“妹子你可能理解错了，我可没有给自己做广告的意思。”这位自称美芙姐的人反倒被黎花的这一套神气活现的表演给逗乐了，她也看出来黎花其实就是嘴巴厉害不饶人，人倒是个“直肠子”。“可能是因为我在这地方开了家酒吧兼美容院吧，所以熟人就都管我叫美肤姐，当然也有叫我吴姐的。”漂亮又不乏睿智的中年女人很放松地笑了笑，接着说了下去。“我也觉得这么称呼我不合适，所以你干脆还是叫我吴姐好了，反正都不过是个称呼而已，别那么死较真儿。”

“啊——，噢，噢，噢!”大便之后的王小梦在安静了一会儿之后，这一次突然大叫着发起飙来，还没等黎花有所反应，小家伙儿已经快速在妈妈的手背上抓出了三道血印，疼得她哎哟大叫一声；可这一声惊叫还没落地呢，吴姐也同时因为这小家伙突然紧紧抓住了她的手腕而低低地叫了一声。但她马上就恢复了镇静，并且也没有挣脱出自己被抓住的手，而是非常自然地用另外一只手轻按住了王小梦的肩膀。更令黎花心动的是，吴姐还慢慢将小梦搂进了自己的怀里，柔声细语地轻声安慰着他。

沉沉的暮色，就像是一块极为轻柔的帘幕，轻轻包裹着吴姐和王小梦——他们俩似乎更像是一对母子，共同在夜色里感受着绵绵的人间温情。

课后检视

人与人相处，最重要的一个原则之一，就是要相互理解和包容。包括我们帮助孤独症患者进行社会性融合教育时，如何“站在他人的角度”来应对问题，就显得相当重要。显然，孤独症家长在进行社会交往时，就不单纯的是成年人的问题，而更是他们给自己的孩子做“社交示范”的大问题。所以，不论是在家、学校、社区还是其他的公众场所，孤独症家长都特别需要注意自己与人交往过程中的言行，以便给自己的孩子起到良好的示范带头作用。而不是相反。

具体到黎花带着儿子在与人交往的过程中所展露出来的一言一行，以及别人对这种言行所产生的回馈，都会在无形之中，对王小梦产生潜移默化的负面影响。长此以往，自然就造成了孩子情绪行为问题频发的主要诱因。由此可见，作为“孩子最好的老师”，孤独症学生家长在日常生活中的一言一行是多么的重要。

第37课 零容忍的僵持

课前导读

孤独症融合性康复教育，不但是我们康教人员一直在努力的方向，更是孤独症家长们梦寐以求的理想。并且已经有很多家长充分利用节假日，带领孩子到社会上进行融合尝试。由此，便引出很多令人唏嘘感叹的故事……

课堂聚焦

虽说已是金秋十月的天气，可上午的太阳还是异常猛烈地炙烤着大地，这也算是南国秋季的一大特色了。简易的铁皮棚下，拢共也就八十几平方米的看台，居然拥拥挤挤地塞下了至少八九百人的样子——这一群傻瓜都在这里挤肉饼呀，还是圈在这里找罪受呢？和老公一块儿托举着六七十斤重的儿子，在这人堆里看几个美女帅哥在舞台上动来跳去的，浑身淌着汗同时也心不甘情不愿地闻着四周围蔓延过来的臭汗味儿，黎花不停地在心里边很不满意地咒骂着。她真想抱着儿子逃之夭夭，假如老公不反对而周围人又自愿给她让出通道来的话。幸亏她对舞台上的表演并不感兴趣，而是和刚进这“复古农庄”一样，总是魂不守舍地东张西望着什么。这七天的国庆长假，其他妈妈都带着孩子到哪里去了？怎么没一个联系我的？诗情妈和澄澄妈在临放假的前一天还说约我的，怎么到现在都没信儿？唉，看来大家伙儿都是一时心血来潮，没一个靠得住的人！黎花满心失落地挤在人堆里胡思乱想着，一时竟忘了自己此时的狼狈处境。

“哈哈哈哈，什么嘛，”就在黎花他们前面的座位上，刚才还低头缩脑小声煲电话粥的一个年轻黄发姑娘，不知因为电话那头儿的人说了句什么，她竟难以自抑地朗声大笑了起来。这一突然的情绪亢奋，一下子就把黎花从漫无边际的愁绪里拉回到了现实之中，也令本就有些骚动不安的王小梦更加焦虑了几分。在使劲儿用屁股磨蹭了爸妈的肩臂无效之后，他顺势抓住了吊在这位女士背包带上的一个绒毛小熊。“人家当然是很有爱心的啦，你以为漂亮一点的女孩子就不能有爱心了吗？”这女孩子在手机里全身心投入地反驳着对方，身后王小梦的拉扯却逼迫着她手机贴着耳朵侧转头来。黎花这才不无妒忌地发现，面前这位衣着时尚、讲究的年轻女孩的确是眉清目秀，这不由不令她抬眼瞟了一下与自己共同分担儿子身体重量的老公。而王梦此时也正抻着脖子测斜着两眼，直冲着女孩儿打量着。真不知道这都变成什么世道了！满心醋意的黎花就这么恨恨地想着，眼睛不由自主地又在老公和女孩儿之间来回恶狠狠地剜了几次。对于肩头儿子的反应，她反倒没怎么留意到。“小弟弟，姐姐的小熊是不是很漂亮啊？”黄发姑娘一边爱心无限、喜气洋洋地对王小梦（更像是对手机那头）这么询问着，一边抬手摸了摸小梦的脸。不过还没等她再往下有更进一步的爱心表示呢，王小梦早已出其不意地探身快速抓住了女孩儿金光灿灿、波浪翻滚的一缕长发。又惊又痛之下，手机黄发姑娘不禁啊地一声尖叫，差一点没撒手把手机给扔出去。

“对不起对不起，小梦你快松手！”见此突发的意外情况，王梦慌忙连声对黄发姑娘道着歉，一边赶紧配合着黎花把儿子放到长椅上后，便开始用力想掰开小家伙儿紧紧抓住那缕头发的双手。

“儿子你这是干什么？快放开手啊！”黎花也一边配合着老公有模有样地掰着儿子的手，一边却在心里感到无比的畅快：活该！如果说方才这手机女孩儿是因为煲电话粥而侧歪着头的话，那么她现在却早已收起手机，并因为这缕头发所带来的钻心刺骨的疼痛而弓腰驼背了。正是因为这一突发事故所造成的混乱效果，使得周围刚才还都聚精会神地抻着脖子看舞台演出的游客们，此时都被这四人拉锯战的混乱场面所吸引。可由于这绞缠不清的战争密度太大、太突然，令周围热心的游客们插不上手而只有干瞪着眼旁观的份儿。

“小梦快松手！”

“小魔王你快给我松手！”黎花夫妇俩一边跟儿子较着劲儿，一边厉声呵斥着。可这不但不能令焦躁不安的王小梦松开手来，反而还使他越抓越紧。直痛得手机女孩儿两手也紧紧护住自己的那缕头发并尽力往回拉，以此来减轻头痛之苦。

游客甲：“这女孩儿怎么惹着这男孩了啊，他们是啥关系？”

游客乙：“这谁留意啦，反正你看这小男孩就有些跟平常人不一样。”

游客甲（仔细端详了王小梦好一会儿，接着便极缓慢地点了点头）：“是有些跟平常人不一样，可是到底是哪里有问题一时还真不好说。”

游客丙（有些不安地看看手机女孩，端详一番王小梦，再看看低着头流着汗想掰开儿子两只手的黎花夫妇，这才低声对着游客甲和游客乙说道）：“你看这孩子，两只眼睛直愣愣的，脸还有些抽搐呢，该不会有神经病吧？”

“你才有神经病呢！”尽管游客丙声音已经压得很低，但还是被黎花给听到了（这也可以作证她并没有全身心地投入到掰开儿子双手、解放手机女孩儿头发的紧张斗争当中），她气冲冲地红着脸、流着汗抬起头来直瞪着游客丙。“我儿子有神经病，我看你们一家人都是神经病呢！”

游客乙（见黎花如此粗口地回应一位五十多岁的女游客，便有些为她打抱不平）：“我说你这样骂人家就不对啦，”说着，他抬手指了指周围几个领着小孩子来玩耍的游客。“你看这里也有不少小孩子来玩吧，怎么就不见他们去抓哪个人的头发呢？”

“哼哼，那你看看他们前边有没有这么一个大姑娘家家的染着黄头发的人呐?!”对于游客乙的这番辩驳之辞，黎花满不在乎地冷笑一声（面临极其尴尬的局面而方寸不乱，这也正是王梦从心底里对老婆有几分敬佩的原因所在），便全力以赴地使出了自己的杀手锏。“我儿子他是见着人家染黄头发的就兴奋，这能说是神经病吗？你不知道就不要瞎说！”

游客甲（他本来是不想加入这场无谓的争论的，但见黎花这么蛮不讲理，便不由得生气起来）：“哎，我说你这人怎么说话呢，人家女孩子染个头发都有罪吗，就得被你儿子揪扯是吗?!”他这一副气势汹汹、兴师问罪的样子，差点就把黎花给镇住了几分。“你看你这做家长的不但不认真从教育儿子失职的角度进行反思道歉，反而还蛮不讲理地指责别人，这简直就是岂有此理无法无天嘛！”

“哎吆，你一个大老男爷们儿家家的，难道就没看到我们公婆俩都在尽力掰开我儿子的手吗?!”这么大声嚷嚷着，黎花用手指了指旁边正两臂搂护住儿子的王梦。或许是旁边的争吵有力地转移了王小梦的注意力；也可能是他自己已经玩腻了这种揪扯别人头发的游戏；又或许是附近也不知是谁的手机里所飘过来的欢快的幼儿《数字歌》在无形之中，有效缓解了王小梦的焦虑茫然情绪。总之，他现在已经松开了手；那位从王小梦手中解放出来的手机女孩儿，此时已经退到一边，正满脸潮红、眼中噙泪地忙着整理自己的头发和衣装。

“神经病，一家人都不正常！”手机女孩儿几乎是带着哭腔恨恨地低声骂了这么一句，便弯腰低头地挤进人群里悄悄消失在这个纷乱的现场。但这些情况的更新变化，使得只顾着跟人家辩理的黎花并没有注意到。“如果别人不是那么臭美着把一头好好的黑头发染成黄毛的话，我儿子会被刺激起来抓她的头发吗?!”一脸强悍地冲着对方雄赳赳气昂昂地辩驳到这里，黎花还特意往身后的方向指了指手机女孩儿。

“阿姨咱人可以长得黑一些，但良心不能黑呀。”本来就感到黎花有些过分的一位年轻女游客，见黎花如此蛮不讲理地指责别人以推卸责任，也忍不住加入到谴责她的行列里来。“你儿子抓人家头发的时候一直嗷嗷地叫，可就是说不出个道理来。你看他少说也有七八岁的样子了，欺负人也总要给人家一个正当的理由吧，可他憋了这老半天怎么就说不出句话来呢?”年轻人的反应就是快，看问题也很到位，年轻女游客这一番理论可算是点到了黎花的死穴上，也算是揭到了她的一个短儿。

“哎呀，俗话说‘打人不打脸，骂人不揭短’。看你这丫头应该也有二十多岁的年纪了吧，这怎么说起话来一点儿分寸都没有呢?”身处如此孤立的不利境地，黎花双手叉腰，准备使出自己三十多年来磨练出的看家本领。“平时在家里，你爹妈就没教你在外边……”

“行了，快别说啦!”在旁边自知理亏而一直没有开口的王梦，见黎花遭到这么多人的指责，也感觉到脸上很是挂不住。如今又见她抵死狡辩得的确也太不像话，更何况她辩驳年轻女游客的话语实在太过刻薄，所以这才忍不住呵斥住自己的老婆。“这么多人看着你，你不脸红我还觉得丢人呢，快走吧!”说完，他一手拉着儿子又一手拽住黎花就往人群外挤去。

“我不走，要走你走!”此时处境十分孤立、被动的黎花，突然又遭到自己老公的当众谴责，心里窝着一肚子的火无处发泄。“你还算是男人吗，这么多人欺负你老婆一个人，你不但不帮我，反而还和他们站在一道儿来骂我，你快带着儿子给我滚，别在这里给我碍手碍脚的!”如果是在家里挨老婆这一顿臭骂，王梦肯定会反过来把黎花臭骂一顿，被惹急了甚至还会扇她一耳光；可这是在“复古农庄”戏台前的人堆里，尽管羞恼难当，可王梦还是在行动上乖乖地领着儿子挤出人群，很快便在众人的视线里消失不见了。

课后检视

由黎花夫妇带着儿子出去玩耍，而引出的这段“扯发风波”，我们不难看出对于有情绪行为问题的孤独症儿童来说，在进入社会人群生活环境中玩耍时，难免会像王小梦一样与人发生出乎意料的冲突。在这种时候，作为孤独症家长，如何诚恳地向人道歉，如何在友好交流中坦陈自己孩子的病情，并尽量征得别人的理解和接纳，就成为了一个相当有难度系数的问题。

正如之前我们曾经说过的：孤独症家长在日常生活中如何与人打交道，会在无形之中对孤独症孩子产生潜移默化的影响。因此，为了共同创造一个和谐融洽的生活环境，更为了尽量给孤独症孩子提供一个理想的融合康复环境，家长们的确有必要注意自己平素的一言一行。“天道好还”，我们只有首先对人付出了真诚和友情，才有可能获得别人对我们孩子的理解和接纳。

第38课　夭折的机会

课前导读

“深融合教育”，已经成为目前最为受宠的一种孤独症康复手段和方向。然而，由于孤独症尤其是中重度孤独症患者自身的情绪行为问题，以及生活自理能力等方面的局限，以及孤独症家长处理相关问题的情形和效果迥异，这就使得帮助他们顺利地走入社区、社会进行融合活动的进程充满波折，甚至最终无奈地化为泡影。

课堂聚焦

“心，怎么一直都没有联系啦，是不是都把我给忘记啦，小梦在家干什么呢？”周六的阳光越过楼前的枝杈缝隙，从窗玻璃上溜了进来，照在客厅的地板上，令这个南方冬季的客厅里没有丝毫的凉意。老公出差去了，儿子正在地板上入迷地拼着就连黎花本人也要多费一些心思还不一定能搞定的拼图。自从王小梦在一个很偶然的机会里迷上拼图之后，令人头疼的情绪行为问题就少了很多，这当然也和数字计算一样，都成了黎花在其他孤独症家长面前进行炫耀的资本。也正是由于这个缘故，她感觉在跟人家聊天的时候也特别有灵感。就在这闲散得有些无聊之时，萧翠妹发过来的这条问候短信，自然令黎花很受用地躺靠在沙发上，捧着手机进入了双方“隔人不隔心”式的聊天模式。

“唉，肝儿啊，你说我这个傻儿子还能干啥？把他老娘晾在一边玩拼图呗。真无聊！”发过去这条短信之后，她一脸欣慰地抬头看了看正坐在地板上把已经拼上去的几块拼图又拆下来重新拼过的小梦，然后又低下头来满眼期盼地盯着手机屏幕，就好像是面对着迷恋自己已经很深的恋人一样。

“心，这么好的天气，怎么不带小梦出来活动活动呼吸一下新鲜空气呢？”很快地，萧翠妹就甜甜蜜蜜地给她提出了这个颇有说服力的建议。

“肝儿啊，你看咱俩就是有缘分嘛，都想到一块儿去啦。不过小梦他爸出差还没回来，就我们孤儿寡母的有什么好玩儿的？还是闷在家里算了，省得白白出去浪费感情。”将自己的这段颇能令人同情的倾诉放飞之后，黎花调皮地对着手机屏幕吐了吐舌头做了个鬼脸，顺便腾出右手来往后理了理自己的一头秀发。慵懒的情调就像是婚纱一样点缀着她的神态，更映衬出打从内心里渗透出的悠闲来。

“心，岑仔在家里除了玩电脑还是玩电脑，这样下去眼睛迟早是要报销的。你要不要带小梦一起过来，我炒个老家的拿手菜给你们娘俩儿尝尝，顺便也让两个孩子在一起好好玩玩，你看怎么样？我这里也还有一些益智类的玩具，小梦也可以选几件比较实用的来玩的。”

“肝儿啊，那怎么好意思去打扰你们呢，你平时都是那么忙的，万一再影响到你跟那谁谁谁的好事，那俺可担待不起呀，你还是好好休息休息吧。再说我们孤儿寡母的去你们家里算是怎么一回事儿呢？想带礼物去又没钱；不带礼物去吧，又过意不去。唉，愁死人喽！”这句话成功飞出去之后，黎花仿佛已经从手机屏幕上看到了萧翠妹抓耳挠腮的猴急样儿，黎花的嘴角不觉露出得意的甜笑。不过说句实在话，黎花老早就想到萧翠妹家里见识见识了，更何况自己在家里带着儿子也是挺无聊烦闷的苦差事。如今人家主动向她发出了邀请，这可正中她的下怀。只是在答应去做客之前，黎花忍不住还要多多吊一吊萧翠妹的胃口。

可正在她沉浸在与萧翠妹互相扯皮的愉悦中时，神采飞扬的双眉很快就莫名其妙地皱了起来——鼻孔里吸进来一股臭臭的味道。她扭过头来鼻孔朝向窗户外面的方向使劲儿吸了两口，感觉臭味儿更明显了些。这是谁家搞的臭东西，真是变态！黎花在心里狠狠地骂了一句，翻身跪在沙发上抻直上身啪地一声关上了窗户，然后又重新缩回到沙发里低头准备继续和萧翠妹云山雾罩地神侃一番。可是还没等她点开后者回复过来的短信呢，刚刚有所舒展的双眉不觉又更紧地皱了起来——这一次，一股更为浓重的臭味儿肆无忌惮地钻进了她的鼻孔里。令人窒息的味道促使黎花更为谨慎地抬头扫视了一下客厅，她这才吃惊地发现儿子早就不在卧室门口那地方玩拼图了。

“小梦，你个又在哪里搞什么鬼名堂?!”黎花一边站起身来大声询问着，一边赶紧穿好拖鞋往卧室里走去。可是不管是他们夫妻俩的还是儿子的卧室里，都没有见到王小梦的踪影。这一下黎花可有点儿慌了，她赶紧又往阳台、厕所里跑去。“哎哟我的小祖宗，你在这里搞什么鬼呀你，唵?!”当她终于在厨房里见到儿子正蹲在煤气罐边上，兴高采烈地左一圈右一圈地扭动、玩弄着煤气罐的开关时，差点儿没崩溃掉。“这个煤气会毒死人的呀，小祖宗，你怎么可以把这个当玩具玩呢?!”嘴里大声责骂着儿子，黎花屏住呼吸用力拨开小梦的手，并快速拧紧了开关。直到完全将厨房的窗户打开之后，她才抻着脖子对着窗口呼哧呼哧地尽情呼吸起新鲜空气来。

“嗯——”对于自己新发现的好玩儿游戏，王小梦当然不希望被妈妈横空粗暴地打断。为了表示抗议，他猛地揪住了妈妈后背处的衣服就用力一拽，喉间也同时发出了非常不悦的哼哼声。

“儿子你在这里玩煤气还没被毒死真是奇迹啦，”黎花反身抓住小梦的手腕拉出自己的衣服，忍不住就要好好训斥他一顿。“我警告你，如果你还想要小命的话，往后就不要玩煤气啦，你知道吗？这样是很危险的，煤气有毒，会毒死……”

“呜啊！”还没等妈妈骂完呢，王小梦就极为委屈地咧着嘴巴号啕大哭了起来。这一下子黎花可有些方寸大乱了，因为是周末早上，邻居们很多还都在睡梦中。王小梦在家里如此卖命地大呼小叫，肯定会打扰人家休息的，这在以前是有过好几次邻居上门抗议之先例的。

“哎哟我的小祖宗，你快给我闭嘴！”一边压低着声音严厉制止着，黎花赶紧就去用手捂儿子正卖力大声哭叫着的嘴巴。可是还没等她的手碰到小梦的嘴巴呢，小家伙儿抱着头痛哭的手突然闪电般抓住了妈妈的手腕子，紧接着很利落地刺啦一下就在对方的手背上留下了三道深深的白口子。黎花只感觉一阵火辣钻心的疼痛飞速由手背传遍全身，她低头一看，手背上早已是鲜血化作三道儿流了。

“你竟敢对你亲娘下狠手啊你?!”伤心、疼痛加愤怒的黎花满脸涨红，她举起巴掌就要给儿子一个大嘴巴子。可还没等黎花的巴掌落下来呢，小梦早就跪在地上嚎啕着一头扎进了她的两腿间，紧紧抱住了妈妈的双腿就不放，仿佛这就是小梦悲伤焦虑心情的“避难天堂”似的。毕竟是自己身上掉下来的一块肉，毕竟是自己的亲儿子，被小梦这么哭哭啼啼地抱着腿，黎花也感到心里酸酸的。

“啊，啊，啊哦！”就在黎花心酸难受的当口儿，情绪已经略有平复的小梦，又不知是什么原因，猛然间提高了哭喊的音量，伴着这强大的气势，他突然间张大嘴巴对着妈妈的右大腿处就结结实实地咬了一口。这一口简直就如狂蜂般在黎花本就有些烦躁的情绪上又蜇了一下，她禁不住一下子也发起飙来。不由分说，黎花扬起手来照着小梦的左脸就是一耳光，似乎还不解气，她又使劲儿从儿子怀里挣出左腿来咚地一脚踢到他的肚子上，立马就把王小梦踢了个仰面朝天。就在小梦往后倒的过程中，脑袋又咚的一声撞在了墙壁上，然后才顺着墙壁滑到地板上。对于儿子的这幅惨相，即便是在盛怒之下的黎花，也一下子呆愣在了那里，心里也一阵紧缩！

当娘的她一边怒骂着，一边揪住小梦的衣领，把小家伙儿给硬生生地从地板上提了起来。“我这辈子算是白生了你这么个白眼儿狼，去死吧你！”嘴里这么骂着，她又用力地把哭得正凶的儿子往自己身后一带，悲剧也就这么再一次发生了——在黎花身后，就是刚才小梦旋拧着开关玩儿的煤气瓶。而她揪住儿子的衣领往背后猛力一带的必然结果，自然就使得王小梦的额头正好又撞在煤气罐上方的开关护铁上。只听哐的一声响，小梦啊地惨叫一声，捂着脑袋就趴在了地上，打着滚儿地嘶声嚎哭。就在儿子捂着额头处的手指缝里，黎花隐约看到了殷红的血迹，这一下子可把她晕头转向的无明之火给吓到九霄云外去了。“你快给我起来！”她大声喝令着，赶紧蹲下身来抱住儿子的肩膀就往上提。

“呜啊啊噢，呜啊啊痛啊！”任凭妈妈怎么用力想把他抱起来，王小梦就是一个劲儿地躺在那里，两手抱住头脸大哭着乱喊乱踢。

“就知道痛痛痛，快起来给我看看呀！”嘴里虽然这么语气强硬地训斥着儿子，可是她的心早就软了、慌了，甚至还有些发抖。不管儿子的双脚怎么轮番踢蹬着她的身体，黎花还是咬着牙硬是把小梦从地上给抱了起来。将儿子靠在客厅的沙发上，掰开他的双手，黎花这才心惊胆战地发现，一道长长的血印子已经糊红了儿子的脸，染红了他的双手。“别动，我马上就来！”慌得她赶紧稍稍安顿了一下儿子之后，跑到冲凉房里打来温水，用毛巾轻轻给儿子擦拭着创口周围以及双手上的血迹。然而这一过程并不顺利，除了更加卖力地嚎哭之外，仰躺在沙发里的王小梦还抡起双臂使劲儿捶打着自己头部两侧的太阳穴，两脚也轮番狠命地到处胡踢乱蹬着，脚上的鞋子早就不知被他给踢到哪个角落里去了。此时的黎花哪里还顾得上邻居们是否受影响，更顾不得手机一次次的短信提醒，手忙脚乱的她一边语无伦次、低声下气地好言安慰着儿子，一边尽量争取一切可以争取的机会给小梦擦拭着脸上的血迹。

“哦哦哦，我不卡卡，我不卡卡！”不知道究竟是难忍的疼痛，还是心里的悲伤太重，王小梦无比凄凉地悲泣着，嘴巴里老是重复着这句虽难理解却很揪心的话。不过随着这句话重复次数的不断增加，他的情绪似乎也慢慢平复了下来，尤其是他的哭叫声也不再那么高亢刺耳了。这下子黎花提到嗓子眼儿里的一颗心总算是松弛了好多。

“想哭你就哭个够吧，反正哭两下也不会死人！”口头上这么嗔骂着儿子，黎花的眼眶里却潮湿了起来——如今都快十岁了的儿子虽然有语言，可就是不能正常表达出来他想要什么、想干什么，或是为什么前边还好好的转脸就要发脾气大哭大闹。“你个不分是非黑白，不懂人情世故的小孽种啊，你就折腾吧，反正你那个爹跟没有也没两样儿。也就是咱们娘俩儿相依为命，等你把老娘活活折腾死了，看还有谁来照顾你这个疯子！”恨铁不成钢地骂完这句话，就像是一下子倾泻出了满腹的绝望与委屈一样，黎花两手掩面放声痛哭。萧翠妹的短信已经不知发来了多少条，但此时的她，哪还有心情想到这些……

课后检视

大量的实践经验已经明确显示：对于情绪稳定性差、生活自理能力以及沟通表达能力也都欠佳的中重度孤独症儿童来说，在还没有经过相当长期、充分的康复教育之前，的确很难到社会人群中进行融合活动。

就大环境来说，社会人群对孤独症群体的了解、接纳和关注还远远不够，孤独症儿童在社会生活的许多方面还遭受着歧视与排斥。有鉴于这样的客观情况，孤独症患者家庭之间的交流与来往，无疑就成为了一个非常现实也比较理想的融合教育渠道。当然，从本案例中王小梦的情况来看，因为黎花处理问题的方式方法，而使得小梦的行为问题更加突出，这自然就直接影响了其自身的康复，也在客观上大大减少了母子俩走出家门与他人融合互动的机会。“吃一堑长一智”，祝愿孤独症家长们在协助孤独症儿康复的过程中，都能不断吸取经验教训，从而尽量减少孩子进行融合教育的障碍和难度，让康复之路变得更顺畅些。

图书在版编目（CIP）数据

走出自闭 ：如何与孤独症儿童有效沟通互动的38堂康复课 / 郁万春著.
-- 长沙 ：湖南科学技术出版社，2019.10
ISBN 978-7-5710-0259-6

Ⅰ. ①走… Ⅱ. ①郁… Ⅲ. ①孤独症－儿童教育－特殊教育 Ⅳ. ①G766

中国版本图书馆CIP数据核字(2019)第153881号

走出自闭 ——如何与孤独症儿童有效沟通互动的38堂康复课

著　　者：郁万春
策划编辑：李　忠
文字编辑：杨　颖
出版发行：湖南科学技术出版社
社　　址：长沙市湘雅路276号
　　　　　http://www.hnstp.com
湖南科学技术出版社天猫旗舰店网址：
　　　　　http://hnkjcbs.tmall.com
邮购联系：本社直销科 0731-84375808
印　　刷：长沙新湘诚印刷有限公司
　　　　　（印装质量问题请直接与本厂联系）
厂　　址：长沙市开福区伍家岭新码头95号
邮　　编：410008
版　　次：2019年10月第1版
印　　次：2019年10月第1次印刷
开　　本：710mm×1000mm 1/16
印　　张：16.25
字　　数：260000
书　　号：ISBN 978-7-5710-0259-6
定　　价：38.00元